高校生からの

キリスト教入門事典

高尾利数

佐藤優 ＝解説

東京堂出版

解説──佐藤　優（作家・元外務省主任分析官）

　キリスト教の教会に通っている人、あるいは独学でキリスト教について勉強した人は、この本を30頁ほど読んだだけで驚愕(きょうがく)すると思う。まるでキリスト教を否定する無神論の本のように見えるからだ。確かにこの本は旧ソ連や旧東ドイツで『無神論事典』としても通用したであろう。実際、旧ソ連や旧東ドイツの『無神論事典』は水準が高かった。

・高尾氏の略歴

　高尾利数氏（1930年4月23日〜2018年5月6日）は、優れた組織神学者だ。1930年4月23日に現在の山梨県都留市に生まれ、長野県諏訪清陵高等学校を卒業した。高尾氏は医師を志望し、昭和大学医学部に入ったが関心がキリスト教に移行したため、1949年に同大学医学部を中退して 茨城キリスト教短期大学に再入学し、同短大を1951年に卒業した。当初、高尾氏が触れたのはアメリカ南部で力を持つ福音派系のキリスト教だった。1953年にアブリン・キリスト教大学文学部（アメリカ・テキサス州）を卒業し、1959年に東京神学大学大学院組織神学専攻修士課程修了、1959〜64年茨城キリスト教短期大学専任講師、1964〜68年名古屋学院大学助教授、1968〜73年関東学院大学神学部助教授、1975年以降、法政大学第二教養部教授、法政大学社会学部教授を務め、2001年3月に定年退職、法政大学から名誉教授の称号を受けた。2018年5月6日に88歳で亡くなった。

　1970年代初頭までの高尾氏は、日本のプロテスタント神学を、特に組織神学（キリスト教の理論）の分野で牽引(けんいん)する人物だった。日本基督(キリスト)教団の牧師でもあり、神学と信仰が結合した理想的神学者と見られていた。高尾氏が変化したのは、学園紛争の活動家と接してからだ。特に関東学院大学神学部は、全共闘系（「闘う学生キリスト者同盟」）の影響が強く、神学部は1973年に廃止になった。高尾氏も

このときに大学を去った。神学的にも処女降誕や復活を認めない立場を鮮明にし、日本基督教団からも日本基督教団系の同志社大学神学部、東京神学大学、関西学院大学神学部からも距離を置くようになった。そして、高尾氏はキリスト教徒ではない人々に、キリスト教という現象を学問として説く作業を大学と出版界で行うようになった。キリスト教系の学者や編集者は、一部の例外を除き、高尾氏を無視するようになった。

　しかし、私はひょんなきっかけから高尾氏との縁が出来、それが15年くらい続いた。

・70年代末の同志社大学神学部

　私は1979年4月に同志社大学神学部に入学した。東京では学園紛争はほぼ終焉していたが、京都では時差があった。特に早くに大陸から切り離されたため独自の生態系を持つに至った南米のガラパゴス諸島とのアナロジーで「同志社ガラパゴス」と揶揄されていた同志社大学では、受験や入学式が荒れ、機動隊導入が常態化していた。1979年度の学年末試験は全学バリケードストライキで、1981年度の学年末試験は大学当局による全学ロックアウトで、教室での試験が実施できず、すべてレポートに切り替えになった。

　東京の学生運動では早稲田大学が革マル派（日本革命的共産主義者同盟革命的マルクス主義派）、法政大学が中核派（革命的共産主義者同盟全国委員会）、明治大学が革労協（革命的労働者協会＝社会党・社青同解放派）というように党派（セクト）色が明白だったが、同志社の場合、全員加盟の学友会が運動の拠点になっていた。伝統的にブント（共産主義者同盟）の影響が強いので外部からは「同志社ブント」と呼ばれていた。第三者的に見ると「よそ者のセクトにうちの大学を支配させない」という学園主義だった。同志社ブントでは、当事者にとっては深刻だが第三者から見れば意味がないことで、小クーデターがときどき起きた。1979年時点の同志社は神学部、文学部、法学部、経済学部、商学部、工学部の6学部によって構成されていた。

神学部を除く5学部の自治会が学友会執行部を握っていた。1978年に学友会で小クーデターが起きたのであるが、神学部自治会は流れに乗り遅れ、旧執行部との訣別を宣言しなかった。旧執行部は、1970年前後の「全学闘」（同志社大学全学闘争委員会、同志社版全共闘）の流れを引いていたので、神学部自治会は「全学闘」派というレッテルを貼られてしまった。

　もっとも、神学部の学生運動には「全学闘」と異なる独自の伝統があった。ブント系もいたが、アナーキスト（無政府主義者）、キリスト教社会主義者、政治的な色分けができないわけのわからない人（私もその一人だった）も少なからずいた。他学部の自治会が赤旗を掲げ、赤いヘルメット（当時はセクトごとにヘルメットの色が決まっていた。ブントは赤、革マル派と中核派は白、革労協は青、ノンセクトラジカルは黒）を被っていたのに対して、神学部自治会の旗もヘルメットも黒だった。黒旗の上には古代キリスト教で教会のシンボルだった魚の絵が描かれ、魚の腹にはギリシア語でクリストゥース（キリスト）と書かれていた。

　神学部自治会は、神学館2階にある大学院研究室を不法占拠し、「アザーワールド研究室」という名を付け、根城にしていた。私は大学院を含め6年間、神学部に在学していたが、そのうち5年くらいは「アザーワールド」に他の学生運動活動家と一緒に住み込んでいた。ここで多くの神学書や哲学書を輪読し、議論した。この時期にここで身に付けた知識はその後の人生でとても役立った。

・高尾氏との出会い

　私が高尾氏と初めて会ったのも、神学部の学生運動との絡みだった。私が神学部3回生、1981年秋のことと記憶している。神学部自治会と大学院神学研究科院生連絡協議会の共催で高尾氏の講演会が開催された。院生連絡協議会のメンバーは、新左翼を気取っていたが、大学教員になることを夢見る野心の強い人たちで、私とは肌が合わなかった。当時、この人たちは新約聖書学者の田川建三氏に心

酔していた。私は田川氏は、口先では急進的なことを言うが、方法論は近代啓蒙主義の枠組みを出ていないにもかかわらず、自分の聖書解釈に絶対的な自信を持つつまらない人間と思っていた。院生たちは、高尾氏が論文や著作で田川氏を高く評価していることを知って講演会を実施したのだ。

しかし、実際の講演会で、高尾氏は組織神学の伝統的議論を踏まえた精緻な議論を展開したので、院生たちは話についていけなかった。自己の不勉強を棚に上げて、政治的に急進的な発言で日本基督教団執行部への批判を行う院生たちを非難する院生たちに対して、高尾氏は不快感を隠さなかった。

日本基督教団の執行部は東京神学大学出身の牧師によって占められている。ある院生が「私たち同志社大学神学部から見れば、東京神学大学は自動車教習所のようなところです」と言ったら、高尾氏からは「確かにそうかもしれません。しかし、あなたたちは無免許運転にならないように気をつけてください」と切り返された。院生たちが教義学の基礎知識に欠けていることを見抜いた上での鋭い反撃だった。

このやりとりを見て、私は高尾氏に関心を持った。私が社会主義国のキリスト教に関心を持っているという話をしたら、高尾氏は東ドイツのプロテスタント教会を訪ねたときの印象を語ってくれた。東ドイツの牧師で反体制運動に関与する人々を牽制する政府の文書を教会の礼拝の前に牧師が読み上げた。それが、聞き取ることができないほどの早口だった。読み上げるのを政府の係官が確認して、去って行ったという。高尾氏は、「東ドイツのプロテスタント教会は体制に迎合的と見られているが、その見方は浅薄と思う。聞き取れないくらいの早口で政府の文書を読むという形で抵抗を示していた。東ドイツのキリスト教徒は社会主義社会が正しいと認めつつ、その中でもキリスト教が果たす意味があると信じている。政府から圧力が加えられている社会でのほうが、面白い神学が展開されることになると僕は思っている。特にボンヘッファーの非宗教的なキリ

スト教という概念を発展させる可能性が東ドイツ神学にあると見ている」と述べた。

　私が、チェコの神学者で、キリスト者平和会議を創設し、マルクス主義者との対話を実践したが、1968年の「プラハの春」に対するソ連軍を中心とするワルシャワ条約5ヵ国軍のチェコスロヴァキア侵攻に抗議したために現在は異論派（ディシデント）と見なされているヨゼフ・ルクル・フロマートカに関心を持っていると述べると、高尾氏は身を乗り出してきて、こう言った。

　「ロマドカ（当時フロマートカは日本ではロマドカと呼ばれていた）は、キリスト者平和運動の文脈でしか紹介されていない。東におけるバルティアン（カール・バルトの信奉者）という見方が一般的だが、僕にはそう思えない。バルトとは思考法も歴史的背景も異なる独自の神学を持っていると思う。あなたには是非本格的な研究をしてほしい。何かあればいつでも連絡してほしい。名刺に自宅の電話番号を書いておく」

　ここから私と高尾氏の交遊が始まった。

・高尾氏との対話

　私は京都での勉強と友人と遊ぶことが楽しかったので、埼玉県大宮市（現さいたま市北区）の実家に帰省することはほとんどなかった。平均すれば年に1度くらいしか帰省しなかったが、そのときには高尾氏と必ず連絡を取った。そして、（法政大学に近い市ヶ谷の）私学会館か東京ステーションホテルの喫茶店で、神学について高尾氏にさまざまな質問をした。

　大学4回生のときに4世紀の三一（三位一体）論論争についてこんなやりとりがあったことを今でも鮮明に覚えている。ちなみに東京神学大学や一般大学のキリスト教学科では三位一体という訳語を使うが、同志社大学神学部の系統は三一を使う。ギリシア語の trinitas が3と1だけで成り立っているので、「位」とか「体」という意味を限定する言葉を差し挟むべきでないと考えるからだ。日本ハリスト

ス正教会が至聖三者という訳語をあてているが、これは同志社と同じ発想に立つからだ。もっとも最近の同志社の神学者や牧師の論文では、三位一体という言葉を使う人を見かける。時代の流れとともに同志社神学の伝統が廃れ、主流派に流されているのだ。

　――高尾先生、僕にはアタナシウス派の「ホモウシオス（同質性）」と「ホモイウシオス（類本質性）」がなぜ、教会分裂につながるほどの大きな争点になったのかがわからないのです。

　「それは救いの確実性を巡る重要な争点です」

　――しかし、アタナシウス派もアリウス派も、イエス・キリストが真の神で、真の人であるということは認めています。イエスは人間でもあるのだから、純粋な神との差異を認めて、神と類同質とすることで何か問題があるのでしょうか。

　「確かに論理的にはそれで問題がない。ただし、それでは救いの根拠として弱いとアナタシウスは考えた。だからイエス・キリストの神性は、神とまったく同じであると主張した」

　――しかし、イエスは人間じゃないですか。

　「その通りだ。イエスを人間的要素のない神であるとすると、人間と神の媒介者とならない。キリスト教の特徴は、イエスをわれわれの手の届かない超越的な神とせずに、人間に常に引き寄せようとするところにある。結局、論理的整合性をとろうとしたアリウス派では救いの根拠が弱くなる。キリスト教の論争では論理整合性よりも、救いへの確信が強い理論が勝利する傾向がある」

　――論理的な精緻さよりも確かな救済を担保することが重要なのですね。

　「その通りだ。4世紀の三位一体論争も5世紀のキリスト論論争も神学教科書に書いているような形では解決していない。何度も何度も同じ問題が形を変えて蒸し返すのが神学の特徴だ」

　のちに私は、神学の特徴は論理的に整合性が高いほうが負ける傾向が強く、同じ問題が何度も繰り返して登場すると確信するようになったが、この発想は高尾氏からの知的刺激によって生まれたもの

だ。

・続いた交遊

　神学的には、本書を読んでいただければわかるように、高尾氏は、実証性を重視する宗教学に近い立場をとる。私がソ連で学んだ科学的無神論と親和的な内容だ。対して私は神学的に、処女降誕も身体の復活も信じる伝統的な立場をとる。このことは私と高尾氏の相互理解の障害にならなかった。互いに自分が心の底から信じていることしか口にしたり書いたりしないという了解があったからだ。高尾氏は、私が研究する、無神論社会でキリスト教を信じる意味について考えるというテーマには強い関心を持ち、私の卒業論文や修士論文を肯定的に評価してくださった。

　モスクワに勤務しているときも休暇で一時帰国したときには、直接会うことが出来なくても、電話で高尾氏と連絡を取った。高尾氏は私がチェコの神学者やロシアの聖職者たちと交遊していることについて強い関心を持った。旧社会主義国で宗教が復興している現象は一時的なもので、やがて世俗化の強い嵐が襲ってくるというのが高尾氏の予測だった。この予測はチェコやハンガリーなどの中欧諸国については正しかったが、ロシアに関しては外れた。ロシアは国家と教会が結び付いた神権政治的体制に回帰したからだ。

　高尾氏は日本の神学界からは距離を置くようになり、外国でベストセラーとなったキリスト教関連書籍（その中には学術的に疑問符が付されたものもある）の紹介に力を入れるようになった。教育には熱心で、法政大学には高尾氏を慕う学生により構成される「高尾自主ゼミ」で、哲学や宗教学について丁寧に学生に教えていた。また、キリスト教に関する市民講座も開催し、そこで自らの学知を社会に還元することに努めていた。

　1995年に私が日本に戻ってからも高尾氏との関係は続いた。96年のことだったと記憶している。高尾氏から電話があり、「法政大学の自主ゼミに所属している学生のことで相談がある。この少年はよ

い資質を持っているが、政治意識が先鋭すぎるため、このままだと
将来の可能性が狭められてしまうことを僕は心配している。あなた
から学生時代に真面目に勉強することの重要性を伝えてほしい」と
依頼された。

　東京ステーションホテルの喫茶店で3人で4時間近く議論した。
中核派に最近加盟した19歳の学生で、小沢一郎氏に代表される政
治家が日本を再び帝国主義化させアジアに侵略する可能性があるの
で、今すぐに暴力革命を起こさなくてはならないという趣旨の話を
していた。私は、小沢氏と直接会って話をしたエピソードを披露し
ながら、現実の政治は、中核派の人たちが考えるほど単純ではない
という話をした。また、中核派自身のルーツを知るためには、現在
は内ゲバで殺し合いをしている革マル派の創設者である黒田寛一氏
の著作を勉強する必要があると説いた。その学生は礼儀正しく、本
気で革命に人生を捧げることはどういうことかを考えていたので、
私の言うことに機械的な反発を示さずに最後まで耳を傾けてくれた。
あとで高尾氏から電話がかかってきて「彼もあなたの話を真剣に受
け止めたようだ。やりとりを聞いていて思ったけれど、あなたのメ
ンタリティーは牧師だね」と言われた。

　私は1997年初めに念願だったフロマートカの自伝『なぜ私は生
きているか』を新教出版社から上梓した。高尾氏もとても喜んでく
ださった。「どこかで神学について教えるといい。法政でやってみる
気はないか」と言われたが、既に前年から東京大学教養学部で民族
問題を教えていたので、「追加的に大学で講義する余裕はありませ
ん」と言って断った。この年の夏から北方領土交渉が動き始めため、本格的な神学の勉強ができなくなり、高尾氏との関係も疎遠に
なった。

　私の神学的思索の過程で高尾氏は無視できない影響を与えた神学
者の1人なのである。

・本書の特徴

それでは、本書の特徴について、私の見方を記したい。本書は『岩波キリスト教辞典』（大貫隆・名取四郎・宮本久雄・百瀬文晃編、岩波書店）や『オックスフォード　キリスト教辞典』（E・A・リヴィングストン編、木寺廉太訳、教文館）とは趣をかなり異にする。

〈1995年の夏に、東京堂出版編集部の福島光行氏から本書の執筆を依頼された。氏のご要望は、キリスト教の宣伝を目的とせず、歴史事実を実証的にとらえ、現代日本においてキリスト教についての厳正な内容紹介を目指すということであった。〉（3頁）

キリスト教会の伝統的解釈よりも、客観性と実証性を重視するということだ。そのため旧ソ連や旧東ドイツで出た『無神論事典』と内容が良く似ている。また事典という名称であるが、引くことではなく、通読を前提としている。

毎週、教会に通っている日本のキリスト教徒で、聖書を熱心に読んでいる人はたくさんいるが、神学的知識を持っている人はほとんどいない。だから高尾氏の処女降誕に関する記述を読むと驚愕するであろう。

〈処女降誕という伝承は、最古の福音書『マルコ』にも、新約聖書で一番古いパウロの手紙にも言及はなく、明らかに後代の教会の創作である。昔からの偉人の誕生にまつわる奇跡物語と同根のもので、神話である。イエスの幼年期や青年期については、信頼できる資料は皆無で何もわからない。〉（18頁）

この見方は、学問的神学の世界では常識だ。また、クリスマスが12月25日というのも神話である。

〈イエスの誕生日が12月25日だというのは何の根拠もない。おそら

く当時の大宗教であった「ミトラス教」の冬至祭をキリスト教会が横取りしようとした結果であろう。〉（19頁）

　イエス・キリストの意味について高尾氏はこう記す。

　〈メシア（キリスト）は、ユダヤ教の歴史には多数現れた。「ユダヤ人解放令」を出したペルシア王クロス（キュロス）でさえ、ユダの民を救った者としてメシアと呼ばれたのである（『イザヤ書』45：1）。もちろん、すべてのメシアは人間であり、イエスの前後にも自薦他薦のメシアが現れている。
　イエスという名前は、きわめて一般的なユダヤの名前であり、ヘブライ語では「エホーシューア」（ヨシュア）で、「神は救い」ほどの意味である。だからイエスといっただけでは、どこのだれだかわからないので、出身地の村ナザレを付けて「ナザレのイエス」というふうに呼ぶのである。それゆえ、イエス・キリストとは、ナザレのイエスがメシア（キリスト）であるという意味であり、特別な解釈を含みこんだ表現である。〉
（34頁）

　イエス・キリストとは、イエスが名でキリストが姓であると誤解している人が、知識人の中でもときどきいる。イエス・キリストとは、ナザレのイエスという青年男性が救済主であるという信仰告白なのである。言い換えると、キリスト教徒はイエス・キリストに従うことによって救われるという信仰を持つ人なのである。
　先ほども少し述べた「ホモウシオス（同質性）」と「ホモイウシオス（類同質性）」について高尾氏はこう説明する。

　〈300年近くにも及んだこの論争は、現代のわれわれにはあまりにも瑣末で複雑にすぎると思われるが、いったい何が問題だったのであろうか。根本はむしろ単純なことであったとも理解できる。原初教会の理解は単純なものであった。彼らは、イエスにおいて神と出会い、無条件の

神の愛を受けたと感じ、救いを得たと確信したのであった。だがいろいろな異端が生じ、ギリシア・ローマ文化に触れたとき、彼らの確信を何とか説明しなければならなかった。ギリシア文化は、哲学的思考に長けていた。それでいろいろ複雑な議論が展開されることになったのだが、中心主題は「神による人間の救済は、どのようにして保証されるか」ということであった。

　人間が自分の力で自分を救うことができないというのであれば、その救済は神の業であるほかなかった。そのかぎり、イエスは神そのものの働きでなければならなかった。だが同時に、その神の働きは、現実的な人間に届くものでなければならなかった。つまり、人間の罪や悩みや問題を本当に背負うことができる者でなければならなかった。彼らの中心的関心は、そういう救済論であった。その両面を満たすことができるイエス・キリストは、それゆえ神と人間の両方に関連する存在でなければならなかったのである。これは本来、実体論的な論理によって解決などできるたぐいのものではなかったのだ。それを実体論的な論理によって遂行しようとしたから、「わけがわからない」議論に響くのであろう。〉
（63〜64頁）

　神の救済の業を人間に確実に届かせようとするためには、三一論やキリスト論において「わけがわからない」神学的展開をせざるを得なくなる。もっとも、限られた人間の知で、限られることのない神について語ることは不可能なことだ。しかし、人間は神について語らなくてはならない。ここから「不可能の可能性」に挑むという弁証法的緊張が生まれる。この弁証法が人間から見て「わけがわからない」ものになるのは当然の成り行きだ。

　中世における信仰と知の関係に関する神学的理解についても、高尾氏はわかりやすくまとめている。

〈この期を代表するのは、カンタベリーの大主教アンセルムス（1033／34〜1109年）である。彼は、アウグスティヌスの命題「知解せんがた

めに信じる」（Credo ut intelligam）から出発する。つまり、「知解する」ということは、何か未知のものを発見することではなく、伝承された信仰という事実を深く「内に読み取り」（intus legere）、信仰によって受け入れた事柄の根拠を認識することを求めたのである。〉（86頁）

　intus legere は、インテリジェンス（intelligence）の語源だ。インテリジェンスとはまさに内在的論理を読み取ることなのである。こういう観点からすると、アンセルムスの思考法は21世紀においても有用性を失っていない。
　高尾氏は、現代神学にとって重要な課題が、人々が宗教や神に頼らずに生きていくことができるようになった世俗化を正面から受け止めることであると考える。この視座からエルンスト・トレルチとディートリヒ・ボンヘッファーについてこう説明する。

　〈かつて、E・トレルチは、キリスト教という宗教が世界的広がりのなかで「絶対性」は持てない、せいぜい西欧社会で「相対的絶対性」が語られるだけだ、と言ったが、それすらもはや現実ではない。まさにボンヘッファーがいみじくも洞察したように、自覚的な現代人の大多数が生きている場は「成人した社会」になってしまっているのであり、宗教という「後見人」を必要としなくなっているのである。〉（176頁）

　私が研究しているフロマートカは、トレルチの許で学び、ボンヘッファーとは別のアプローチ、すなわちマルクス主義的（より正確にはマルクス・レーニン主義≒スターリン主義）の無神論と対峙することを通じて、世俗化を神学的に超克することを考えたのである。
　日本キリスト教史との文脈で高尾氏は16～17世紀のカトリック教会の宣教に関して厳しい批判を展開する。

　〈フランシスコ会は、1593年に初めて渡来したが、フィリピン総督の使者という資格をも兼ねて来日した。その後、1596年に土佐に漂着し

たスペイン船サン・フェリペ号の乗組員が、スペイン帝国の侵略の意図を漏らすような発言をしたことから、フランシスコ会士などを含む26人が長崎で処刑されるという事件が発生した。いわゆる「二十六聖人の殉教」事件である。

　これなどもキリスト教側は、日本側の残虐な迫害とだけとらえがちであるが、それはきわめて一方的な解釈であると思う。当時スペインが東洋を侵略しようとしていたことは事実であるし、一部の宣教師が、たとえば九州の港の地形などをスペイン政府に知らせ、上陸しやすい地域について報告していたのであるから、日本側が神経質になったのは当然であろう。

　そのうえ、この殉教劇のゆえに、宣教熱と殉教熱が高まり、禁教令を無視して宣教師らが不法に渡来し、キリスト教唯一絶対主義を宣伝していたのであるから、為政者の怒りに触れるのは無理からぬことであったともいえよう。また当時の為政者たちに、近代的な「信教の自由」観を要求しても無理というものであろう。

　そのうえ当時のヨーロッパでは「領主の宗教が領民の宗教」という観念が一般的だったのだから、宣教師たちが侵略の先兵になるということも当然のように考えられていた。しかも当時のヨーロッパでは、カトリックとプロテスタントが血みどろになって戦っていて、寛容などということは意識されていなかった。こういう面についても、社会総体を視野に入れた再吟味が不可欠であろう。〉（202～203頁）

　私も同じ認識だ。徳川家光が「鎖国」政策（とはいっても、松前口で蝦夷地［北海道、サハリンや千島列島の一部］、対馬口で朝鮮、長崎でオランダと中国［明・清］、薩摩口で琉球を通じて中国との交易を維持していたので、国を完全に閉ざしていたわけではない。日本の安全保障に脅威となるスペイン、ポルトガル、イギリスなどと外交通商関係を持たなかっただけのことだ）をとらなければ、日本はポルトガルもしくはスペインの植民地にされていた可能性が十分あったと思う。

　明治時代にプロテスタントが日本で伸張した理由も、この教派が、

薩長閥が幅を利かせていた明治政府において出世の道を閉ざされていた旧佐幕派の若者を惹きつけたからと分析する。

〈ピューリタン的な倫理的姿勢と熱意および学識を持ったプロテスタントの宣教師たちに触れて、新しい時代の息吹を感じた旧幕臣の子弟たちは、「熊本バンド」「横浜バンド」「札幌バンド」などを結成して、キリスト教を通じて欧米の文化を吸収していった。こうした新しい気運のなかから、多くの逸材が出現し、多方面にわたって目覚ましい活動を展開した。

彼ら旧佐幕派の武士の子弟たちは、宣教師たちのピューリタン的な厳格な生活態度や、誠実な人柄や深い学識などに感銘を受け、共感を覚え、新しい日本の未来を開くための精神的・知的支柱を見出したと信じたのである。〉（205頁）

日本のプロテスタント教会の文化が儒教的なリゴリズム（厳格主義）であることも、旧佐幕派との文脈で考えると腑に落ちる。

1981年に私が初めて会ったときの高尾氏は、啓蒙的理性と客観性を重視する実証主義的立場をとっていた。本書が刊行されたのは、それから15年を経た1996年だ。この間に日本の思想界はポスト・モダン思想の嵐に巻き込まれ、またオウム真理教に代表されるような「宗教回帰」現象も見られた。これらを踏まえ、高尾氏はこう指摘する。

〈そうした雰囲気のなかで、合理的思考への疑問が強まり、オカルトや神秘主義的傾向が受け入れられやすくなっている。思想の面でも、ポスト・モダンが叫ばれ、その安易な受け売りは、地道で真っ当な合理的思考を軽視する傾向を増幅させつつある。こうしたなかで、新・新宗教と呼ばれるようなオカルト的な諸宗教が蔓延するのも無理からぬことであるとも思う。〉（311頁）

高尾氏は、世俗化に逆転する現象が生じたことを真摯に受け止めているが、それを踏まえて自らの神学を再構築する知的意欲が涌かなかったように思えてならない。そして、宗教としてのキリスト教は解体されるという命題に固執する。

　〈このような世界全体の諸情勢を見ると、キリスト教という当然ながら一つの相対的な観念体系にすぎないものをもって全世界を包みこみ救済しようなぞという考え（キリスト教唯一絶対主義）は、まったく時代錯誤的・誇大妄想的であり、本来「大いなる無理」というものであろう。その意味では、人類の歴史は全体として新しい多元化の時代に入っているのであり、まさに「ポスト・キリスト教の時代」になってしまっている。実際、内容的にいっても、伝統的キリスト教が、世界統合のための唯一の原理になりうるほどの内実的な普遍性を持っているとはとうてい思えないのである。このことを深く正しく認識することは、人類にとってきわめて重要なことであると思う。〉（312頁）

　残念ながら、私は「伝統的キリスト教が、世界統合のための唯一の原理になりうるほどの内実的な普遍性を持っているとはとうてい思えない」という高尾氏の結論に同意することが出来ない。アングロサクソン的な弱肉強食の新自由主義思想が格差の拡大と価値観戦争（ロシア・ウクライナ戦争）をもたらした。新自由主義に随伴するポスト・モダン思想という本質においてつまらないイデオロギーが神学にも浸透したため、救済宗教としての本質を見失う神学（もっとも、教会にも社会にも影響を与えないので、考慮する必要すらないのかもしれない）に振り回される職業神学者が少なからず存在する。このような状況で、伝統的キリスト教の遺産を活かすことが現下の神学者に科された最重要課題と私は考える。

（2024年5月2日脱稿）

第5章

宗教改革とその余波

第6章

近代のキリスト教

第7章　近代ドイツ・プロテスタント神学

第8章　現代のキリスト教

第9章 東方正教会

第10章 日本のキリスト教

第11章　聖書の成り立ちと構成

第12章　キリスト教の教え

第13章 祭りと通過儀礼

本文中にある＊印は、下段に補注があることを示します。
ただし、前後のページに散っている場合もあります。

高校生からのキリスト教入門事典

本書は、1996年に小社で刊行した『キリスト教を知る事典』に図版を加え、
レイアウトを変更するなど読みやすくして、新たな装いで刊行したものです。

はじめに

　1995年の夏に、東京堂出版編集部の福島光行氏から本書の執筆を依頼された。氏のご要望は、キリスト教の宣伝を目的とせず、歴史事実を実証的にとらえ、現代日本においてキリスト教についての厳正な内容紹介を目指すということであった。わたしは、福島氏の熱意と発想のユニークさに一種の感動を覚え、非力を意識しながらも、協力することに同意した。

　わたしは、すでに4半世紀前に「キリスト教の批判的継承」を志し、そのことを課題として今日まで微力ながら努力してきたが、年月が経つにつれて、そういう方向の重要性をますます感じさせられてきている。長い複雑な歴史を持つキリスト教について、1冊の書物で、それもけっして大部とはいえない限定のなかで、上記のような目的をもって論じるという課題は、ほとんど無謀に近い作業だとも思うが、個々の事例を詳細に論じるのではなく、いわば「問題史的」に論じることは可能であろうと思った。

　どんな事柄についても原理的には同じであるが、とりわけ思想や信仰については、いわゆる無色透明で純粋に客観的な叙述などはありえない。その意味で最初から明言しておきたいと思うが、本書の基本的立場は批判的なものである。だがその際に自分が、キリスト教についての無知や偏見から発しているのではないという確信も述べておきたい。

　わたしは第二次世界大戦後に医学生となったが、1948年に、アメリカのある非常に保守的な教会の内部にいて、その教会を変革しようとしていた若い宣教師・大学教師夫妻に出会い（のちにその夫妻は、その教会から離脱し、カリフォルニアの州立および私立の大学で長く教えるようになった）、次第にキリスト教に大きな関心を抱くようになった。医学部をやめ、キリスト教を本気で学ぶ決意をし、彼らとともにアメリカに渡り、南部の保守的な大学と、ニューヨークの非常にリベラルなユニオン神学校に学んだ。しかし、学べば学ぶほ

ど伝統的キリスト教に批判的になり、結局失意のうちに帰国した。しばらく高校教師をしていたが、カール・バルトの神学を学ぶ気持ちになり、東京神学大学大学院に入った。大学院では、バルトとブルトマンを中心に研究をしたが、ブルトマンの批判的視点を評価しつつ、バルト的な方向を生かせないかと模索していた。

その後、茨城キリスト教大学に招かれたが、その大学の保守的姿勢を批判したため授業停止処分を受け、名古屋学院大学に移り、同時に日本基督教団に移籍した。1968年に、関東学院大学の神学部に招かれ、「組織神学」を講じ始めたが、すぐに「学園闘争」の渦中に入り、激しい議論を繰り返すなかで、伝統的キリスト教の限界を感じて、それに対する批判的視点を深めていった。ついに神学部閉鎖という事態になり、退職することになった。

その後、法政大学に招かれて現在に至っている。この間のわたしなりの曲折に富んだ歩みについては、『自伝的聖書論』（柏書房、1994年）で詳述しておいた。自分なりに一貫した探求の道をたどったつもりである。参照くだされば幸いである。

本書の企画に当たった福島氏が述べられたように、キリスト教については多くの著作があるが、批判的なものは少ない。ごく最近のもののなかで、「シリーズ　世界の宗教」（秦剛平訳、青土社、1994年）のなかの、スティーヴン・F・ブラウンの『キリスト教』を例として挙げてみよう。このシリーズは、その「序文」によれば、「学生と一般者向けに編まれたもので」、「だれにでもわかる明確な文章で解説する」ものであり、「宗教とは何であるかを明らかにし、今日の世界で実践されているさまざまな偉大な宗教の伝統にみられる類似性と相違を明らかにするであろう」というものである。著者は、ボストン・カレッジの神学部部長であるが、訳者は著者が「カトリック教徒であるような印象」を受けたと言われる。おそらくそうであろう。

「訳者あとがき」によれば、この書物は「手際よくまとめ」たものではあるが、「現代の新約学の学問的成果を提示したり、それとの

関連でキリスト教に本来的に内在する問題を読者にぶつけるものではない」。訳者ご自身は、きわめて批判的な見解を持っておられ、「キリスト教は不思議な宗教である」と述べ、それが「平和」や「和解」をもたらすと同時に、「不和」や「対立」の因子をまき散らす宗教だと見ておられる。それは、「キリスト教徒が、イエス・キリストが世界の唯一の『救世主』であると……確信犯的に思い込み、そのため他宗教を信じている者たちにたいしてキリスト教の優位・絶対性を主張し、他宗教の者にたいしてきわめて『非寛容』になるからである。……この非寛容な態度は……すべてのキリスト教徒に共通の要素であった。……確信犯にたいしては、何を言ってもはじまらない」とまで断言されている。

だが訳者は、この書物が、キリスト教についてのミニマムの知識を満たしてくれるとも言われるが、わたしには、その「ミニマム」はきわめて偏向（へんこう）しており、批判的視点はほとんど皆無であり、キリスト教が提示してきた無数の否定的面にはほとんど触れていないものと映る。著者は冒頭から「キリスト教の普遍性」を何の批判的視点もなしに告げ、一貫してそういう姿勢を保持している。そして結語としては、「現代のキリスト教は、現世主義と世俗化に包囲されているが、教会はそれと戦っている。今日の世界における教会の不断の努力……は、マタイ福音書の末尾に述べられているキリストの約束『だから、あなたがたは行って、すべての民をわたしの弟子にしなさい。……わたしは世の終わりまで、いつもあなたがたと共にいる』（マタイ二八・一九―二〇。新共同訳）が、今日もはたされていることを示している」と宣言されている。この箇所は古来「主の大いなる命令」と呼ばれているものである。こういう発想は、まさにきわめて安手の伝道主義の宣伝である！

こういう妄想（もうそう）を克服する手立てはあるであろうか。訳者自身は次のように提言している。「唯一残された方法は、歴史家が福音書を分析してそれ以前の段階、すなわちキリスト教が成立するに至った事情を一般のキリスト教徒やそうでない者たちにもわかる言葉で語

り、教会が理解してきた伝統的なキリスト教起源像に挑戦しつづけることであろう」と。同感である。訳者はそのために、やはり同じ訳者によるバートン・L・マックの『失われた福音書——Q資料と新しいイエス像』（青土社、2005年）を推薦している。わたしも読者が一読されることをおすすめする。わたしはどの書物よりも、田川建三氏の『イエスという男——逆説的反抗者の生と死』（三一書房、1980年。2004年に作品社より増補改訂版）を強くおすすめする。学問の世界的水準を抜くものであり、しかも読みやすい、そして熱意のこもった書物である。わたし自身の試みとしては、最近刊の『イエスとは誰か』（NHKブックス、1996年）を参照いただきたいと思う。これらを一読されれば、伝統的なイエス理解が学問的には成立しがたいものであることが、あまりにも当然のことと了解されるであろう。そういう検討をふまえれば、たとえば、イエスのあの「大いなる命令」と称される箇所などは、本来のイエスの言葉ではなく、後代の教会がイエスに語らせたものであることが、少しでも聖書学を学んだ者であるならば、ほとんど常識に属することだと了解されるであろう。

　さて、このS・F・ブラウンの書物の「2　キリスト教の起源」の項は、とりわけひどいものである。現代までの聖書学の諸成果をほとんどまったく無視した、あまりにもナイーブで伝統的な「お話」である。ほとんどすべての頁の叙述について詳しく反駁したくなる内容である。訳者が言われるように、この書物に「触発されて、最初期におけるイエス理解の多様な展開を知りたい読者」が生まれることを切願するものである。

　このように書くと、わたしにたいして「非寛容だ」という非難の声が挙げられるかもしれないが、「寛容である」ということは、批判性を失うことではないし、どんな意見にも「同等に」賛成することでもない。むしろ逆で、賛成できないものには明確に理由を挙げて賛成できないことを告げ、より真摯な相互検証を訴えることこそ重要であろう。「批判的」と訳される「critical」という言葉は、も

ともと「分ける」を意味する動詞「crino」に由来する。それはただ否定的なものではなく、厳正に「ことわけていく」という本来建設的・積極的な姿勢である。そういう視点からわたしは、Ｓ・Ｆ・ブラウン氏をはじめとして、どなたとでも討論を交わすことを避けはしない。むしろ真剣な相互検証を提案しているのである。念のために一言付記しておきたい。

　一般に「事典」と呼ばれる書物は、ともすると、そういう主体性を賭した実存的色彩の欠けたものと思われやすい。実際、そういう傾向のものが圧倒的に多いであろう。そして、そういうたぐいのものは本当には面白くない。本書は、そういう空疎な「客観性」などを追求していない。まさにキルケゴール的な意味で、「主体性こそ真理である」という方向を志向しているのである。類書が極端に少ない状況において、欠陥が多いであろう本書のような試みでも、さらなる共同の、しかしなれ合いではない検証のためにいくぶんなりとも資するところがあれば幸いである。

　　1996年8月

著者

第1章 キリスト教の起源

キリスト教の母体ユダヤ教 [*1]

始祖アブラハムと族長時代

　旧約聖書 [*2] の最初の書『創世記』の伝承によれば、ユダヤ教徒、キリスト教徒、イスラーム教徒の共通の信仰上の始祖であるアブラハムは、紀元前18世紀の人物であった。神の指示によって一族とともにカルデヤのウル（現在のイラクのユーフラテス川のほとりの町）から出て、その川を北西に進み、ハランという地を介してカナン（現在のパレスティナ）に移住した。

　彼は、もとはアブラム（「偉大な父」の意）と呼ばれていたが、神からアブラハム（「多くの者の父」）という新しい名前を与えられ、「諸民族の祝福の源になる」（『創世記』12章より）との約束を受けた。しかし彼と妻のサラの間には100歳を過ぎても子どもがなかったが、神は彼らに子どもが生まれると約束した。アブラハムはそのことを聞いたとき、笑ってしまったが、本当に子どもが生まれたあと、そのことを悔いて、その子どもをイサク（「笑った」の意）と命名した。

　以来アブラハムは、神をひたすら信頼して生きたので、「信仰の父」と呼ばれるようになった。彼の神への深い信頼は、自分の一人息子のイサクを神の命令のままに犠牲にしようとしたという物語（22章）に反映されていて有名である。彼には、イサクのほかに、女奴隷ハガルとの間に生まれたイシュマエルがいたが、この人物がのちにアラブ人の先祖ともくされるようになった。

　アブラハムの息子イサクは、父のあとを継いで「族長」と呼ば

＊1　ユダヤ教全体については、『世界の宗教と経典　総解説』（自由国民社）の拙論「ユダヤ教」の項を参照。また滝川義人『ユダヤを知る事典』（東京堂出版）参照。

＊2　旧約聖書とか新約聖書という表現は、キリスト教のものであり、ユダヤ教の聖書は、キリスト教でいう旧約聖書だけである。キリスト教では、旧約聖書と新約聖書の両方を合わせて聖書という。まぎらわしいので、以下においては便宜上キリスト教のしきたりに沿って旧約聖書という表現を用いる。本書第11章を参照。

れるようになり、エサウとヤコブという2人の息子の父となった。兄のエサウは、弟ヤコブの奸計(かんけい)によって長子の特権を奪われたため、ヤコブが父の祝福を受け、3代目の族長となった。この物語[*3]も有名なものである。

ヤコブは、兄エサウの怒りから逃れ、伯父ラバンのもとに行くが、その娘ラケルと結婚し、そこで財をなす。故郷に戻る途中、ヤボクの渡しで「神の人」と格闘し、イスラエル(「神と争う」の意)という新しい名を与えられる。

イスラエルの12部族

ヤコブには12人の息子がいたが、彼らがイスラエルの12部族の祖先とされている。最年少のヨセフが父に偏愛(へんあい)されたので、兄たちは妬(ねた)み、彼をエジプトに奴隷として売ってしまう。しかしヨセフは、ファラオの夢を解釈して認められるようになり、ついにはエジプトの宰相(さいしょう)になる。その後、兄たちが住むカナンで飢饉(ききん)がひどくなり、ヤコブをともなってエジプトに逃れるが、はからずもヨセフに救われ再会する。しかし、ヨセフも死に、イスラエルの民は次第に奴隷状態におちいり、400年間苦役(くえき)につかされる[*4]。

これらの物語は伝説的で、どこまでが史実か不明である。族長たちも実在した個人ではなく、部族を代表する者たち(名祖(なおや))のことかもしれない。

[*3] これらの伝承については、トーマス・マン『ヨゼフとその兄弟たち』(高橋義孝・佐藤晃一・菊盛英夫訳、新潮社)が、深層心理学的手法を用いて、きわめて豊かな展開をしている。これはマンが、1925年頃から16年の年月をかけて書きあげた4部から成る大作である。ヤコブが兄エサウの長子権を奸計を用いて奪うことや、ヤコブが舅の難題を解決して財産と妻を得ること、ヤコブの息子たちが末弟ヨセフを排除したが結局ヨセフに助けられるようになったことなどの人間味豊かな伝承のなかに、深い深層心理の働きがあることを巧みに描き出したもので、古い伝承を深く新しく読み解くものとして重要な洞察に富んだ作品である。

[*4] 『創世記』についての最近の心理学的・人間学的・考察としては、カレン・アームストロング『楽園を遠く離れて——創世記を読みなおす』(拙訳、柏書房)を参照。

エジプト脱出

　前13世紀頃、モーセ[*5]という指導者が出現し、彼の指導によってイスラエルの民は、エジプトから奇跡的に脱出する。彼らが民族としての自意識を持ち、歴史に登場した最初の出来事である。旧約聖書の伝承がどこまで史実であるか不明だが、この「出エジプト」が彼らのいわば原体験となり、彼らの独特な歴史観・神観・救済観などの基礎になった[*6]。

律法の授受と神ヤハウェとの契約締結

　イスラエルの民は、モーセに率いられて約束の地カナンへ向かうが、40年間荒野を彷徨する。その途中シナイ山で、モーセを介して

シナイ山。モーセが十戒を授けられたとされる

*5　モーセとはだれであったかについてのユニークな説を、S・フロイドが『宗教論——幻想の未来』（フロイド選集8、吉田正己訳、日本教文社）で展開している。

*6　P・K・マッカーター・ジュニア他『最新・古代イスラエル史』（池田裕・有馬七郎訳、ミルトス）を参照。

神ヤハウェに出会い、その民となる契約を結び、十戒[*7]を含む律法（トーラー）を与えられた。モーセは、カナン侵入の直前に死ぬ。

本来の律法理解

民は、エジプトでの奴隷状態から無条件で救い出されたあとで律法を与えられた。そのため、律法のことを神の祝福を受けるための条件としてではなく、彼らの神ヤハウェの彼らへの無条件の祝福のうちに留まるようにと神が与えてくれた神の恵みの証（あかし）、しるしと理解していた（『詩編』19[*8]参照）。

カナンへの侵入と定住

モーセの後継者ヨシュア[*9]の指揮のもと、イスラエルの民はカナンに侵入し、先住民を殺戮（さつりく）しつつ勢力を伸ばし、その地に定住するようになり、12部族の連合体を形成する。この連合体の時代は、ほぼ250年続くが、先住民との戦いを繰り返しながら、次第に民族として増大していく。その史実性はともかく、それはいわば「理想型」として機能していく。

王国成立とその進展

預言者（よげんしゃ）サムエルの時代に、イスラエルの民は近隣諸国と同じように王を望むようになる。サムエルはそれに反対するが、民は最初の王サウルを選ぶ。彼はサムエルによって「頭に油を注がれて」王となった。のちに「メシア」概念が発展するが、「メシア」とは「油

---

*7　**十戒**（『出エジプト記』20章）

1	神は唯一である	2	偶像を拝してはならない
3	神の名をみだりに唱えてはならない	4	安息日を守れ
5	父母を敬愛せよ	6	人を殺すな
7	姦淫（かんいん）するな	8	盗むな
9	偽証（ぎしょう）するな	10	貪欲（どんよく）になるな

*8　拙著『聖書を読み直す II——イエスからキリスト教へ』（春秋社）の第2章の2「律法の本義」を参照。

*9　ヨシュアについては、『ヨシュア記』を参照。

十戒を持つモーセ（フィリップ・ド・シャンパーニュ作）

ダビデ王のイコン（ロシア正教会、18世紀）

を注がれた者」（そのギリシア語訳が「キリスト」である）という意味であり、これがその最初のケースであった*10。

　サウルの指揮のもと、イスラエルは諸民族とりわけ強力であったペリシテ人にも勝ち、支配を広げるが、神に背く罪を犯したゆえに没落し、羊飼いの出であったダビデが王に選ばれた。ダビデは名王として民を治めるが、自分の部下の妻を奸計（かんけい）によって奪う罪を犯し、そのため没落し、息子ソロモンが王となった。この時代に王国は栄え、エルサレムに壮麗（そうれい）な神殿を建設した。ソロモンは知恵者と称えられたが、多くの妻妾（さいしょう）を抱えるようになり、没落し王国が分裂してしまう*11。

---

*10　**王を否定する思想**　古代イスラエルにおいては、王を否定したり規制したりする思想があり、王も律法を忠実に守るべきだとする伝承がある。その内容については、「王の法」（『申命記』17:14-20）を参照。

*11　これらについては、旧約聖書の『列王記』上下、『歴代誌』上下を参照。

分裂王国とその滅亡

ソロモンのあと、イスラエルは北王国イスラエルと南王国ユダに分裂し、悪王善王いろいろ現れる。この間にイザヤ、アモス、ホセアなど多くの預言者が現れ、王や民に警告を発するが、王や民はヤハウェに忠実でなかった。そのため北王国は前722年にアッシリアに滅ぼされ、南王国はしばらく持ちこたえたが、前586年にバビロニアに滅ぼされ、民の多くはバビロンに連行されてしまう。エルサレム神殿も破壊され、いわゆる捕囚の時代が始まった。

バビロン捕囚（ジェームズ・ティソ作、1896-1902年）

第二神殿の建設とユダヤ教の成立

バビロニアを滅ぼしたペルシアの王クロス（キュロス）は、前538年に「ユダヤ人*12解放令」を出し、ユダの民からは「メシア」と

---

*12　**ユダヤ人という呼称**は、北王国イスラエルが滅ぼされ、北王国に属していた12部族が消滅してしまったあと、南王国ユダだけが残り、そのユダがバビロニアに滅ぼされてバビロンに連れていかれ、その地で「ユダの民」としてユダヤ人と呼ばれ始めたことによる。それがのちに、ギリシア人によって「ユーダイオイ」（ユダヤ人）と呼ばれて一般化した。

エルサレムに入城するヘロデ王（ジャン・フーケ作）

呼ばれた。民の多くはエルサレムに帰還し神殿再建を始めた。彼らは、亡国の悲運にあったのは律法を遵守（じゅんしゅ）しなかったからだと理解し、以後は律法を厳しく守ることを決意する。いわゆる「ユダヤ教」は、この時代に成立したものである。それ以前のものは、古代イスラエルの宗教と呼ばれて区別されるべきである。

　ユダヤ教成立以後、イスラエルの本来の律法理解が歪（ゆが）められる傾向が強まる。つまり、律法を神の祝福を受けるための条件とするような理解である。そうなると律法は次第に重荷になっていく。一方で律法への熱意が説かれると同時に、この歪みが進むと律法主義*13的な傾向が強まり、判例が増大するにつれて律法は限りもなく細かい規則の体系になっていってしまう。

ギリシアの支配とマカバイの反乱

　アレクサンドロス大王が前334年に東征を始め、ペルシアを破り西インドまで勢力を伸ばしたが、彼の死後パレスティナはプトレマイオス朝の支配下に入り、ギリシア化*14が進んだ。前2世紀の半ば、

*13　**律法主義**とは、律法を厳しく守ることによってだけ神から祝福を受け救われるとする主義。つまり律法を守ることが神からの祝福を受けるための条件と理解するような解釈である。それは元来の律法＝神の無条件の祝福のしるしという理解とはまさに逆のものになってしまったものである。こうなると律法は重荷となり、民を拘束する「恐れの体系」に変質してしまう。

*14　**ギリシア化**　ギリシア文化が広がったため、旧約聖書すらギリシア語に訳された。70人の学者が訳したというので、『七十人訳聖書』（セプトゥアギンタ）と呼ばれる。新約聖書のなかの旧約聖書の多くは、この訳書から引用されている。本書35頁の欄外注および227頁を参照。

アンティオコス4世エピファネスの時代の暴政のゆえに、ユダヤ側はマカバイ家の指揮のもと反乱を起こし、独立を勝ち取る。

ローマの支配とヘロデ王

　ローマは、マカバイ家の内紛に乗じて前63年にエルサレムを占領し、ユダヤは独立を失う。前40年、ローマの傀儡（かいらい）ヘロデ王がその治世を始め、ギリシア風の諸都市を建設した。そうした状況のなかで次第に反ローマの気運が高まっていった。

イエスの出現とその生涯

イエスの時代のユダヤ社会

　この時代には三つの大きな勢力があった。まず貴族で神殿の祭司職および最高議会（サンヘドリンと呼ぶ）のメンバーであるサドカイ派、次に中流以下の出であり、律法を学び実践するのに熱心であったファリサイ（パリサイ）派、そして、エルサレム神殿の腐敗を非難して禁欲主義を主張し、死海のほとりのクムランに修道院的な教団を建設したエッセネ派*15である。

「律法主義」の増大

　ファリサイ派もエッセネ派も律法を厳しく守ることを要求していた。そのなかで、本来のイスラエルの律法理解が次第に「律法主義」的に歪められると、律法は神の祝福を得るための条件になっていき、細分化されていく。しまいには神殿祭儀の諸規則などを含めて、守るべき条項は1日で613項目にものぼることになった。

---

*15 **エッセネ派**　汚れを何よりも嫌い、極端な禁欲主義を守った宗団。彼らの遺した文書群『死海文書』が、1947年にクムランで発見されたことは有名である。

これらを守る以前に、覚えることだけでも不可能になる。これらをきちんと守っていると自負する者は「義人」と呼ばれ、守れない者は「罪人」と呼ばれて、疎外（そがい）され抑圧（よくあつ）されるようになった。

イエスの誕生と成長

紀元前4〜8年[16]にイエスはおそらくガリラヤの小村ナザレで生まれた。彼がユダのベツレヘムで生まれたという伝承は、イエスをダビデ王に結びつけるために後代（こうだい）に創作された物語である。

父はヨセフという名の大工で、母はマリアであった。イエスは故郷の人々[17]に「マリアの息子」と呼ばれたが（『マルコ』6：3）、ユダヤ教徒は嫡子（ちゃくし）の場合にはそういう呼び方をしないから、イエスの誕生には何か問題があったと思われる[18]。

1917年のナザレ

処女降誕という伝承は、最古の福音書（ふくいんしょ）『マルコ』にも、新約聖書で一番古いパウロの手紙にも言及はなく、明らかに後代の教会の創作である。昔からの偉人の誕生にまつわる奇跡物語と同根のもので、神話である。イエスの幼年期や青年期については、信頼できる資料は皆無で何もわからない。彼が12歳のときに神殿で律法学者らと議論をしていたという伝承（『ルカ』2：

---

*16　**イエスの誕生の年**　紀元前7年という説が有力であるが、正確にはわからない。

*17　イエスの故郷の人々は言った。「この人は、大工ではないか。マリアの息子で、ヤコブ、ヨセ、ユダ、シモンの兄弟ではないか。姉妹たちは、ここで我々と一緒に住んでいるではないか」（『マルコ』6:3）。

*18　『ルカ』のイエスの系図のはじめには奇妙な表現がある。「イエスはヨセフの子と思われていた」（3:23）。

41以下）は、のちの時代の創作である。

　イエスの誕生日が12月25日だというのは何の根拠もない。おそらく当時の大宗教であった「ミトラス教*19」の冬至祭をキリスト教会が横取りしようとした結果であろう。この日がイエスの誕生日と最終的に定められたのは、8世紀の終わりである。ギリシア正教などでは、まったく別の日を制定している。

洗礼者ヨハネとイエスの関係

　その時代に「悔い改めのための洗礼」を宣べ伝えたいわゆる洗礼者ヨハネ（バプテスマのヨハネ）が現れ、独自の教団を形成した。イエスは彼から洗礼を受けた。イエスも端的に「悔い改めのための洗礼」を受けたに違いない。

　のちにキリスト教会は、ヨハネをイエスの先駆者にすぎない者としたが、それはヨハネ教団と競合したのちのキリスト教会による歪曲であろう。さもなければ、のちにヨハネがイエスのことを「来たるべき者」かどうかと弟子に尋ねさせたりしなかったであろう（『マタイ』11章）。

イエス伝をめぐる資料問題──「共観福音書」問題

　歴史のイエスを知るための資料は、基本的には新約聖書の4つの福音書と他のわずかな資料（のちに触れる*20）しかない。しかし福音書*21は現代的な意味での伝記ではなく、キリスト教会の伝道のための文書であり、客観的な歴史の記述ではない。それゆえ客観的な「イエス伝」を構成することはできない。

　最初の三つの福音書（新約聖書の並びでは、『マタイ』『マルコ』『ルカ』の順）は、一見したところ同じような話に聞こえるので「共観

---

*19　本書の289頁「降誕祭（クリスマス）」の項、および50頁「ミトラス教」の項を参照。
*20　本書の第11章「聖書の成り立ちと構成」を参照。
*21　「福音」はギリシア語のエウアンゲリオン（「よき知らせ」の意）に由来。のちにヨーロッパ諸語では、「ウ」が「ヴ」に変化し、「エヴァンゲリオン」とされる。

ラテン語で書かれた聖書（1407年、ベルギー）

福音書」と呼ばれるが、その背後には重大な共観福音書問・・・・・・・題がある。キリスト教には「正典*22」（カノン）という独特な観念がある。つまり絶対に依拠すべき規範・基準の書という意味である。教会は、4世紀の終わりに新約聖書正典を確定し、現在の新約聖書諸文書の並びを決定した。

　だが、実際に書かれた順序は違う。新約聖書を開くとまず『マタイ』、次に『マルコ』『ルカ』と並び、『ヨハネ』が来る。そして『使徒言行録』（『使徒行伝』）が来て、そのあとに使徒パウロの多くの手紙が見え、さらにいろいろな手紙が並び、最後に『ヨハネの黙示録』が来る。そのため、福音書が先に書かれたように思われるが、最初に書かれたのはパウロの手紙である。しかも最初に書かれた福音書は『マルコ』である。新約聖書正典は、この過程を隠蔽してしまっている。『マルコ』を『マタイ』と『ルカ』の間にサンドイッチのようにはさんでしまったのである*23。なぜか。

『マルコ』が書かれた理由

　あとで詳しく述べるが、使徒パウロは、生前のイエスに関心を持っていなかった*24。彼にとっては、イエスが十字架上で万人の罪の贖いのために死んだこと、そして3日目に死人のなかから復活したことが中心的な関心であった*25。

---

*22　**正典**　英語ではCanonで、ギリシア語のカノン（「はかり棒」の意）に由来する。キリスト教会では、旧約聖書の39書、新約聖書の27書、合計66書を「正典」とした（4世紀末）。それ以外のものは外典とか偽典と呼ばれて排除された。これはキリスト教独特の考え方である。

*23　本書226頁以下を参照。

*24　「わたしたちは今後だれをも肉に従って知ろうとはしません。肉に従ってキリストを知っていたとしても、今はもうそのように知ろうとはしません」（『コリント2』5:16）。

*25　「わたしはあなたがたの間で、イエス・キリスト、それも十字架につけられたキリスト以外、何も知るまいと心に決めていたからです」（『コリント1』2:2）。「最も大切なこととしてわたしがあなたがたに伝

そういう考え（イエスの「キリスト論的理解」と呼ぶ）に反対し、イエスの生前の言行こそが福音の中心であると考えた人々がいた。そういう流れを代表して『マルコ』が生前のイエスの言行を中心にして、初めて福音書という文学形式を用いて書かれたのである。だから『マルコ』は、パウロ的なイエス理解に批判的な視点から、最初の福音書を書いたのである。

そのイエスのイメージは、ガリラヤの貧しい、そして抑圧され疎外されていた民衆の具体的解放のために病気を癒し悪霊を追放するという「力ある業」を行い、支配者たちとその体制に対して異議申し立てをした人物[*26]というものであった。

新約聖書正典による『マルコ』の隠蔽

のちに、パウロ的な理解がキリスト教の主流・正統派になっていったのであるが、そういう立場からは、『マルコ』は困った存在であったに違いない。それで、もっとパウロ的・正統派的視点からイエス伝らしきものを提示しようとして、まず『マタイ』がユダヤ教に詳しいキリスト教徒たち（マタイ学派と呼ばれることもある）によって、『マルコ』を下敷きにして書かれた（80年代）。これはキリスト教会こそがイスラエルの本当の継承者であるという立場に立ち、イエスの言行がすべて旧約聖書の預言の成就であるという視点から書かれたものである。

ついで『ルカ』が数年遅れて、これも『マルコ』を下敷きにして書かれたが、これはキリスト教がヘレニズム世界に広がっていく現実を踏まえて、ユダヤ世界を超えてもっと普遍的な視点から「福音」を把握しようとしたものであった。この書の著者は、初代教会

えたのは、わたしも受けたものです。すなわち、キリストが、聖書に書いてあるとおりわたしたちの罪のために死んだこと、葬られたこと、また、聖書に書いてあるとおり3日目に復活したこと、ケファに現れ、その後12人に現れたことです……（同、15:3以下）。
*26 **イエスの原像**　そういう方向での最も優れた著作としては、田川建三『イエスという男』（増補改訂版、作品社）を参照。また拙著『イエスとは誰か』（NHKブックス）も参照。ユニークなものとしては、岡野守也『美しき菩薩、イエス』（青土社）がある。

現存する最古の新約聖書の写本の一部
（コリントの使徒への手紙二、3世紀頃）

の「発展」を記した『使徒言行録』の著者と同じで、それにつながるものである。こういうことは、近代以降に発展した聖書についての歴史的・批判的研究[27]によって明らかになったものである。『マタイ』も『ルカ』も『マルコ』を下敷きにしていたので、一見すると同じような話に聞こえるのである。『マタイ』と『ルカ』は、共通の「イエスの語録集」（『Q資料[28]』と呼ばれる）を用いたらしい。

このように、両書は『マルコ』と『Q資料』を用いているので、こういうとらえ方を「二資料説」という。また両書は、それぞれ独自の資料（「マタイ特殊資料」および「ルカ特殊資料」と呼ばれる）をも用いているので、それらを足して「四資料説」と呼ばれる場合もある。

正典を結集した教会は、上述したように歴史的順序を変えて、『マタイ』『マルコ』『ルカ』の順に定めた。そうすることによって、『マルコ』の批判的視点を隠してしまったのである。この巧妙な手口をサンドイッチ規制と呼んでおこう。

グノーシス主義の『トマスによる福音書』

初代教会の時代の最大の「異端[29]」とされたものにグノーシス主

---

*27　**歴史的・批判的研究**　本書129頁「聖書主義の逆説的役割」の項、149頁「歴史的・批判的研究の進展」の項、169頁「聖書学のさらなる発展」の項を参照。

*28　**「Q資料」**とは、最初期にイエスの語った言葉だけを集めて作られた資料と推定されるもの。Qはドイツ語のQuelle（資料の意）の頭文字。バートン・L・マック『失われた福音書——Q資料と新しいイエス像』（秦剛平訳、青土社）参照。

*29　**異端**　英語ではheresyで、ギリシア語のハイレーシスに由来する。もともとは「選ぶ」の意であっ

ナグ・ハマディ文書の一部（4世紀）

義という運動があったが、その直接の資料が知られていなかった。
正統教会*30 がこの運動を激しく弾圧し、その文書などを徹底的に
破壊してしまったからである。1945年に、エジプトのナグ・ハマ
ディというところで偶然この運動に関連する諸文書が発見された。
20世紀の考古学上の最大の発見の一つといわれるもので、それら
は『ナグ・ハマディ文書*31』と命名されている。

　その代表的なものが『トマスによる福音書』である。そこでは、
正統福音書のなかの奇跡物語を文字通りに受けとることは霊的段階
の低い人間のすることだとされている。実際、イエスの復活を文字
通りに実体的なものと受けとることは「おろかなこと」だといわれ

て、別な考え方、別な語り方をするというだけのことであったが、ユダヤ教やグノーシス主義などに
傾く信徒に対して、のちに正統派となった者たちが打ち立てていった敵対観念が強化され、呪い
や追放の対象とされるようになった。

*30　**正統教会**　「正統」は英語でorthodoxyだが、ギリシア語の「正しい（オルソ）」と「意見・考え（ド
　　クサ）」に由来。

*31　『**ナグ・ハマディ文書**』については、エレーヌ・ペイゲルス『ナグ・ハマディ写本——初期キリスト教
　　の正統と異端』（荒井献・湯本和子訳、白水社）を参照。この書物は、グノーシス主義の内容とそ
　　の政治的意味についての最良の研究の一つである。

ている。だれであれ、「グノーシス」(「深い奥義的知恵」の意)に達した者は、イエスと同等の者になるのだと主張されている[*32]。『トマス』の原本は、正典福音書とそう違わない時代に書かれたともされているが、そうすると初代教会はけっして一枚岩ではなく、いろいろな流れがあったことになる。それゆえ、イエスを知るためには、『トマス』なども参考にしなければならないことになる。そういう理解に基づいて最近アメリカの学者集団が『5つの福音書[*33]』という意欲的な翻訳と解説を公にした。

イエスの言葉の特徴

イエスの真正(しんせい)の言葉とされているもののいくつかを紹介して、彼の姿をいくぶんか探ってみよう。

(1)『マルコ』のなかのイエスの言葉

『マルコ』でイエスの真正の言葉とされるものの一つは、ファリサイ派やヘロデ党の者たちがイエスをおとしいれようとローマ帝国への税金を払うべきか否(いな)かについてイエスにふっかけた論争のなかの「皇帝(カエサル)のものは皇帝へ、神のものは神へ」(12：17)である。「皇帝のもの」とはローマ皇帝の肖像が刻まれた貨幣のことであり、「神のもの」とは神殿に納める神殿税のことである。これらの者たちが、ローマ帝国への民衆の不満を利用しながら、他方では重い神殿税を取っていることを指摘して、彼らの欺瞞(ぎまん)を暴いた逸話である[*34]。

以下は、イエスが多分言ったであろうとされる言葉である。まず「わたしが来たのは、義人を招くためではなく、罪人を招くためで

---

*32 グノーシス主義のこうした知恵の理解は、原初仏教の般若(知恵)の理解によく似ているといえよう。

*33 『5つの福音書』 1993年に、アメリカの新進気鋭の聖書学者集団イエス・セミナーによる共同研究で、新約聖書の4つの福音書に『トマス福音書』を加えて『5つの福音書』なる著作が公刊された。伝統的理解への新しい挑戦である。

*34 このテキストの解釈については、田川建三『イエスという男』の117頁以下、および拙著『イエスとは誰か』の242頁以下を参照。

ある」（2：17）。「義人」とは律法の諸規定を厳しく守っている人々のこと。「罪人*35」とは、そういう義人らから、律法をきちんと守っていないとして非難され疎外（そがい）されていた貧しい者たちのこと。イエスはそういう状況のなかで、断固として義人ではなく罪人の側に立つことを宣言した。

　律法主義が強まると、それが人々を束縛する恐れのある体系に変質してしまう。それで、安息日には何歩まで歩いていいとか、薪（まき）は何本まで集めてよいとか、排便はいけないとか、重いものを持ち上げてはならないとか、瑣末（さまつ）なことまで規定されることになった。まさに本末転倒である。そういう状況に対してイエスは断言した。「安息日は、人のために定められたのであって、人が安息日のためにあるのではない」（2：27）と。1000年単位の規範を一言で廃棄してしまう言葉である*36。

　ユダヤ教には現代に至るまで厳密に守られている食物規定があるが、イエスはそれに対しても断言した。「外から人の体に入るもので人を汚すことができるものは何もなく、人のなか（心）から出て来るものが、人を汚すのである」（7：14）と。戒名（かいみょう）だの墓だのに縛られている現代の日本人にも耳の痛い言葉であろう。

　イエスは、金持ちや権力者を批判した。「金持ちが神の国に入るよりも、ラクダが針の穴を通るほうがまだ易（やさ）しい」（10：25）と。また彼は宣言した。「異邦人（いほうじん）の間では、諸国民の支配者（ローマ帝国のこと）が権力をふるっている。あなたがたの間ではそうであってはならない」（10：42）。

（2）「神の国」について

　イエスの教えの特徴として神の国がよく挙げられるが、これはイ

---

*35　ここで「罪人」と呼ばれているのは、道徳的に悪いという意味ではなく、1日に613項目にものぼる律法の諸規定を守れない人々のことである。『マルコ』の解釈については、田川建三『マルコ福音書』上巻（新教出版社）、および拙著『イエスとは誰か』を参照。

*36　このテキストの解釈については、拙著『イエスとは誰か』のⅠの6「安息日論争」を参照。

エスが最初に語ったことではなく、当時のユダヤ教で教えられていたことである。それはまず「神の支配」を意味し、その内容は「正義と公正と憐れみ」であった。当時の宗教的指導者たちが、そういう説教はするが、その実現のための実践をおろそかにしていただけでなく、その神の国の管理者のような姿勢と役割を演じていたことをイエスは批判したのである。イエスは、神の国は、まさに「蒔かれた種」や「からし種」がそれ自身の力で成長するように、人間が管理するようなものではないことを強調したのである。ましてや来世のことなど問題にしているのではない*37。

(3)「隣人愛」について

イエスの教えの中心は愛、とりわけ隣人愛だなどとよくいわれるが、そうではない。それらはずっと昔からユダヤ教で教えられていたものだ。ユダヤ教では、隣人とはユダヤ教共同体の成員のことであり、それゆえその隣人愛の教えは、それ以外の者たちには届かないもの、いや外部の者を疎外・排除するものであった*38。イエスの有名な「善きサマリア人の譬え」(『ルカ』10：25-37) は、あるユダヤ教徒が強盗に大怪我をさせられていたときに、ユダヤ教の聖職者たちが見て見ぬふりをしていたのに、ユダヤ教徒から侮蔑されていたサマリア人が、その大怪我をしたユダヤ教徒を無償で助けたという話で、そういう隣人になれという逆転の警告であった。

(4)「愛敵」について

「あなたがたの敵を愛せ」(『マタイ』5：44) というイエスの言葉は、上述した隣人愛を乗り越えるものだと一般に理解されているが、そういう理想主義的・観念的解釈は問題である。「敵を愛する」ということは、そんなに簡単に実践できるものではなく、実際この教えは歴史のなかでもっぱら泣き寝入りと偽善を生み出してきたのだ。

---

*37 神の国については特に、田川建三『イエスという男』の第6章、2、3、9を参照。
*38 **隣人愛** この問題については、拙著『イエスとは誰か』のⅡの1「敵を愛せ」を参照。

「あなたがたの敵」とはだれであろうか。いつの時代でも、支配者・権力者は、多くの敵を作り、被支配者たちに「彼らがあなたがたの敵だ」と宣伝してきた。大日本帝国の支配者が「鬼畜米英」と教えていたようにである。ローマ帝国にとっては、敵とはその支配を脅かす者たちであり、ユダヤ社会の上層部にとっての敵は、端的にイエスのような人々であった。

　イエスが警告したのは、支配者たちは民衆に「お前たちの敵は○○だ」と教えるものであるが、それが本当に敵かどうかをしっかりと見極め、むしろそういう「敵」を愛せということであったかもしれない。少なくとも、そういう「敵」を生み出すシステム自体を変革しなければダメだ、という訴えだとも解される*39。とにかく、イエスの教えはセンチメンタルな甘い愛の教えなどではないのである。

(5)「姦淫」について

　最も有名な言葉の一つは、「みだらな思いで他人の妻を見る者はだれでも、既に心の中でその女を犯したのである」(『マタイ』5：28)であろう。これは以前には、「およそ男にして、およそ女を、欲情せんとして見つめる者は、既に心のうちで姦淫を犯したのである」というふうに訳されていた。とすれば、「枯れ果てた老人」でもないかぎり、およそ健康な男性で、この姦淫の罪を犯さないような者はいなくなるであろう。それは自然そのものに敵対することであり、しょせん無理な要求であり、歪んだ生き方(禁欲主義や聖職者の妻帯禁止など)を生み出すだけである*40。

　まっとうな解釈をするためには、当時のユダヤ教の婚姻法を知らなければならない。ユダヤ社会では一夫多妻制が認められていた。

---

*39　そういう視点から見れば、第二次世界大戦中私が在学した諏訪中学に、米英人をすべて鬼畜などと見るべきではないと教えてくれた軍事教官がいたが、彼はイエスの訴えを実践した人だといえるであろう。本書248頁を参照。

*40　拙著『聖書を読み直すⅠ——旧約からイエスへ』(春秋社)の第2章の7「男と女」、『聖書を読み直すⅡ——イエスからキリスト教へ』の第3章の3「エロスと性」を参照。本書254頁以下を参照。

既婚の女性が男性と通じれば姦淫罪で石打ちの刑で殺された。既婚であれ未婚であれ男性が、未婚の女性と通じた場合には、その女性を妻とすれば認められた。既婚の女性と通じれば姦淫罪に問われた。女性を「眺めた」だけでは、もちろん罪にはならない。

しかし、富や権力を持つ男たちが、人妻を「欲情せんとじっと見る」というようなことはよくあったことであろう。とりわけ他人には「姦淫するな」と教えていた者が、そういう態度をとるとき、民衆は腹立たしい思いをしたであろう。

イエスは、律法学者や長老や祭司たちに向かって、そういう教えを内面にまで徹底すればこうなるということを述べ、批判したのかもしれない。民衆は、こういう言葉を聞いたら喝采したかもしれない[*41]。

ファリサイ派の者たちがイエスに離縁について質問したとき、イエスは答えた。「妻を離縁して他の女を妻にする男は、妻に対して姦通の罪を犯すことになる」（『マルコ』10：11）と。ユダヤ教の律法では、夫は離縁状を書けば妻を離縁できた（『申命記』24：1）。イエス時代の女性はまったく無権利の状態にいた。イエスは断固女性の側に立ったのである。これを聞いた弟子たちですら驚いて叫んだ。「夫婦の間柄がそんなものなら、妻を迎えないほうがましです」（『マタイ』19：10）と。男たちの正直な当惑をよく示している[*42]。

イエスの逮捕と裁判

ユダヤ支配層のイエスへの敵意

こういうイエスに対して、ユダヤ支配層は当然ながら、こぞって

---

*41　田川建三『イエスという男』の第6章の7「倫理観念の異様な拡大？──『姦淫』の女」を参照。
*42　拙著『イエスとは誰か』のⅠの22「女性の権利」を参照。

敵意を増大させていった。そして
ておそらく、30年頃のユダヤ教
の過越祭（すぎこし）の前後に神殿警備の兵
士たちによって逮捕された。イ
エスの12弟子の1人であったイ
スカリオテのユダの「裏切り」に
よって媒介（ばいかい）されたと伝承されて
いる。この場合、普段は互いに
いがみあっていたファリサイ派
やサドカイ派やヘロデ派が協力
したことは象徴的なことであっ
た。体制を維持しようとする者
たちのエゴイズムに発する野合
であったといえよう。

『キリストの捕縛』（チマブーエ作、13世紀）。
左はユダ

最後の晩餐（ばんさん）

　これが過越祭のためのものであったが、そのあとのものであった
か、福音書による記述が違うので定かではないが、この晩餐が、の

『最後の晩餐』（レオナルド・ダ・ヴィンチ作、15世紀末）

ちのキリスト教会の中心的な儀式「聖餐式*43」あるいは「ミサ」に
発展させられた。

十字架刑

　イエスが十字架刑に処せられたことは、ほぼ間違いなく史実であ
ろう。この刑は、ローマ帝国が帝国への反逆を企てた者を処刑する
ための刑であった。イエスの運動は、そのようなものと誤解・曲解
されたのである。刑の確定に際して、新約聖書の福音書は、ローマ
総督ポンテオ・ピラトが、イエスにむしろ好意的であったように描
いているが、それは福音書が書かれた時代のキリスト教のローマ帝
国への配慮に基づいた物語化であろう。一般史からは、ピラトが、
残虐さとユダヤ教徒への侮蔑感の強さで知られた狡猾な人物であ
ったことがわかっているからである。

『磔刑』（アンドレア・マンテーニャ作、15世紀）

*43　<u>聖餐式（ミサ）</u>　本書71頁の「聖餐」の項を参照。

イエスは、十字架の上で苦しめられたすえに、「エロイ、エロイ、レマ、サバクタニ」（わが神、わが神、なぜわたしをお見捨てになったのですか）と日常彼が使っていたアラム語で叫んで息絶えた。それは、端的に絶望の叫びであったとしか考えられない。彼が十字架上で発したとされるそのほかの言葉は、真正なものとは思われていない。のちの教会の創作である*44。

*44　拙著『イエスとは誰か』のⅠの27「イエスの十字架」を参照。

第2章 キリスト教の誕生と原初の教会

どうしてイエスはキリストになったか

イエスとキリスト

　「キリスト」という言葉は、ヘブライ語の「メシア」のギリシア語訳である。本来のメシア（「マーシアハ」というような発音）は、「油を注がれた者」の意である。王の任命に際して行われたケースが多い。また古来イスラエルでは、民族の危急存亡のときに、民（たみ）のなかで特別な能力を持った者を選び出し、その頭に聖なる油を注いで祝福を与えた（「聖別（せいべつ）」という）。その語をギリシア語では「クリストス*1」と訳した。それが日本語ではキリストといわれるようになったのである。だからキリストは固有名詞ではない。

　メシア（キリスト）は、ユダヤ教の歴史には多数現れた。「ユダヤ人解放令」を出したペルシア王クロス（キュロス）でさえ、ユダの民を救った者としてメシアと呼ばれたのである（『イザヤ書』45：1）。もちろん、すべてのメシアは人間であり、イエスの前後にも自薦他薦のメシアが現れている。

　イエスという名前は、きわめて一般的なユダヤの名前であり、ヘブライ語では「エホーシューア」（ヨシュア）で、「神は救い」ほどの意味である。だからイエスといっただけでは、どこのだれだかわからないので、出身地の村ナザレを付けて「ナザレのイエス」というふうに呼ぶのである。それゆえ、イエス・キリストとは、ナザレのイエスがメシア（キリスト）であるという意味であり、特別な解釈を含みこんだ表現である。イエスが生まれる200年も前から、ヘレニズム世界に散らされ、すでにギリシア語を話すようになっていたユダヤ教徒（「ディアスポラ」＝「四散の民」）の間では、ギリシア

第2章　キリスト教の誕生と原初の教会

---

*1　キリスト教の象徴としてよく右のようなマークが用いられるが、それはキリストというギリシア文字の最初の文字Χ（英語のchと同じ）および次の文字Ρ（英語のr）の組み合わせである。

語に訳された聖書が用いられており、「キリスト礼拝」が行われていたのである＊2。

メシア待望（メシアニズム）

亡国の憂き目にあったイスラエル・ユダの民の間ですでに、いつか彼らを復興させ救いをもたらすというメシアを待望する考えが起こっていた。いわゆるメシア預言というものもあった（『イザヤ書』9：117、11：119）。これは、未来の王を願望したものであった。主としてダビデ王とのつながりにおいて語られていた（『ゼカリア書』9：9-10）。しかしユダヤ教の黙示文学＊3が生み出される時代になると、天からのメシアが待望されるようになり、「人の子＊4」とも呼ばれるようになった。

メシア待望は、「エデンの園」的な復興を望むものや、ダビデ王時代の栄光を望むものや、終末的な審判と祝福を望むものや、いろいろあったが、イエスの時代には、こういうメシア待望（メシアニズムとも呼ぶ）が強くなっていた。

弟子たちによるイエスの死の解釈──「贖罪＊5死」

イエスの死後、弟子たちは彼の死の意味についていろいろ考えたに違いない。彼らは一方において深く失望したであろうが、他方、あのように律法から自由に生き、「力ある業」を行い、ユダヤ支配層を批判したイエスは、本当はどういう人であったのかと考え、ま

＊2　ヘレニズム化されたユダヤ教徒の間では、紀元前3世紀から、旧約聖書がギリシア語に翻訳されてきた。伝統的に70人の学者が訳したとされるので、『七十人訳聖書』（セプトゥアギンタ＝70の意）と呼ばれる。LXXと略される。新約聖書のなかの旧約聖書の引用はほとんどこの訳からのもの。

＊3　**黙示文学**　紀元前2世紀頃から紀元後100年頃に、ユダヤ教およびキリスト教の世界で発展させられた文学で、幻や不思議な象徴によって神の真理が啓示されるというスタイルのもの。旧約聖書の『ダニエル書』、新約聖書の『ヨハネの黙示録』は正典に入れられているが、正典に入れられていないものも多い。

＊4　人の子　『ダニエル書』7：13。より厳密には「人間の息子」の意。

＊5　**贖罪**　罪を贖うこと、つまり、犯された罪を誰か別な人が、その償いをしてその罪を犯した人を救い出すこと。

たどうしてあのような生き方ができたのかについても思っていたであろう。

　そうしたなかで、彼らは、数百年以前の『イザヤ書』53章の「苦難の僕*6」のイメージを介して、イエスが彼らの罪を担って死んでくれたメシアだと受けとっていったのだと思う。その「苦難の僕」のくだりには、下記のような言葉がある。

　ユダヤ教徒は、この預言をまったく別に解釈するのだが、弟子たちはこの預言にイエスの死の姿と意味を見たのではなかろうか。とにかく彼らは、イエスの死が彼らの罪のためのもの、彼らの罪を贖うための死であったと受けとったのである。

「復活」信仰の発生

　弟子たちが、イエスの死を「贖罪死」と受けとめたときに、彼らは初めてそれなりにイエスの生の秘密を理解したと思ったのであろう。そのとき彼らには律法の重荷がすべて消滅してしまい、大きな喜びと生き生きとした解放感の到来を感じ、「イエスの命」が彼らのうちに「甦った」のだと受けとめたのであろう。それは、彼らの体験としては、けっして彼らの「主観的な思いこみ」としてではなく、まさに彼らの「外から」突如として起こった解放と目覚めの出来事ととらえられたに違いない。古代人であり、最初から復活を信じていた彼らは、そのことを「イエスは引き上げられた」と表現し

---

*6　「苦難の僕」
　　彼が担ったのはわたしたちの病／彼が負ったのはわたしたちの痛みであった
　　………
　　彼が刺し貫かれたのは／わたしたちの背きのためであり
　　彼が打ち砕かれたのは／わたしたちの咎のためであった
　　……
　　彼の受けた傷によって、わたしたちは癒された
　　わたしたちは羊の群れ／道を誤り、それぞれの方角に向かって行った
　　そのわたしたちの罪をすべて、主は彼に負わせられた／苦役を課せられて、かがみこみ
　　彼は口を開かなかった／屠り場に引かれる子羊のように
　　毛を切る者の前に物を言わない羊のように／彼は口を開かなかった
　　捕らえられ、裁きを受けて、彼は命を取られた

『キリストの復活』（シモン・チェホビッチ作、1758年）

たのである。そういうふうにして、イエスは、彼らに「現れた」のであろう。

　当時のユダヤ教徒の大半は、復活を信じていた。ファリサイ派もそうであったし、民衆も、そしてヘロデ王さえ信じていた（『マルコ』6：14）。だから、イエスの場合も、だれかが上述した贖罪のための死という観念を媒介にして「イエスが死から引き上げられたのだ」という受けとめをしたのであれば、共通の背景を持っていた彼らが、「同じ信仰」を持つようになったのは、それほど不思議なことではない。それは積極的な意味における「共同幻想」であったといえるであろう＊7。

弟子たちの伝道の始まり

　このような再生の喜びを経験した弟子たちは、一転して「イエス

＊7　この問題について詳しくは拙著『イエスとは誰か』（NHKブックス）の2「なぜイエスからキリスト教が？」の項を参照。

はキリストなり」という宣教を始めた。イエスの死が贖罪のための死であれば、伝統的な「律法を守ることによって救われる」という考えは無用になるし、イエスの死が罪のための唯一絶対で最後的な犠牲であるならば、伝統的な神殿での動物犠牲による祭儀もいらなくなる。

弟子たちにおいては、こういう理解は最初は明瞭ではなかったが、次第にユダヤ教の伝統であった割礼*8という儀式も、律法の厳しい遵守も不必要との認識が深まっていった。そして次第に多くのユダヤ教徒たちが、こういう福音の宣教に耳を傾け、それを受け入れるようになっていった。

ペトロの説教

こういう時代の弟子たちの宣教の典型的なものとしては、『使徒言行録』において、使徒ペトロ*9の説教として伝えられている（2〜3章）。その中心的なメッセージは、次のようなものであった。

「イスラエルの人たち、これから話すことを聞いてください。

ナザレの人イエスこそ、神から遣わされた方です。神は、イエスを通してあなたがたの間で行われた奇跡と、不思議な業と、しるしとによって、そのことをあなたがたに証明なさいました。あなたがた自身が既に知っているとおりです。

このイエスを神は、お定めになった計画により、あらかじめご存じのうえで、あなたがたに引き渡されたのですが、あなたがたは律法を知らない者たちの手を借りて、十字架につけて殺してしまったのです。

しかし、神はこのイエスを死の苦しみから解放して、復活さ

---

*8 **割礼** 古いユダヤ教の儀礼で、生後8日目に男子の生殖器の前の皮を切り取るという慣習。ユダヤ教徒であることの肉体的しるし。

*9 **ペトロ** イエスの12使徒の筆頭といわれる。ガリラヤの漁夫であったがイエスの弟子となり、イエスの昇天後、伝道に尽し、晩年ローマに上り、ネロ帝の迫害を受けて殉教。カトリック教会ではペトロをローマの最初の司教とみなし、各教皇がイエスからペトロに授けられた天国の鍵を受け継いでいるという（『マタイ』16:16以下）。

せられました」（『使徒言行録』2：22-24）。

　これはすでにのちの教会がまとめた内容だから、そのままペトロの説教とはいえないが、ともかくこのような内容のものであったであろう。

ヘレニストとヘブライスト

　当時のユダヤ教徒には、ディアスポラとして日常的にギリシア語を話すようになっていて、生活の多くの面でギリシア化の影響を受けていた者たちが増えていた。彼らは「ヘレニスト」と呼ばれていた。「ヘレネー」とはギリシア語でギリシア人のことである。彼らは、エルサレムから遠く離れて生活していたし、ユダヤ教の律法の諸規定が重荷に感じられてもいたであろう。そういう彼らにとって、イエスの弟子たちの宣教は訴えるところが大きかったであろう。

　他方、礼拝や神殿儀礼においてヘブライ語を用いていた伝統的なユダヤ教徒たちは「ヘブライスト」と呼ばれていた。彼らはユダヤ教的伝統を重んじることを主張していた。イエス運動に加わった者たちの間でも、これら両派があり主張が異なっていた（『使徒言行録』6：1以下）。

　ヘレニストの1人であったステファノ*10の宣教と殉教は有名である（『使徒言行録』7章）。イ

『使徒言行録』の一部
（コーデクス・ラウディアーヌス写本、7世紀）

---

*10　**ステファノ**『使徒言行録』6：1以下で、初代教会の執事の1人に選ばれた人物。ユダヤ教徒たちに捕らえられ、ユダヤの最高法院でイエスをキリストと証言し、そのため怒った人々によって石を投げつけられて死んだとされる最初の殉教者。

聖ステファノ
（ジャコモ・カヴェドーネ作、16-17世紀）

エスを唯一最後的なキリストと信じるこれらの人々は、アンティオキアで初めて「キリスト教徒（＝クリスチャン）」と呼ばれるようになった。

「使徒」パウロの出現

キリキア（現代のトルコの東部）のタルソという非常にギリシア化された都市出身の若い優秀なユダヤ教徒で、サウロ（のちにパウロ *11 と改名）という人物がいた。彼は、ファリサイ派に属していて将来を嘱目されていたエリートであった。彼は、イエスの弟子たちの宣教を嫌い、大祭司の許可状を得て、彼らを迫害し捕らえて投獄していた（『使徒言行録』9章、『ガラテヤ』1：13-14、『コリント1』15：9）。伝承によれば、彼がイエス運動をしている者たちを捕らえようとダマスコ（ダマスカス）へ向かう途上、イエスが彼に現れて、それを機に彼が突如として回心したという（『使徒言行録』9章）。彼自身は、これを神からの直接の啓示と理解していた（『ガラテヤ』1：15-24）。

パウロの回心の内容

パウロの回心には、二つの面があったと思われる。

---

*11 **パウロ** キリスト教をローマ帝国に普及するのに最も功績の大きかった伝道者。もと熱心なユダヤ教信者でキリスト教徒の迫害に加わったが、復活したキリストに接したと信じて回心し、生涯を伝道に捧げ、64年頃ローマで殉教。「異邦人の使徒」といわれた。その書簡12通は新約聖書の重要な一部。

（1）実存的側面

　パウロは、律法を律法主義的に理解していた。つまり、律法を厳密に守らなければ神によって義とされない（祝福を得られない）と考えていた。その考えをまじめに徹底させれば、完全に律法を守ることは不可能という認識に到達するのは当然で、「律法による義」は得られなくなり、絶望的にならざるをえない*12。

　こうしたときに彼は、十字架の血による罪の赦（ゆる）しの福音を聞いたのであろう。そして自分の内面的絶望が頂点に達したときに、キリスト教的贖罪の宣教と、それを確証するイエスの復活の福音を信じるようになったのであろう。彼はそれを旧約聖書の律法と預言者によって証（あか）しされたことと理解して受け入れた*13。

（2）社会的側面

　彼は、父がローマ帝国の市民権を持っていたので、生まれながらにローマ帝国の市民権を与えられていた。当時ではこれはたいへんな特権であった。当時のユダヤ社会においては、ますます反ローマの気運が高まっていた。紀元後66年には、第一次ユダヤ戦争が勃発し、70年まで続いた。ユダヤ側は敗北し、エルサレム神殿は崩壊し、エルサレムも陥落してしまい、ユダヤ教徒はエルサレムから追放されてしまう。ユダヤ社会はそういう方向へ向かっていたのである。

　彼は、一方においてはユダヤ共同体に属し、他方においてはローマ共同体に属していた。どちらも現実的な共同体であり、ますます緊迫する状況においては、同時に両方に属することは難しかった。

---

*12　パウロの絶望「わたしはなんと惨めな人間なのでしょう。死に定められたこの体（み）から、だれがわたしを救ってくれるでしょうか」（『ローマ』7:24）。

*13　「ところが今や、律法とは関係なく、しかも律法と預言者によって立証されて、神の義が示されました。すなわち、イエス・キリストを信じることにより、信じる者すべてに与えられる神の義です。そこには何の差別もありません。人は皆、罪を犯して神の栄光を受けられなくなっていますが、ただキリスト・イエスによる贖いの業を通して、神の恵みにより無償で義とされるのです」（『ローマ』3:21-24）。

『聖パウロの視力を回復するアナニアス』
（ピエトロ・ダ・コルトーナ作、17世紀）

このジレンマに彼は苦しんでいたであろう。前記の「実存的側面」と相まって、この「社会的側面」も無意識的にではあれ、いかほどか影響を与えたのではなかろうか。

なぜなら、キリスト教共同体に属するならば、それはいわば観念共同体であり、法的実体としては存在していなかったのであるから、現実的などちらの共同体とも同一化する必要がなかったからである。

事実、ユダヤ戦争が起こったときには、エルサレムのキリスト教会は、戦争に参加せず、逃亡してしまったのである。

パウロの信仰の内容

（1）積極的側面

彼の信仰は一口で言えば、信仰義認論である。つまり、人間が神に義とされるのは律法を守ることによってではなく、万人の罪の贖いのために十字架上に死んだ神の子イエス・キリストを信じること、そしてそれが嘘偽りでない証拠に神がイエスを3日目に復活させたことを信じることによってのみ神に義とされるというものであった（『ローマ』1：1-4、3：21以下、10：9-10＊14、『コリント1』15：1以下を参照）。

それは、律法の重荷からの解放、罪の苦しみからの解放、神の怒りからの解放、死からの解放（『ローマ』5～8章）をもたらし、自分

＊14　「口でイエスは主であると公に言い表し、心で神がイエスを死者の中から復活させたと信じるなら、あなたは救われるからです」（『ローマ』10：9）。

を「新しく創造された者」とさせ（『コリント2』5：17-21）、民族や階級や性差を超えた普遍性を獲得することになった^{*15}。

(2) 否定的側面

　しかしパウロは、こういう信仰を唯一で絶対なものとしたので排他的になる傾向を持っていた。だから自分が理解する福音と違ったものを「呪わるべし」と断罪した（『ガラテヤ』1章）。これがのちの正統と異端という発想を生み出したのだ。

　また、彼の信仰も一つの観念であるから、現実問題に関しては観念的な逆転をしてしまい、現状肯定的な機能を果たしてしまった。たとえば、現実の奴隷は、「キリストにあっては自由人なのだから、そのままの身分に留まれ」と命じたり（『コリント1』7：17-24）、「男性は女性の頭」であり、女性は男性に服従すべきであり、教会では黙っているべきだというような差別的な思想を述べている（同、11章^{*16}）。またローマ帝国などの国家権力を「神によって立てられた権威」とし、それに服従すべきことを命じている（『ローマ』13章）^{*17}。

パウロの「世界伝道」

　パウロは、3回に及ぶ大伝道旅行を行い、地中海沿岸の諸地域に伝道し、多くの教会を建てた（『使徒言行録』13章以下）。彼の多くの手紙は、それらの教会の信徒に送ったものである。彼のこの活躍なしには、キリスト教はけっして世界的な宗教に発展する契機を持たなかったであろう。

---

*15　「もはやユダヤ人もギリシア人もなく、奴隷も自由人もなく、男も女もない。皆イエス・キリストにおいて一つである」（『ガラテヤ』3:28）。

*16　拙著『聖書を読み直すII──イエスからキリスト教へ』（春秋社）の第2章の5「転倒」を参照。

*17　パウロの思想の問題性については、拙著『聖書を読み直すII──イエスからキリスト教へ』（春秋社）の第2章「パウロにおける逆転」を参照。

第3章

帝国による迫害とキリスト教の公認

ヘレニズム世界への進出

ローマ帝国におけるユダヤ教

　ローマ帝国内には全人口の10分の1にのぼるほどのユダヤ教徒が生活していた。ローマ帝国は、宗教政策においては比較的寛容であったが、古代帝国であったので、神々への犠牲(ぎせい)を捧(ささ)げる祭儀(さいぎ)は、帝国の平安にとって不可欠だと信じていた。それは「公共の祭儀」(Cultus Publicus) と呼ばれていて、それに参加することはすべての市民の義務であった。だが、ユダヤ教徒は唯一の見えない神ヤハウェを固く信じていたし、律法に固着していたので、いろいろなトラブルのすえ、ユダヤ教徒だけは特例としてこの国家祭儀を免除されていた。

　他方、多くの市民（100万人単位といわれる）は、ユダヤ教の一神教的神観念や高い倫理観を尊敬していて、ユダヤ教徒にはならなかったもののユダヤ教シンパになっていた（「神を恐れる者」と呼ばれていた）。もちろんヘレニズム世界の各地には多くのユダヤ会堂（シナゴグ*1）があり、これらのシンパも出入りしていた。パウロなどキリスト教徒の伝道者も、シナゴグに滞在して伝道できたのである。キリスト教徒はユダヤ教の一派と考えられていたので、初期の間はヘレニズム世界に急激に受け入れられていった。ユダヤ教の律法や民族儀礼なしに、一神教的神観念とユダヤ教的倫理を継承できると思われたからである。

ユダヤ教からの分離

　キリスト教徒が、イエスをメシア・キリストと信じるというかぎりにおいては、まだユダヤ教の枠のなかに留まれたが、次第にイエ

---

*1　**ユダヤ会堂（シナゴグ）**　もともとギリシア語で「集会」の意。ユダヤ教の会堂がギリシア語で呼ばれていること自体が、いかに当時ギリシア化が進んでいたかを示している。

スを唯一絶対で最後的な、しかも超人間的・神的な存在として、神の独り子、神の言葉が肉体をとって現われた者（受肉者）などと主張し始め、律法も不要と宣言し始めると、ユダヤ教の枠のなかには収まらなくなってきた。それで、80年代後半には、ユダヤ教共同体は正式に、イエスを上述のような意味でメシアと信じる者たちを呪って、ユダヤ教共同体から追放することを確認した*²。

　こうして両者は決定的に分離するようになった。そのためキリスト教徒は、当時はキリスト教よりもはるかに強大であったユダヤ教から迫害を受けることになった。それに、キリスト教はユダヤ教の一派とされていたので、ローマ帝国からも寛大に扱われていたが、分離したとなると、古いものを尊敬していたローマ人からは、「新奇で邪悪な迷信」として白眼視されるようになった。

古代ローマの遺跡、フォロ・ロマーノ

*2　ユダヤ教とキリスト教の違いについては、滝川義人『ユダヤを知る事典』（東京堂出版）の「ユダヤ教とキリスト教」の項（62頁以下）を参照。

ローマ帝国下の人々の生活

　ローマ帝国は、当時の世界最大の帝国に発展したが、それはあらゆる地方の古い民族共同体を破壊し、その財宝を奪い、住民は奴隷（どれい）として連行してくるというやり方で維持されていた。ある歴史家によれば、それは「諸共同体の財宝を奪い、オベリスク状に積み上げた略奪強盗国家」という面を持っていた[*3]。

　そのため、それらの共同体の成員だった者たちは、彼らの古い祭儀による支えも慰め（なぐさ）も失って、よるべない孤独な個人として裸のまま放り出されたような状態におちいってしまった。またローマ共同体も、かつての質実剛健な気質を失い、長い遠征などのために家庭は崩壊し風紀も乱れ、中産階級などは没落する者が多く、「ローマの平和（パックス・ロマーナ）」のスローガンのもとでの実態としては、厭世感（えんせいかん）や遊蕩（ゆうとう）の風潮がはびこっていた。そのため東方からの多くの密儀宗教（みつぎ）[*4]が流れこみ流行していた[*5]。

キリスト教の蔓延（まんえん）

　そういう状況のゆえに、多くの奴隷、下級兵士、没落した中産階級、無権利の女性などが、普遍的な救済を約束していたキリスト教に魅かれ参加するようになっていった。キリスト教は、前述したように、「ユダヤ人もギリシア人もない。奴隷も自由人もない。男も女もない」という普遍的な観念を持っていたので、ユダヤ教に迫害され始め、彼らの観念をますます純化させるようになったことや、また具体的・現実的などれかの共同体に結びついていなかったことにより、そういう普遍的な観念を日常の生活面でそれなりに実現し

---

*3　戒能通孝『古典的世界の没落と基督教』（新泉社）、84頁参照。

*4　**密儀宗教**（Mystery Cults）　ギリシアのバッカス信仰やエジプトのイシス信仰や小アジアのアッティス信仰などを源泉として、隠された知識を授けるという密儀（神秘的な儀式）を通じて、死後の救済を唱える種々の教団のこと。ローマ社会の不安定感が増大するにつれて、これらの多くの教団が流入し、大衆的な支持を得た。

*5　ギボン『ローマ帝国衰亡史』参照。

ていった。そのために、上記のような人々が流入していったのである。

　また、すでに述べたことだが、キリスト教は、ユダヤ教的な普遍精神と一神教および高い倫理性を継承していたので、ヘレニズム世界の「神を恐れる者たち」をも魅きつけていったのである。

ローマ帝国の宗教

　ローマは、古い時代から多神教の世界であって、しかもギリシアの神々にも大きな影響を受けたが、最高神はユピテルで、ウェスタ女神や軍神マルスも有名である。それらの神々に捧げられる祭儀は「公共の祭儀」（Cultus Publicus）と呼ばれ、「最高大神官」（Pontifex Maximus）を中心として「祭祀法（jus sacrum）に従って執行されていた。この「最高大神官」という称号は、のちにローマ教皇の称号として用いられるようになった。祭儀に際して犠牲の動物は「ホスティア」（hostia）と呼ばれたが、その言葉ものちにローマ・カトリック教会のミサの用語となった。帝国の平安は、神々に捧げられる犠牲の多さに比例するといういわば等価交換の思想に基づいていた。それゆえローマ市民にとっては、その祭儀に参加することは義務であった*6。

　帝政期に入ると「カエサル・アウグストゥス」なる称号が与えられ、次第に皇帝礼拝が強まっていった。皇帝を救済者、神の子などと呼ぶようになるが、このこともキリスト教と競合するようになっていった。皇帝は次第に「主」（ギリシア語で「キューリオス」）と呼ばれるようになったが、ユダヤ教のヤハウェも、ギリシア語に翻訳されたときキューリオスと呼ばれていたし、キリスト教徒はイエスのことをやはり「主＝キューリオス」と呼ぶようになった。このことが迫害の原因の一つになった。

＊6　弓削達『ローマ帝国とキリスト教』（河出書房新社）のローマ帝国による迫害の項を参照。

ミトラス教

　ヘレニズム世界に1000年も前から広がっていた普遍宗教とさえいえる宗教に、ミトラス教があった。それは元来ペルシアに発したものであるが、太陽を象徴として世界を生と死が交錯する総体ととらえるもので、生と死を司る<ruby>司<rt>つかさど</rt></ruby>るミトラス神を<ruby>救世主<rt>きゅうせいしゅ</rt></ruby>とする＊7。

　ミトラスは、太陽の光を持って4頭立ての二輪戦車に乗り、敵対する大洋の上を横切って永遠で完全なる<ruby>憩<rt>いこ</rt></ruby>いの世界に旅立つのであるが、人々を生命と光の創造の<ruby>業<rt>わざ</rt></ruby>に参与するように促す。彼は、日ごとに新しく戦車に乗って天上を駆けめぐり、人間と永遠の間にあって、人間の生を救済する仲保者＊8、永遠のロゴスであり、そのために献身し<ruby>慰<rt>なぐさ</rt></ruby>めを与える。それゆえ彼は「常勝不敗の神」と呼ばれた。この宗教は、ローマ帝国の宗教と認められたこともあり、キリスト教の最大のライバルであった。キリスト教が帝国の宗教とされたあとに、帝国と教会の権力によって<ruby>絶滅<rt>ぜつめつ</rt></ruby>させられた。

　この宗教の特に重要な祭は12月25日の<ruby>冬至祭<rt>とうじ</rt></ruby>であり、「不敗なる者の誕生の日」（natalis invicti）と呼ばれた。前夜祭が祝われ、人々は贈物を交換し、当日の夜明けとともに、処女が金色の赤子の

『牡牛を<ruby>屠<rt>はふ</rt></ruby>るミトラス』（2世紀頃）

＊7　フェルマースレン『ミトラス教』（小川英雄訳、山本書店）、フランツ・キュモン『ミトラの密儀』（小川英雄訳、ちくま学芸文庫）、東條真人『ミトラ神学――古代ミトラ教から現代神智学へ』（国書刊行会）参照。

＊8　**仲保者**　一般に神と人との間に立ってとりなす役を担う者の意。イエスもそういう仲保者だと受けとられるようになった。

人形（太陽の誕生の象徴）を抱き、白衣を着て金の冠やヒイラギの花を身につけ、「この日われらに一人のみどり子が生まれたもうた」などと歌いながらねり歩き、ともに祝った。クリスマス*9を想起するであろう。クリスマスは、キリスト教がこの人気の高かったミトラス教の祝日を横取りしたものである。だからキリスト教のほうが、いろいろ取りこんだのである。

ローマ帝国によるキリスト教迫害

迫害の始まり

　ユダヤ教から一神教的信仰を継承したキリスト教*10は、ローマ帝国が要求した国家祭儀に参加することを拒んだ。それは帝国の平安を脅かすことと解釈された。またユダヤ教から分離したキリスト教は、ローマ帝国ではもはや尊敬されず、侮蔑と不信の対象となっていった。しかしユダヤ教徒以外の多くの異邦人は、ますます多くキリスト教を信じるようになった。これがローマ帝国にとって不安要因となっていったのは当然であった。

　そういう情勢が進んでいた頃、64年にローマで大火が起こった。時の皇帝ネロは、ローマ市の改築を考えていたこともあって、皇帝自身が放火させたとの噂が立ち、ネロはそれを否定するために、民衆のキリスト教徒への嫌悪感を利用して、キリスト教徒の仕業だとの宣伝を広げ、それを口実にして彼らへの迫害を始めたらしい。伝説によれば、ペトロもパウロも、このときの迫害で殉教した。

---

*9　本書の289頁「降誕祭（クリスマス）」の項参照。

*10　本書234頁以下参照。

イグナティオスの殉教の場面を描いたイコン

迫害の広がり

キリスト教徒の増大にともない、国家祭儀への拒否の問題は深刻になっていった。帝国は、何とかしてキリスト教徒が国家祭儀に参加するように促したが、彼らはそれを拒否し続けた*11。ローマ帝国側は、彼らの態度をただ頑(かたくな)なものと見たので、対立はますます深いものになり、迫害が政策的なものになり始めた。だが、111〜113年頃の、この問題についてのトラヤヌス帝の指示を仰いだ地方長官プリニウスの書簡によれば、その政策もまだゆるいもので、臨機応変(りんきおうへん)的なものであった。だが次第に、イグナティオスやポリュカルポスなどの使徒後教父*12と呼ばれる人々の殉教も生じてきた。

バル・コクバの乱

132年には、ユダヤ教徒が再度、メシアとされたバル・コクバに率いられてローマ帝国に反乱を起こし、戦闘は135年まで続いた。これにローマ社会で観覧の対象となっていた剣闘士たちも参加したりして大規模なものになったが、ついにローマ正規軍によって鎮圧(ちんあつ)され、7000人もの戦士らが十字架刑に処されて終息した。このことも、ローマ帝国側に大きな不安材料となり、キリスト教徒への迫害の理由の一つになったであろう。

---

*11 ローマ帝国は、キリスト教徒と融和すべく、伝統的な神々の像と並べて「イエス・キリスト」の神像さえ建立したといわれる。

*12 **使徒後教父** 使徒の時代の直後に現れたキリスト教会の指導者たち。

全ローマ帝国での迫害

2世紀半ば頃から迫害は全帝国にわたる規模になり、ユスティノスの殉教やイレナエウスの殉教が続いた。2世紀に入るとセウェルス帝による迫害が起こり、2世紀半ばにはデキウス帝による大迫害に

バル・コクバの乱の拠点となったヘロディウム
（ヘロデ王の宮殿遺跡）

発展した。だが、ヴァレリアヌス帝による迫害（250年代）のあとには、40年間も寛容政策が取られたこともあった。また皇帝ユリアヌスによる異教への復帰政策も試みられたが、キリスト教はますます伸展し、ついにディオクレティアヌス帝の最後の大迫害（303～313年）をもって帝国による迫害は終息した＊13。

だが、帝国によって間断なく迫害が加えられたのでもなく、またいわゆる悪帝だから迫害が行われたのでもないことは記憶されるべきである。むしろ賢帝と呼ばれたマルクス・アウレリウス帝のような、ローマの伝統に忠実で真面目な皇帝のもとで迫害が強かったということも忘れられてはならない。国家祭儀が帝国の安寧にとって不可欠だと考えられていた古代にあっては、キリスト教徒はむしろ「無神論者」と考えられていたのであり、国家の平安を脅かす者として危険視されたのである。それに、特に東方では皇帝崇拝の傾向が強く、皇帝を「キューリオス」（主）と呼んだのに対して、キリスト教徒は「イエス・キリスト」を「キューリオス」と呼んだので、問題はさらに紛糾したのである＊14。

その問題は、いわば第二次世界大戦中に日本の特高警察が、キリ

＊13　弓削達『ローマ帝国とキリスト教』（河出書房新社）参照。

＊14　**キューリオス**　ローマ皇帝も「救世主、神の子、平和の君」などとも呼ばれていたし、旧約聖書のギリシア語訳では、ユダヤ教の神ヤハウェも「キューリオス」とされていたので、ますます紛糾した。拙著『イエスとは誰か』（NHKブックス）37頁参照。

スト教徒に「天皇陛下とイエス・キリストとどちらが偉い？」というような質問をして、真面目なキリスト教徒が「イエス・キリストは神だが、天皇は人間であり、罪人として悔い改める必要がある」などと答えて、治安維持法によって逮捕（たいほ）されたり拷問（ごうもん）を受けたことにもつながるような面をも持っていたといえよう。だから、ローマ帝国は悪で、キリスト教会は善というような理解は、歴史に対して公正なものではない。

初期カトリック教会の形成

キリスト教会の変身

　原初のキリスト教会は、イエス・キリストがすぐに再臨し、終末がやってきて新天新地が到来すると信じ、合い言葉として「マラナ・タ」（主よ、来てください）と唱えていた（『コリント1』16：22）。パウロは自分たちのことを「主が来られる日まで生き残るわたしたち」と言い、そのときには「わたしたち生き残っている者が、空中で主と出会うために、彼らと一緒に雲に包まれて引き上げられます」と信じていた（『テサロニケ1』4：15、17）。しかしその再臨の約束は起こらず、不平が生まれてきた[*15]。その結果、「主の日」が来るのはいつかだれにもわからないが、いつか必ず来るというふうに変えざるをえなくなった[*16]。それゆえ教会は、これからずっと続くであろう地上の生活に備えなければならなかった。

[*15] 「主が来るという約束は、いったいどうなったのだ。父たちが死んでこのかた、世の中のことは、天地創造の初めから何一つ変わらないではないか」（『ペトロ2』3:4）。

[*16] 「主のもとでは、1日は1000年のようで、1000年は1日のようです。ある人たちは、遅いと考えているようですが、主は約束の実現を遅らせておられるのではありません。そうではなく、1人も滅びないで皆が悔い改めるように、あなたがたのために忍耐しておられるのです。主の日は盗人のようにやって来ます」（同、3:8-10）。

原初教会は、終末が近いと信じていたので、権力や富にいっさい関心がなく、組織化などにも関心がなかった。しかし、期待していたようにユダヤ教徒の改宗もなく、逆に彼らに呪詛（じゅそ）され迫害されるようになり、多くの異邦人が参加するようになって地上での組織化を考えざるをえなくなった。特に迫害が激しくなってきてからは、防衛のためにユダヤ教やローマの宗教の組織を模倣（もほう）して、次第に司教、監督、司祭というような聖職を生み出していった。さらに迫害時代を通じて、最初は帝国に敵対していたが、次第に自分たちは帝国の平安のために祈る存在であり、帝国のために尽くす組織であることを強調するようになっていった。

使徒後教父

　彼らについてはすでに触れたが、彼らの主な文書としては、『クレメンスの第一の手紙』（1世紀末）、『ディダケー』（『12使徒の教え』、2世紀初め）、『イグナティオスの手紙』（2世紀初め）、『ポリュカルポスの手紙』（135年頃）などがある。これらは新約聖書正典[*17]には入れられなかったが重要なもので「外典」とも呼ばれるものだ。内容的には旧約聖書に基づきながら、パウロ的な福音理解を示している。同時に、倫理的・戒律的傾向も強めており、「完全なる律法」「自由の律法」「キリストの戒（いまし）め」というような表現が多く見られる。これは「再ユダヤ化」とか「新律法主義」とも呼ばれることもある。

護教（ごきょう）論者

　迫害や排除を受けていた教会のなかで、ギリシア的教養を持った新しい信者たちから、キリスト教を弁護することを目的として、キリスト教こそギリシア・ローマ文明が追い求めていた真理そのものであるという理念を持って活躍する者たちが現れた。

　代表的な者は、ユスティノス（125頃〜165年頃）、アテナゴラス（2

世紀後半）、テオフィロス（？）などである。彼らを「護教論者」と呼ぶ。

　ユスティノスは、神の知恵としてのロゴス*18という理念を用い、それは神と同質であるが、そのロゴスが受肉したのがイエス・キリストであるという論理を展開した。これこそが真の哲学であり、それゆえもはやユダヤ教もギリシア哲学も不要になったと主張した。彼は、マルクス・アウレリウス帝の下での迫害で殉教した。そのため殉教者ユスティノスと呼ばれるようになった。

異端との争い

　当時のキリスト教世界には、いろいろな異端*19が発生した。ユダヤ的色彩の強いエビオン派、前述したグノーシス主義、ペルシアの二元論に強く影響されたマニ教、熱狂的・黙示録的・禁欲主義的なモンタノス主義、旧約聖書の神とイエス・キリストの神を峻別し、極端なパウロ主義を唱えたマルキオン派など、実に多様で強力な異端が次々と起こった。

　これらの異端に対して、「正しい信仰」という理念

聖ユスティノス（アンドレ・テヴェ作、16世紀）

---

*18　**ロゴス**　本来ギリシア語で「ことば」の意であったが、宇宙を統御・調和させる根源的な原理として理性・理法というような意味を持つようになった。キリスト教では「神の言葉」の意味となり、神の世界統御を担う力とされ、このロゴスが肉体をとって地上に出現したのがイエス・キリストであるという理解が広まった。『ヨハネによる福音書』の冒頭の表現は有名である。「初めに言（ロゴス）があった。言は神と共にあった。言は神であった。この言は、初めに神と共にあった」(1:1-2)。

*19　**異端**　この語にはのちにキリスト教会が付したような悪い意味はなかった。正統という観念が成立してから、正統派と称する者たちが、自分たちとは違う考えをおとしめて以来、現在一般に持たれている悪意のこもった意味に変質してしまった。

を立てて争った多くの教父たちがいた。イレナエウスは、グノーシス主義に反対し、パウロの信仰に戻るべきことを主張し、旧約聖書の神と新約聖書の神の一致を説き、三位一体論[20]の基礎を築いた。クレメンスは、グノーシスは、啓示と使徒的証言に基づくべきであると説いた。イエスこそグノーシス主義を超える「真の知覚者」であると主張したオリゲネスは、「ロゴス論」を発展させ、イエスを受肉したロゴスととらえた。

　最初のラテン的神学者となったテルトゥリアヌスは、ギリシア哲学とキリスト教との違いを強調し、「三位一体」という言葉を初めて用いた。父なる神と子なる神と聖霊なる神は、三つの位格（ペルソナ）を持つが、一つの本質（スブスタンティア）を持つと説き、旧約聖書と新約聖書を分離させるマルキオンに批判を加えた。キプリ

至聖三者（三位一体）のイコン（アンドレイ・ルブリョフ作、15世紀）

*20　**三位一体論**　イエスが唯一絶対で最後的なメシアと信じられ、さらに神の子と高められるにつれて、唯一なる神との関係が考察されるようになり、イエスは神のロゴスが受肉した存在であり、父なる神と本質的に同じ働きをする存在と考えられるようになった。その働きを担うのが神の霊（聖霊）であり、次第に父なる神、子なる神、聖霊なる神という考えが生じ、こうした三つの現れと働きの違いがありながら、唯一の神を構成するという論が発展してきた。それを「三位一体論」という。父・子・聖霊それぞれの関係、働き、有りようをめぐってのちに長く複雑な議論が展開された。

アヌスは、カトリック教会という概念を初めて導入し、「教会の外に救いはない」と唱え、唯一の司教職、使徒的伝承などのローマ・カトリック教会の基礎概念を築いた。

信条の成立

こうした異端との争いを契機に、「正しい教会」の信仰の基準を求める気運が高まる。そうしたなかから、2世紀の半ばには「古ローマ信条」なるものが生まれてきた。これはのちの「使徒信条[*21]」の原形になったものである。現在の「使徒信条」の形が制定されたのは、700年頃といわれるが、とにかくこうして次第にキリスト教会の基礎的な信条が定められていった。

正統派の性格

のちに「正統派」となった流れは、内容的にはさまざまであり、教父たちの間でも細かい点になるといろいろ対立があった。だが彼らは、いろいろな異端に対しては反対であるという点においては一致していた。それゆえ、彼らのいう「一致」は、非常に妥協的な要素もあり、多くの矛盾を含みこんでいた。このことはよく記憶されておくべきことである。

キリスト教の公認の必要性

他方、ローマ帝国のほうは、いろいろな内紛が多く、内部対立が激しかった。それに、帝国が征服した広大な地域の種々雑多な民族

---

*21　**使徒信条**（The Apostolic Creed）古代以来、現代までキリスト教のすべての流れにおいて基本的な信条とされるもの。全文は以下の通り。
　　我は天地の造り主、全能の父なる神を信ず。我はその独り子、我らの主、イエス・キリストを信ず。主は聖霊によりてやどり、処女マリアより生まれ、ポンテオ・ピラトのもとに苦しみを受け、十字架につけられ、死にて葬られ、陰府にくだり、3日目に死人のなかよりよみがえり、天にのぼり、全能の父なる神の右に座したままえり、かしこより来りて生ける者と死ぬる者とを審きたまわん。我は聖霊を信ず、聖なる公同の教会、聖徒の交わり、罪の赦し、身体のよみがえり、永遠の生命を信ず。アーメン。
　　「公同の」とはギリシア語「カトリカ」（普遍的の意）の訳。つまり「いつでもどこでもだれにでも受け入れられるべき」の意。

を、軍事的に統一させておくだけでは帝国の平安は保てなかった。どうしても政治的な統一を補完する普遍的なイデオロギーが必要であった。しかも、民衆全体をそのなかに取りこむイデオロギーとしては、当時の世界においては、宗教しかありえなかった。ここでは詳論は不可能であるが、そういう要求を満たすものとして考えられるのは、前述したミトラス教かキリスト教しかなかった。

コンスタンティヌス大帝によるキリスト教の公認

こうした状況のなかで、コンスタンティヌス大帝[*22]は、対立していたマクセンティウスとの戦いのさなかに、ミトラス教的な「不敗の太陽神」を受け入れるか、それともキリスト教を受け入れるか心を決めることができなかった。勝敗を左右するミルウィス橋での決戦の前の晩、彼はキリスト教に傾く夢を見、さらに戦いのさなかに十字架が輝くのを見たという。槍（やり）の先に太陽の光があたったのがそう見えたという説もあるが、そうであったとしても、彼の無意識の選択はもうできていたのであろう。

この戦闘に勝利した彼は、キリスト教に対する「寛容令」（かんようれい）を公布した。いわゆる「ミラノ寛容令」である（313年）。政治家としては優れた

コンスタンティヌス大帝のモザイク画（1000年頃）

*22　**コンスタンティヌス大帝**　ローマ皇帝。専制政治を復活、330年に都をローマからビザンチウムへ移してコンスタンティノーポリス（コンスタンティノープル）と称した。また、キリスト教を保護し、これを公認宗教とした。

資質を持っていた彼の、まさに政治的な直観に基づく決定であった
であろう。それは、キリスト教のほうが、その普遍性と民衆性にお
いて優れているという認識であったであろう。こうしてついにキリ
スト教はローマ帝国によって公認された宗教となったのである。

　しかし、キリスト教はただちに国教とされたのではなく、背教
者とあだ名されたユリアヌス帝がローマの伝統宗教の復興を命じる
という逆流もあった。キリスト教が最終的に帝国の国教とされたの
は、テオドシウス帝の決定によった（392年）。

キリスト論論争

　イエスが神の子キリスト・救い主であるという思想は、ギリシア
思想や異端との対決のなかで論議が続けられると、ますます複雑に
なり論争が絶えなかった。コンスタンティヌス大帝は、せっかくキ
リスト教を帝国統一のためのイデオロギーとして公認したのに、そ
のイデオロギーが一致できないのでは意味がないので、何とか一致
させようとした。しかし、父なる神と子なる神の関係については、
「養子」の関係だとか、本質は同じだが「現れ方」（modus）が違う
のだとか、いやまったく同一なのだとか、それではイエスが十字架
で苦しみ死んだとき、父なる神も苦しみ3日の間死んでいたのか
（父神受苦説）、とか種々の論が起こり、一致が見られなかった。

アリウス派とアタナシオスの論争

　318年にアリウスが、父なる神と子イエスは本質において異なり、
子は父なる神によって創造された存在であり有限であるとし、イエ
スの本性は人間としての本性一つであるという説を唱えた（単性説）。
それは、父なる神とイエス・キリストとは、「同じような」（ホモイ
ウーシオス）性質を持つという論であった。これは論理的に明快で
あったので、多くの人々が受け入れるようになり、ゲルマン部族の
間でも信奉されるようになった。

　それに対して、アタナシオスは、父なる神と子なる神とは「同

質」（ホモウーシオス）であると唱え（イエス・キリストは神と人との両性を持つというので、「両性説」とも呼ばれる）、アリウスに激しく対立した。

両者の対立点は、ギリシア語のアルファベット「イオタ」（「イ」と発音する）が入るか入らないかの論争であるとも呼ばれたが、キリスト教は結局、この「イ」をめぐって250年以上もの激しい議論を繰り返すことになった＊23。

ニカイア宗教会議──「ニカイア信条」の成立

コンスタンティヌス大帝は、この状態を憂い、325年、ニカイアに教会会議を招集して解決しようとした。激しい論争の結果、アタナシオスの立場を正統とするいわゆる「ニカイア信条」なるものが成立した。複雑な神学論議をよく理解できなかったコンスタンティヌス大帝にとっては苛立たしい会議であったに違いない。

しかし、アリウスは説得されたわけではなく、なお多くの信

ニカイア宗教会議を描いたイコン

奉者が自説を宣伝し続けた。論争の過程で、アタナシオス自身も、何度も皇帝から追放されたり、呼び戻されたりしている。皇帝の苛立ちが伝わるような事実である。

＊23　こういう論争については、カレン・アームストロング『神の歴史──ユダヤ・キリスト・イスラーム教全史』（拙訳、柏書房）の「Ⅳ 三位一体　キリスト教の神」を参照。またジョン・ヒック『宗教がつくる虹──宗教多元主義と現代』（間瀬啓允訳、岩波書店）の第4章「受肉と独自性」（151頁以下）を参照。

「コンスタンティノーポリス信条」の成立

　この議論はさらに続き、テオドシウス帝は、381年、コンスタンティノーポリスに教会会議を招集し、結局アタナシウス的解釈を正統としたが、その際に、聖霊が神から出ているだけではなく、「子からも」（ラテン語で「フィリオクェ」）という箇条を挿入した。東方教会は、これを承認せず、のちの東西教会分裂の主因の一つになった*24。

　こういう会議の背景には、政治的な対立や利害がからんでいたので、醜悪（しゅうあく）な事態をいろいろ引き起こした。反対派の司教らが乗った馬車を襲わせたり、毒殺したりするという悲惨なことも起こってしまった。

ネストリオス論争

　コンスタンティノーポリスの総主教であったネストリオスは、イエスの母マリアが「神の母」（テオトコス）と呼ばれるようになったことに反対し、彼女は神を産んだのではなくイエス・キリストを産んだのだから「キリストの母」（クリストコス）と呼ばれるべきだと主張した。これはイエスにおいて神性と人性が一致しないことを意味したので、正統派は激怒した。

　そこでアレクサンドリアのキュリロスは、ネストリオスを激しく非難し、イエス・キリストにおいては神性と人性は完全に一致しているので、イエス・キリストはまさに「神人」（テアントロポス）なのであり、それゆえマリアは「神の母」であると主張した。時の皇帝テオシウスは、431年にエフェソでの教会会議を招集し、結局ネストリオスを異端として追放した。

　だがネストリオス派は衰えず、シリアからペルシアやインドに、さらには中国にも伝わり、中国では「景教*25」と称されてかなり発

---

*24　本書186頁以下参照。
*25　**景教**　ネストリオス派が中国にまで伝わり、景教と呼ばれるようになり、特に唐代に盛んになっ

展した。ネストリオス派は、現在でもイランやイラクに数万人の信徒を維持しているという。

「ニカイア・カルケドン信条」の成立

だが論争は収まらず、そのため451年にカルケドン会議が開かれた。そこでついに正統派が勝利し、イエス・キリストにおいては、神と人の両性が存在し、両者の意思が混乱なく存在し、さらに両者の作用が混乱なく示されるという「正統派」信条として「ニカイア・カルケドン信条*26」なるものが成立し、以後これが「正統」のキリスト教の理解とされるようになった。しかし、これでもなお論争が続き、最終的に確認されたのは680年のことであった。

キリスト論論争・三位一体論論争の意義

300年近くにも及んだこの論争は、現代のわれわれにはあまりにも瑣末で複雑にすぎると思われるが、いったい何が問題だったのであろうか。根本はむしろ単純なことであったとも理解できる。原初教会の理解は単純なものであった。彼らは、イエスにおいて神と出会い、無条件の神の愛を受けたと感じ、救いを得たと確信したのであった。だがいろいろな異端が生じ、ギリシア・ローマ文化に触れたとき、彼らの確信を何とか説明しなければならなかった。ギリシア文化は、哲学的思考に長けていた。それでいろいろ複雑な議論が展開されることになったのだが、中心主題は「神による人間の救済は、どのようにして保証されるか」ということであった。

人間が自分の力で自分を救うことができないというのであれば、その救済は神の業であるほかなかった。そのかぎり、イエスは神そ

た。しかし唐末には衰退してしまった。だが元朝において再興した。現代にまで残っているともいわれる。大秦教とも呼ばれる。

*26　**ニカイア・カルケドン信条**　その御子に関する内容が重要なので、そこだけ挙げる。
「また、我らは、唯一の主イエス・キリスト、あらゆる代のさきに御父より生まれたまえる、神の生みたまえる独りの御子、光より出でたる光、真の神より出でたる真の神、生まれ給いて造られず、御父と同質なる御方を信ずる」

のものの働きでなければならなかった。だが同時に、その神の働き
は、現実的な人間に届くものでなければならなかった。つまり、人
間の罪や悩みや問題を本当に背負うことができる者でなければなら
なかった。彼らの中心的関心は、そういう救済論であった。その両
面を満たすことができるイエス・キリストは、それゆえ神と人間の
両方に関連する存在でなければならなかったのである。これは本来、
実体論的な論理によって解決などできるたぐいのものではなかった
のだ。それを実体論的な論理によって遂行しようとしたから、「わ
けがわからない」議論に響くのであろう。

　この論争は、古代のあの時期にのみ一定程度の意義があったもの
であり、その議論をそのまま現代にまで持ちこんで、あの時代の言
語表現のままに無批判的に受け入れろといわれても無理なものであ
る。そのことを認識しなければ、キリスト教は本当には現代世界に
おいて妥当する宗教ではありえなくなるであろうと思う[27]。

*27　ジョン・ヒック、ポール・F・ニッター編『キリスト教の絶対性を越えて──宗教的多元主義の神学』
　　　（八木誠一、樋口恵訳、春秋社）を参照。

第4章

中世のキリスト教

古代から中世へ

古代の総括者、アウグスティヌス

　古代を総括し中世への道を備えた偉大な学者は、カルタゴ出身のアウグスティヌス*¹であった。彼は、母モニカからキリスト教信仰の道を教えられてはいたが、青年時代には奔放な生活を送った*²。しかし哲学の魅力に触れ、内面の世界に開眼し、その後、マニ教、新プラトン主義などを遍歴した。だがミラノの司教アンブロシウスに出会い、キリスト教に改宗し、ついに故郷ヒッポの司教となった。彼は、生涯その職にとどまり、教会のために膨大な著作をし、古代教会の諸問題を集大成し、中世カトリック教会の基礎を築いただけではなく、プロテスタント教会の思想的土台とも理解され、後代にはかりしれない影響を与えた。

(1) ドナトゥス派との対決

　アウグスティヌスは、北アフリカで盛んになったドナトゥス派と聖礼典*³の有効性をめぐって対決したが、この派の指導者ドナトゥスは、厳格派の立場で、たとえば、棄教した司祭の執行した礼典は無効であると主張していた。アウグスティヌスは、教会が執行するサクラメント（秘跡）は、執行者の道徳的状態に無関係であると主張し、秘跡の有効性は教会の権威そのものに根拠を持つと説いた。同じ観点から、幼児洗礼を支持した。また国家の法的強制権と教会

---

*1　**アウグスティヌス**　初期キリスト教会最大の思想家。はじめマニ教を奉じ、やがて新プラトン哲学に転じたが、ついにミラノで洗礼を受け、生地北アフリカに帰りヒッポの司教に就任、同地で没。その神学の核心は、人間は神の絶対的恩恵によってのみ救われる、教会はその救いの唯一の伝達機関である、地上の国家は神の国たる教会の精神的導きを受けるべきである、の3点。著書に『告白』『三位一体論』『神の国』など。

*2　アウグスティヌスの『告白』は有名。

*3　礼典・秘跡については後述。

の霊的権威は、一定の状況のもとでは結合しうると説いた。これは中世ローマ・カトリック教会の基礎を支える思想となった。

(2) ペラギウスとの対決

　イギリス出身のペラギウス[*4]は、人間個人の意志と責任を強調し、アダム[*5]の罪は彼自身にだけ関わるものであり、原罪<ruby>原罪<rt>げんざい</rt></ruby>[*6]という観念を認めなかった。つまり、それは一種の自力思想であり、人間はアダムの罪のゆえに死ぬのではなく、またイエス・キリストの贖罪<ruby>贖罪<rt>しょくざい</rt></ruby>や復活によって救われるのでもないという考えを内包していた。

　アウグスティヌスは、人間のことをアダムの罪のゆえに「罪なしではありえない」者になったのであり、原罪を負う者だと主張し、これから脱するのは神のまったく自由な恵みによってのみであると説いた。その原罪は、アダムから性交によって伝えられるもので、「情欲」（コンクピスケンティア）にほかならない、と主張した。それは人間の業<ruby>業<rt>ごう</rt></ruby>によってはけっして乗り越えられないものであり、それゆえ、救われることは神の選びによるのであり、各人の救いは神の予定によって定められていると言い、教会とは、そのような選ばれ

アウグスティヌスのフレスコ画
（ボッティチェリ作、1480年頃）

---

*4　**ペラギウス**　ペラギウス異端説の祖。ブリタニアあるいはスコットランド人で、410年まで修道士としてローマにあり、修道生活の指導、著述に従事。

*5　旧約聖書の『創世記』に登場する、神が創造した世界最初の人間。アダムの肋骨からつくられたのがエバ。2人は蛇にそそのかされ、神に背いて「善悪の知識の木」のリンゴを食べたため、エデンの園を追われる。本書245頁も参照（編集部注）。

*6　**原罪**　キリスト教独特の観念で、アダムのとき以来すべての人間に、主として性交を通じて伝えられるという根本的罪のこと。洗礼を受けることによって克服されると考えられた。

た者の集いであり、教会による洗礼とミサなしには、人間は救われないと教えた。また神は、父・子・聖霊という三つの位格を持ち、一つの本質を持つ三位一体の神であると説いた。

　のちの教会では、アウグスティヌスの考えは極端であると受けとめられ、ペラギウス説とアウグスティヌス説の中間のような理解を正統とした。ここにもアウグスティヌスの両面が現れている。つまり、のちのプロテスタント教会にも刺激を与える面を持っていたのである。

教会の組織化・制度化

　イエスが、のちの教会という制度を制定したことなどないのは明らかである。しかしすでに『マタイ*7』16：16以下の伝承では、ペトロがイエスのことを「メシア・キリスト、神の子」と告白し、イエスが彼を特別に祝福し、その「ペトロ」という岩（ギリシア語で「ペトラ」。明らかに語呂合わせ）の上に教会を建て、彼に「天の国の鍵（かぎ）」を授けるという伝承が成立している。

　これはもちろん、すでにキリスト教会が成立後50年も経っていた『マタイ』の時代に、イエスの口に語らせたいわゆる「事後預言*8」であるが、この箇所がのちにペトロが第1代のローマ教皇と任命されたのだという主張の典拠になった。

長老・監督・執事などの職制

　こういう職制の萌芽（ほうが）は、すでに『使徒言行録』11：30に反映されている。元来ユダヤ教の制度を模倣（もほう）したものであろう。パウロはすでに「監督・執事」について述べている（『フィリピ』1：1）。さらにのちには監督や長老が言及されている（『テモテ1』3：1-7、『テト

---

*7　「あなたはペトロ。わたしはこの岩の上にわたしの教会を建てる。陰府（よみ）の力もこれに対抗できない。わたしはあなたに天の国の鍵を授ける」(『マタイ』16:17-19)。これを典拠に、ローマ教皇は「神の代理人」「キリストの代理人」などと呼ばれるようになった。

*8　**事後預言**　あることがもう起こってしまったあとに、あたかもそれが前もって預言されていたかのように述べる語り方。

ス』1：5-9）。

　だが原初の教会では、これらの職務はカリスマ的であった。「カリスマ」とは本来「神の賜物」の意であったが、次第に組織化されていった。そして監督＊9が長老よりも上位の職務とされるようになり、一地方に1人というように定められていった（本来の監督は、カトリック教会では「司教」と訳され、東方教会やイギリス国教会では「主教」と訳される）。教会の権力を集中し機能化するために必要であったからである。

　さらにこの方向は、ローマの行政制度を模倣し、ローマ属州に1人の司教というふうに発展させられていった。こういう監督が「首都監督」（patriarch）と呼ばれるようになった。そしてついには、ローマの司教が西方教会全体の頂点的存在とみなされるようになり、教皇（ラテン語の「パパ」＝父に由来）と称されるようになった。

　さらには、ローマ教皇はかつてのローマの「最高大神官」の称号を継承するようになった。そして「全キリスト教徒の父」「使徒の後継者」「神の代理人」「不可謬の教師」「神と人との仲保者」「神の奥義への導き手」「天国の鍵の保持者」などと呼ばれるようになった。まったく途方もない「発展」であった。

　そして、これらの職制はもはやカリスマによるものではなく、教会ヒエラルキーのなかで最後には教皇自身にまでさかのぼる位階制度に基づく「按手＊10」（ordinatio＝カトリック教会では「叙任」とか「叙階」と訳される）という儀式によって保証されるものになったのである。しかも、これらは生涯にわたる身分とされた。この教皇のもとに、枢機卿、大司教、司教、司祭、助祭などという階級的職能制度が設けられていった。3世紀になると、さらに下級の聖職者、副助祭、侍祭、祓魔師＊11、読師などが制定されていった。イエス

＊9　**監督**（Bishop）もともとギリシア語で「監視する人」に由来するもので、それがなまったもの。

＊10　**按手**　上級聖職者が志願者の頭の上に手を置くので、こう呼ばれる。本書293頁も参照。

＊11　祓魔師とは、キリスト教用語で悪魔をはらう役のこと。イエス・キリストが悪魔つきを癒やしたということからきている。かつてはカトリック教会の下級叙階の一つであった（編集部注）。

古代から中世へ

が聞いたならば、まさに仰天するであろう。

秘跡の発展

　「秘跡」（サクラメント）という言葉は本来、兵士が軍に忠誠を誓うことを意味したものであるが、これがキリスト教会において、洗礼や聖餐について用いられるようになった。その場合に、イエス・キリストと神秘的に結びつけられるという面が強く意識されるようになった。

　それゆえ、密儀宗教でいわれる「ミュステーリオン」（神秘・奥義）に近い意味内容を持つようになったと思われる。それは、目に見えない霊的な力を、目に見える物質的なものを媒介にして、それに参与するという意味と働きを持つようになった。その代表的なものを見てみよう。

洗礼

　洗礼者ヨハネは「悔い改め*¹²のための洗礼」を授けていたが、イエス自身が洗礼を授けたという伝承はない。福音書にはすでに、「イエス・キリストの名による罪の赦しのための洗礼」や「救いのための洗礼」が語られている（『マタイ』28：19、『マルコ』16：16）。『使徒言行録』でも「救いのための洗礼」が語られている（2：41、8：36以下）。パウロの場合には、「イエス・キリストの死に与かる洗礼」とされ（『ローマ』6：1-11）、すでに神秘的要素が入ってきている。

　2世紀以降には、洗礼を受けたあとには罪は1回しか赦されないという観念が強まったので、多くの人が臨終のときまで受洗を延期するようになった。コンスタンティヌス大帝の場合もそうであった。この時代にはまだ幼児洗礼はなかった。神秘的作用を持つとされた洗礼を、捨て子に授けることによって、サーカスなどに売られるの

---

*12　**悔い改め**　もともと「180度の方向転換」の意。

を防いだというようなことはあったらしい。

聖餐

　いわゆる「最後の晩餐（ばんさん）」から、原初教会においては、「愛餐（あいさん）」（アガペー）と呼ばれる共同の食事が生まれたが、パウロにおいては、「イエス・キリストの死を記念する」ためのものとされた（『コリント1』11：23以下＊13）。もっとも、この段階でもすでに、「ふさわしくないままで」これに与かると「裁き」を招き、さらに「そのため、あなたがたの間に弱い者や病人がたくさんおり、多くの者が死んだのです」（30節）という呪術的な考えが生じている。その後ますます神秘的意味が強められ、パンとぶどう酒そのものが、神聖で不滅の命を宿らせているという考えが伸びてくる。

　キプリアヌスの時代になると、パンとぶどう酒がイエス・キリストの体に変わり、それを司祭が神秘的犠牲として神に捧げるという祭儀に変化し始めている。そういう聖餐はギリシア語で「エウカリスティア」と呼ばれたが、それは元来「愛顧を示す」という意味であった。神に犠牲を捧げることによって、神からの愛顧を受けようという考えの表現であった。そこから2世紀半ばには、イエス・キリストの体と血を宥（なだ）めの供え物として捧げるという考えになっていった。ここには異教的・密儀的な宗教の影響が見られる。これがのちに、パンとぶどう酒が実体的に変化するという「化体説（けたい）」（聖変化、本質変化）になったのである。

　これがさらにのちには「ミサ」と呼ばれるようになったのだが、これは本来「退出」を意味するラテン語であった。一般の人も参加した礼拝が終わると、司祭が「イテ・ミサ・エスト」（「これにて解

＊13　わたしがあなたがたに伝えたことは、わたし自身、主から受けたものです。すなわち、主イエスは、引き渡される夜、パンを取り、感謝の祈りをささげてそれを裂き、「これは、あなたがたのためのわたしの体（からだ）である。わたしの記念としてこのように行いなさい」と言われました。また、食事の後で、杯（さかずき）も同じようにして、「この杯は、わたしの血によって立てられる新しい契約である。飲む度（たび）に、わたしの記念としてこのように行いなさい」と言われました。だから、あなたがたは、このパンを食べこの杯を飲むごとに、主が来られるときまで、主の死を告げ知らせるのです。

ミサの様子。中世の教会

散」）と言い、それからは信者だけの集会になったことから、この儀式そのものを「ミサ」と呼ぶようになったのである。

祭儀や祝祭

かつての異教の神々は、次第に「聖人」として崇拝されるようになり、聖遺物*14（イエスの十字架や聖衣の断片など）や、聖像を拝む慣習が生まれ、殉教者や修道士を崇拝したり、天使を拝む慣習も生まれてきた。さらに聖地巡礼とか、聖母礼拝なども盛んになる。

また断食やいろいろな祭りが盛んになるが、これらはイエスの本来の志向からはまったくかけ離れたものであり、キリスト教なるものが次第に異教の風習や信仰と混交されていったものであることがわかるであろう。こうして次第に中世の教会に「発展」していく。

中世ローマ・カトリック教会の成立

東西教会の分裂

ローマ帝国の東西の地域は、本来文化的にも異なった世界であっ

*14　**聖遺物**　イエスの十字架の断片なるものがヨーロッパ中に見られるが、それらを全部集めれば、巨大なビルほどにもなるであろうといわれている。

聖ベニーニュの聖遺物(フランス、ディジョン)

た。そのことは、教会の制度や習慣に至るまで影響を与えた。たと
えば、2世紀にはすでに、復活祭の日取りや、聖職者の独身制や、
髭をたくわえるか否かというような問題に至るまで、深刻な対立を
示していた。3世紀半ばには、東方教会において発達した「位階制
度」を西方教会は認めようとせず、キリスト教公認後にも、コンス
タンティノーポリスとローマとの首位争いは絶えず、この相剋は、
ローマ側にレオ1世(在位440〜461年)や、グレゴリウス1世(在位
590〜604年)のような傑出した人物が出るに及んで、ますます顕著
になった。

　さらに、西ローマ帝国の滅亡(476年)後に、西方教会がフランク
人と結びついたため、対立は決定的となった。そして9世紀の教皇
ニコラウス1世(在位858〜867年)と東方教会の総主教フォティオス
との争いを経て、対立は激化し、11世紀には教皇と総主教の相互
破門が行われるに至り、ついに1054年、東西教会は永久に分裂す

73

中世ローマ・カトリック教会の成立

るこになった。

ゲルマン民族などへの進出

　ゲルマン民族への伝道は、すでに3世紀から行われていたが、ヴィルフィラ（382／383年頃没）による西ゴート族への伝道によって飛躍的に伸展し、アリウス派が彼らの間に広がった。だが、ゲルマニア、ブリタニア、スカンジナビアなどのゲルマン人は、カトリック教会に改宗した。特にフランク人がカトリック教会に改宗したことは決定的なことで、その結果、アリウス派は次第に消滅していった。この過程における大きな転換点は、フランク王クロヴィスの改宗であった（496年）。

　教皇グレゴリウス1世は、アングロ・サクソン人の改宗を準備したが、アイルランドの修道士と対立しつつ、664年までにはケルト教会*15に対して勝利を収めた。また通俗的に「ドイツの使徒」と呼ばれるボニファキウス（ウィンフリート）は、カロリング家の宰相ピピンやカールマンなどと提携しつつ、フランク人の間で伝道し、そのためカトリック教会は飛躍的に伸展した。

　だが最大の貢献をしたのは、カール（シャルルマーニュ）大帝（742〜814年）であった。彼のもとで国家と教会、政治権力と教会権威が提携して伸展した。ボニファキウスは、754年に殉教したが、カール大帝の努力によって、全フランク人が、

クロヴィス1世の肖像画（フランソワ＝ルイ・デジュワンヌ作、19世紀前半）

---

*15　**ケルト教会**　ローマ・カトリック教会が正式に伝道する以前、すでに2世紀には伝わっていたイギリスやアイルランドの教会。

カール大帝の肖像(16世紀)

そしてついには最後の異教徒ザクセン人もローマ・カトリック教会
に改宗した。

　ルートヴィヒ敬虔王（778〜840年）のもとでは、スカンジナビア
の諸部族もキリスト教化した。さらに第1代の神聖ローマ帝国皇帝
となったオットー大帝（936〜973年）の時代には、西スラブ人（チ
ェコ人、ポーランド人）も、またハンガリー人やスカンジナビア人も
キリスト教徒になった。

　12世紀には、多くのドイツ人の商人、騎士、修道士たちがバル
ト海沿岸地方に伝道し、これらの地域をドイツ文化圏に組み入れた。
13世紀になると、ドイツの騎士修道会が、凄惨な戦いのあとにプ
ロイセン人を改宗させ、14世紀の終わりにリトアニア人も改宗した。

　このような改宗に際しては、軍事的征服が重要な役割を演じたが、
またプレモントレ修道会やシトー修道会の働きも貢献した。

　同時に、このように急速にキリスト教が広がった理由の大きなも

ハギア・ソフィア。1935年、ケマル・アタチュルク大統領により博物館となったが、2020年エルドアン大統領のもとモスクとして使用されることになった。

のとして、「領主の宗教が、領民の宗教」（cujus regio ejus religio）という原理が大きく作用していた。つまり、君主が改宗することによって、領民全部が改宗を強いられたのだ。それにさからえば、国外追放や処刑を免れなかったのである。

イスラームの興隆とそのインパクト

　7世紀初頭、アラビアの地に突如として興（おこ）ったイスラームは、またたく間に地中海沿岸の諸地域をも席巻（せっけん）し、古代以来キリスト教の主要な活動の舞台であった諸文明の世界を征服してしまった。その版図は、西インド、ペルシア、シリア、エジプト、小アジア、スペインにまで及んだ。これらの地域では、当然ながら、キリスト教は急速に衰退した。

　732年になってようやく、カール・マルテルが初めてイスラーム軍に勝利したが、上記の地域の大部分は現在に至るまでイスラームが優勢なままである。11〜13世紀末まで、西欧は数次にわたる十字軍を送ったが、結局は失敗に終わった。逆にイスラームは、14

〜15世紀に大逆転を試み、1453年にはビザンティン帝国を滅亡させてしまった。

　そして、古代以来キリスト教の輝かしい象徴であったコンスタンティーノポリス（コンスタンティノープル）のハギア・ソフィア教会は、イスラームのモスクに変えられてしまった。しかし、西南ヨーロッパおよびスペインからは、1492年に最終的にイスラームは撃退された[16]。

　ここでは詳論はできないが、当時の世界においては、イスラーム文化のほうが西欧のキリスト教文化よりもはるかに進んでいた。十字軍を送った西欧は、単に軍事的に苦境に立ったというだけではなく、文化的にまったく劣性であることを認識せざるをえなかった。中世キリスト教世界が、輝かしい古代ギリシア・ローマの文化を見失ってしまったのに対して、イスラーム世界は、その古代文明の遺産を保持していたのみならず、自らも独自で豊かな文化を深化発展させていた。その無数の成果は、ユダヤ教徒などを介して西欧世界に紹介され、中世哲学をはじめ文化のあらゆる面に絶大な影響を与えた[17]。

　のちの西欧は、この事実を正しく認識しようとせず、いわば「忘恩の徒」になったが、中世ヨーロッパを論じる場合に、この事実をけっして忘れてはならない。

修道会の発展

　中世キリスト教の最も顕著な宗教活動は、種々の修道会の活動と、それにともなった諸現象である。修道院は、すでに4世紀には西方教会に導入されたが、東方においてよりも多彩な展開が見られた。その活躍の基礎になったのは、修道会に寄贈された莫大な財産であ

---

*16　これはスペイン語で「レ・コンキスタ」（再征服）と呼ばれた。
*17　ジクリト・フンケ『アラビア文化の遺産』（原題は『ヨーロッパの上に輝くアッラーの太陽』）（拙訳、みすず書房）を参照。これは、ヨーロッパの学術文化のあらゆる面において、アラビア文化の遺産がどれほど大きいものであったかを詳細に述べた名著である。

グラナダの陥落（フランシスコ・プラディーリャ・オルティス作、1882年）

った。それに、修道院は、他の分野で活動できなかった多くの有能な人材を集めることに成功した*18。

　8世紀から11世紀までは、クリュニー修道院（910年設立）に代表されるベネディクト会が支配的であった。12世紀には、クレールヴォーのベルナルドゥスに代表されるシトー会が栄えた。また、司祭の団体であるプレモントレ会の活躍も有名である。

　これらに対して、都市を中心とした「托鉢修道会」（mendicant）

アッシジの聖フランチェスコ聖堂

があり、代表的なものは、アッシジのフランチェスコ（1226年没）*19によって設立されたフランチェスコ会と、ドミニクス（1221年没）によるドミニコ会であった。ほかに、カルメル会、アウグスティヌ

---

*18　今野國雄『修道院──祈り・禁欲・労働の源流』（岩波新書）を参照。
*19　拙著『〈宗教経験〉のトポロジー』（社会評論社）の「宗教映画を批判する視座──『ブラザー・サン、シスター・ムーン』の聖者幻想」（83頁以下）を参照。

ス会などもあった。これらの会の修道士たちから、その頃設立され始めた諸大学の講師やら裁判官なども現れた。

　修道士たちは、古写本を筆写したり、古典や古代キリスト教文献を保存したり、年代記を記録したりして、「暗黒時代」と呼ばれた時代にあって、細々ながら学問文化の光明を灯し続けた。また彼らは、宣教事業にも大いに貢献した。とりわけ、イグナティウス・デ・ロヨラ（1491〜1556年）が設立した「イエズス会」は有名である。もっとも、この背後には、異教徒への侮蔑（ぶべつ）感や、ロヨラの出身地であったバスク地方への差別感などの複雑な問題もあったのであるが[20]。

　これらに随伴するものとして、騎士修道会（きししゅうどうかい）なるものが設立された。代表的なものは、神殿騎士修道会（1119年）と、ヨハネ騎士修道会（1120年頃）である。さらに女子修道会（第2会員）や、一般信徒の「改悛兄弟（かいしゅん）」や「改悛姉妹」たちの会（第3会員）も生まれた。

イグナティウス・デ・ロヨラの肖像（16世紀）

　14〜15世紀になると、修道院は没落し始めた。それに対して、いろいろ改革の動きもあったが、決定的な成功をみることなく、これ以後は独創的な修道会はもはや生まれなかった。

十字軍

　中世ゲルマン人に浸透したキリスト教は、基本的に軍事的な色合

---

*20　**伝道の動機**としては、ジャンヌ・ダルクのような魔女が、東方へ飛んで行って、そこから邪悪な風を送ってくるので異端などが生じるのだ、だから東方へ渡って大魔女を撲滅（ぼくめつ）すべきだという面もあったともいわれる。

十字軍のコンスタンティノーポリス占領（ドラクロワ作、1840年）

いを強く持っていたもので、その中心的守護天使像は、ゲルマンの
軍神を彷彿とさせる聖ミカエルであって、そういう発想はすでに大
グレゴリウスによって説かれていた（600年頃）。彼のイデオロギー
は基本的には、異教徒は、キリスト教世界の政治的・経済的支配に
無条件に屈服し、洗礼を受け教会の教えに従うか、それとも殲滅さ
れるかというものであった。それが十字軍[*21]の思想の中心であっ
た。

　十字軍は、1095年から1291年まで7回にもわたって送られたが、
それは宗教的な粉飾を施した征服戦争であった。本質的にはそれは、
特に北イタリアのヴェネツィア、ピサ、ジェノヴァなどの諸都市の
経済的関心および騎士、諸侯、王、教皇などの権力欲と結びついた

---

*21　橋口倫介『十字軍──その非神話化』（岩波新書）、アミン・マアルーフ『アラブが見た十字軍』
　　（牟田口義郎・新川雅子訳、ちくま学芸文庫）、ヨアヒム・カール『キリスト教の悲惨』（拙訳、法政
　　大学出版局）の「異教徒に対する血塗い迫害」を参照。

ものであった。キリスト教徒の武器商人たちは、両陣営に武器を売って大もうけをした。補給品を扱った業者らにとっても大事業となった。また聖遺物を売る業者も大もうけをした。奴隷貿易も急上昇した。教皇派遣使節の司教ペラギウスは大活躍だった。

　教皇ウルバヌス2世や、隠遁者ペーターや、クレールヴォーのベルナルドゥス（「蜜のように甘い博士」と呼ばれた）などが、無知な大衆を煽動し十字軍に駆り立てた。また犯罪者に完全な免罪を約束し、「キリスト軍団」や「聖ペトロ軍団」などを組織し聖地奪回を煽った。彼らは、封建騎士よろしく、領主の土地を奪回するというような意識でパレスティナに向かったのである。

　参加した多くの者たちは、途中で餓死したり殲滅させられたりしたのだが、「聖地」に到達した人々は無数の残虐行為を行った。『フランク人の事跡』には次のような報告がある。「わが軍は防衛軍を追い、切り殺しながらソロモンの神殿まで進んだ。そこは血の海で、わが軍はくるぶしまで血に漬かって渡った。……ほどなく十字軍兵士らは町中を駆け巡り、金・銀・馬・ロバなどをかすめ取り、財宝で満ちていた家々を略奪した」。

　第3回十字軍に際しては、獅子心王リチャード1世は、2000〜3000人の捕虜を虐殺したが、彼らが飲みこんだとされた金を取り出すために、彼らの内臓を探り、最後に死体を焼却し、灰のなかから金を探させた。

　十字軍は、結局イスラーム文化の高さを西欧に知らせ、ルネサンスの遠因となったので、ローマ・カトリック教会は、深い意味では十字軍によってその没落を招来したともいえよう*22。

*22　十字軍を機に、キリスト教徒とユダヤ教徒とイスラーム教徒との関係を追究したものとしては、レッシングの『賢人ナータン』（篠田英雄訳、岩波文庫）が有名である。この問題については拙著『神学の苦悶──キリスト教批判の根底』（伝統と現代社）のⅢの「正統思考の禍いとその止揚──『賢人ナータン』考」を参照。また『講座ドイツ観念論　第1巻　ドイツ観念論前史』（弘文堂）の拙論、「レッシングの宗教思想」を参照。さらに、これらの三つの宗教の関係については、拙著『聖書を読み直すⅡ──イエスからキリスト教へ』（春秋社）の「あとがきに代えて──現代の一つの課題──ユダヤ教とキリスト教とイスラーム教と」を参照。また前出のカレン・アームストロング『神の歴史──ユダヤ・キリスト・イスラーム教全史』（柏書房）は重要な貢献である。

教皇権力の拡大

「教皇」という考えは古くから存在し、ローマは「ペトロの座」（cathedra Petri）と称され、カトリック教会の中心的位置を獲得していた。だがそれは本来、聖書に根拠のあるものではなかった。教皇という称号にふさわしい内実をもった最初のローマ司教は、「大教皇」レオ1世（440〜461年）であった。だが中世初期においては、ゲルマン人の大部分はアリウス主義を奉じていたので、カトリック教会の影響はそれほど強大なものではなかった。とはいえ、傑出した教皇グレゴリウス1世（在位590〜604年）は、カトリック教会の伸展に大きな足跡を残した。

ローマ教皇たちは、執拗に教皇権を主張し続け、そうしたなかから悪名高い『コンスタンティヌスの寄進』と称する偽作文書をつくりだし、コンスタンティヌス大帝がローマ以西の全地域を教会に寄進したと主張した。だが、カール（シャルルマーニュ）大帝（768〜814年）の時代でも、実際の統治権はすべて大帝に属していた。だが彼は、戴冠式に際しては、ローマ教皇の足元にひざまずいて、その宗教的権威を認めたので、皮肉にも教皇権力の増大に資した。教皇側は、850年頃に『偽イシドール法令集』なる文書を捏造し、教皇の世俗的権力をも主張した。教皇ニコラウス1世（858〜867年）は、これが偽書であることを承知のうえで利用し、諸侯や聖職者たちに自分の権利を要求した。

教皇と皇帝の争い

その後、ドイツ皇帝を中心とする世俗的権力と、ローマ教皇との間の凄惨な戦い（叙任権闘争）が何世紀にもわたって続けられた。10世紀までには、教会内には、「ニコライ主義」（司祭の婚姻）や「シモニア」（聖職売買）に代表されるような悪弊の数々が発生していた。教皇側は、これらに対する「改革運動」も起こしつつ、力をつけていった。この間の最も重要な教皇は、グレゴリウス7世（1073〜85

年）であり、有名な「カノッサの
屈辱*23」（1077年）の出来事は、象
徴的なものであった。

教皇権の絶頂と没落

こうして、教皇イノケンティウ
ス3世（1198～1216年）に至り、ロー
マ教皇庁は政治的権力の絶頂に
達した。彼は今や「キリストの代
理人」「神の代理人」として宗教
と道徳の事柄において「不可謬
（ふかびゅう）」
な存在として君臨（くんりん）したのである。

アヴィニョンの教皇庁

だが、教皇ボニファキウス8世
（1234頃～1303年）以後、教皇権力は急激に没落し始める。彼は、フ
ランス王に逮捕され、アヴィニョンに幽閉された。これが世にいう
「教皇のバビロン捕囚」（1309～77年）の始まりであった。その後、
対立教皇が立てられ互いに破門しあったりした。教会内部でも、こ
の状態を改革しようという動きも出てきて、公会議の権威を教皇の
上に置こうとする「公会議至上主義」（conciliarism）が唱えられたが、
それに対してローマ教皇庁を中心にすべきであるという説「教皇庁
至上主義」（curialism）や、教皇こそ至上であるべきだという説「教
皇至上主義」（papalism）が主張されたりして混乱の極に達し、つい
には3人の教皇が対立しあうことになった。

だが、コンスタンツ公会議（1415年）、バーゼル公会議（1431～49

---

*23　ドイツ王ハインリヒ4世は、王権の確立に努力し、1076年ヴォルムス会議を招集し、教皇グレゴ
　　リウス7世の退位を議決したが、逆に教皇は翌年王を破門し廃位させる宣言をした。諸侯は教皇
　　を支持した。不利を悟った王は、北イタリアの小村カノッサに滞在していた教皇から赦しを得るた
　　め雪中に裸足で立ち続けた。
　　しかし王は再度教皇に逆らい、そのため再び破門された（1080年）。だが王は対立教皇クレメン
　　ス3世を立てて神聖ローマ帝国皇帝となった（1084年）。グレゴリウス7世の没後、教皇ウルバヌ
　　ス2世は教皇権を拡大し、それに同調した諸侯の反乱によって皇帝は退位に追いこまれた
　　（1105年）。

年）を経て、司教と教皇が同列であるという説が優勢となり、教皇権力は没落した。この時代の、いわゆる「ルネサンス教皇」と呼ばれる教皇たち（イノケンティウス8世、アレクサンデル6世、ユリウス2世など）は、道徳的に甚だしく堕落し、陰謀や戦争に明け暮れた。こうした背景から、ウィクリフ*24派やフス*25派の改革運動が起こってきたのである。

神秘主義的傾向

中世ヨーロッパ社会には、多くの無知、迷信、粗野さなどが満ちていたが、敬虔な神秘主義的傾向も深められた。代表的なものは、『使徒言行録』17：34に出てくるディオニシウス・アレオパギタの名のもとに流布された『アレオパギタ偽書』に示されているような、神との「神秘的合一*26」を願う運動であった。また、清貧と巡回説教のうちに一生を終えたアッシジのフランチェスコ*27も有名である。もっとも彼は、時の教皇に認められて、その「栄誉」を受け入れたことによって、皮肉にも教皇権力を認めたことになり、逆説的な仕方で教皇の世俗的華美と権力を補完する機能を果たしたのであるが。

*24 **ウィクリフ**（1320／29～84年）　イギリスの宗教改革の先駆者。オックスフォード大学で教え哲学者として有名になったが、教皇庁の堕落を批判し、教皇を反キリストと呼んで攻撃した。聖人崇拝や托鉢に反対し、カトリックの「化体説」（聖餐についてのローマ・カトリックの正統な教義。ミサでパンとぶどう酒が、その実体において完全にキリストの肉と血に変化するというもの。本書88頁参照。編集部注）を批判した。また初めて英訳聖書を完成した。死後、異端者として断罪された（1415年）。

*25 **ヤン・フス**（1369頃～1415年）　15世紀のボヘミアの宗教改革の先駆者。貧農の子であったが勤勉でプラハ大学総長になり司祭となった。ウィクリフの影響を受け、教会と聖職者の堕落、特に免償符を非難し、国民的英雄になった。教皇たちは彼を破門にし、彼の著作は禁書とされた。コンスタンツ総会議に出席したが逮捕され1415年火刑に処せられた。そのため20年におよぶフス戦争が起こった。

*26 **神秘的合一**（unio mystica）　深い祈りや瞑想によって神と神秘的に一つとなるという経験を味わうこと。

*27 **アッシジのフランチェスコ**（1181／82～1226年）　富裕な商人の子として生まれたが、清貧と托鉢の生活に徹し、フランチェスコ修道会を創設した。『太陽の賛歌』で有名。のちに列聖される。彼のような生き方は、当時の教会の高位聖職者とはまるで違ったので、彼らにとっては脅威であったが、彼を賛美することで体制のなかに組み入れてしまった。

84

第4章　中世のキリスト教

ドイツでは神秘主義的傾向が特に強かった。マイスター・エック
ハルト（1327年没）、ヨーハン・タウラー（1361年没）が代表的であ
る。これらの運動のなかからは、後年マルティン・ルターにも大き
な影響を与えることになる『ドイツ神学』なる書物も生まれた。ま
た、トマス・ア・ケンピス（1471年没）に帰せられる『キリストに
倣いて』も有名である。

　もっとも、ローマ・カトリック教会は、こういう傾向を必ずしも
奨励したわけではなく、それが常に「異端」と結びつく危険がある
ことを警告し続け、場合によっては弾圧することもあった。特にこ
の傾向が、神と人間との距離を忘れさせたり、神と人間との間に立
つ教会や聖職者の「仲保者」的権威を脅かしたりするものと恐れた
からである。

大学の設立

　教会権力の確立とともに、聖職者を養成することを目的として
12世紀にパリ大学が設立された。のちに、神学・法学・医学・教
養の4学科が置かれたが、教授も学生も聖職者に限られた。同じ頃
イタリアではボローニャ大学が設立されたが、これは法学・修辞学
などの実用的な学問を中心にした。やはり12世紀に発展したオッ
クスフォード大学や、少しあとのケンブリッジ大学は、パリ大学の
系統で、聖職者の養成を主眼としていた。ドイツの大学はそれより
ずっとあとのものであった。

スコラ学

　中世カトリック教会を代表する学問は、スコラ学[28]である。一
般に3期に分けられる。

---

[28]　**スコラ学**　もともと、ギリシア語の「スコレー」とは「裕福で余暇のあること」の意味であった。そこ
から学校（スクール）も生まれた。スコラスティコスは「勤勉で博学」を意味するようになった。中世
の教会や修道院では、スコラと呼ばれる学校を持っていたが、スコラ学の名称はそれに由来す
る。スコラ学は、かつては「煩瑣哲学」とさえ訳された。

ケンブリッジ大学。13世紀の創立（写真右はキングス・カレッジ・チャペル）

（1）初期スコラ学

　この期を代表するのは、カンタベリーの大主教アンセルムス（1033／34〜1109年）である。彼は、アウグスティヌスの命題「知解せんがために信じる」（Credo ut intelligam）から出発する。つまり、「知解する」ということは、何か未知のものを発見することではなく、伝承された信仰という事実を深く「内に読み取り」（intus legere）、信仰によって受け入れた事柄の根拠を認識することを求めたのである。

　彼の著作『プロスロギオン』は、「神の存在の根拠」（ratio）を問うたものとして有名であるが、これも神の存在を理性的に証明するというものではなく、「教会の教理が神の存在について教えていることは、どのような根拠から真実であるか」という探求である。神の子の受肉を論じた『なぜ神が人に？』（Cur Deus homo?）も、人間の救済のためには、神であり人であるイエス・キリストが必要であったことの考察である。それゆえ、彼の思惟の方向は、全的に堕落した人間は、ただ神の恵みによってのみ救われるという「福音主義

的」ともいえるものであり、あくまでまず信仰を立て、その根拠を了解していくというものであった。

　この時期の、もう1人の特異な学者は、ペトルス・アベラルドゥス（アベラール、1072頃〜1142年）である。彼は、アンセルムスとも対立し、パリに独自の学院を建て、哲学や神学を教えた。彼は、アリストテレスの認識論に影響を受け、一般者に先行する個物を重視し、個物のなかに論理的機能として存在するものを一般者ととらえた。その著『然りと否』（Sic et Non）は、外見上矛盾した諸命題を集成したものであるが、弁証法的思考を訓練するものとして後代に大きな影響を与えた。

　彼の思想は、唯名論*29的な概念論とでもいうべきもので、クレールヴォーのベルナルドゥスなどから攻撃され、ついに異端の烙印を押された。彼の贖罪論は特筆に値する。つまり、イエス・キリストの死は、悪魔への代償でも、神への犠牲でもなく、至上の愛の表明であり、人間の心に、それに呼応する愛の火を点じ、人間に神の子としての自由を芽生えさせるというものである。これはきわめて「近代的」な発想ともいえる。その点でも彼は、時代を先駆けていたといえよう。彼とエロイサ（エロイーズ）との恋愛事件*30は有名である。

(2) 中期スコラ学

　前述したように、中世キリスト教世界は、アラビア人やユダヤ教徒を通じて、ギリシアの古典的学問を学んだのだが、なかでもアリ

---

*29　**唯名論**　中世で論じられた大問題の一つに普遍論争というのがあった。普遍的な概念が実在するのか、あるいはそれは単に名だけなのかが主題であった。実在するというほうが、実在論（リアリズム）と呼ばれ、普遍が個物より先に有ると考えた。逆に名だけだというのが唯名論（ノミナリズム）と呼ばれ、個物のほうが普遍より先で、普遍は個物のなかにあると考えた。

*30　当時哲学者としてきわめて名声の高かったアベラルドゥスは、才女として有名であったエロイーズを愛し結婚しようとした。当時は哲学者や神学者が結婚することは名声を落とすことであったので、エロイーズは賛成しなかった。しかしアベラルドゥスは結婚を選んだ。そのためベルナルドゥスの激しい攻撃を受け、悲惨な結末に至った。カレン・アームストロング『キリスト教とセックス戦争──西洋における女性観念の構造』（拙訳、柏書房）の第8章にこの問題についての鋭い論述がある。

トマス・アクィナス
（カルロ・クリヴェッリ作、15世紀後半）

ストテレスの哲学に触れたことは重大なことであった。それは人間の理性を基礎とした壮大な体系であり、教会はこれと信仰をどのようにして調和できるかに悩んだ。

この課題と取り組んだ最大の学者は、トマス・アクィナス（1224〜72年）であった。彼はのちに教会博士、天使的博士とさえ称えられた人物であり、カトリック教会最大の神学書とされる『神学大全』（Summa Theologica）を書いた。

彼の思想は、一口に言えば、「恵みは自然を破壊せず、かえってこれを完成する」というものであった。つまり「理性」（アリストテレス）と「啓示」（教会の教理）とを調和させ、一つの壮大な総合へとまとめ上げることであった。彼は、人間と神との間には「存在の類比*31」があり、それゆえ、人間は神の創造の業（わざ）をそれなりに理解できると説いた。

人間の意志は、原罪においても完全に破壊されてしまったのではなく、「徳への傾向」が弱められているのであり、「神の似像」（imago Dei）は失われたとはいえ、恵みによって「神の似姿」（similitudo Dei）が与えられるのであり、それは「注入された恵み」の作用であって、それによって人間は完成へと導かれると主張した。そのためには、聖体の秘跡（ひせき）に与（あず）かることが不可欠であり、それゆえ彼は化体説を受け入れた。

彼はまた「秘跡」を、洗礼（せんれい）・堅信（けんしん）・聖体・告解・終油・叙階・結

---

*31　**存在の類比**　神と被造物の間には、単に属性においてだけ類似性があるのではなく、存在のレベルでも類似性があるという主張。だから被造物についての認識を深めれば一定程度まで神についての認識にも到達できるということになる。

婚の7つと定めた。こういう彼の考えにおいては、哲学は「教会の
はしため」（ancilla ecclesiae）にすぎなかった。

(3) 後期スコラ学

　この期の代表者はオックスフォード大学で教えたドゥンス・スコ
トゥス（1308年没）で、数学や自然科学を尊重する実証主義的側面
と、アウグスティヌス主義的側面とを継承し、トマス主義に対して、
意志の優位を説き（主意主義）、啓示は超理性的なものとした。その
ため期せずしてスコラ学の衰退を促した。

　その弟子のウィリアム・オッカム（1349／50年没）は、唯名論者
であり、特殊的・個別的な存在のみが実在するのであり、それは直
観的に認識されるものだと主張し、神は、そういう認識を超越した
存在であるがゆえに、その存在を学問的に証明することなどできな
いと論じた。つまり神は、制約されることのない意思であり、信仰
によってのみ信じられる存在である、それゆえ理性と啓示を調和さ
せることはできない、神学と哲学は二元的に分かれているものであ
り、神学は信仰の権威にのみ基礎を持つと主張した。教会論におい
ては、教皇至上主義を否定し、教皇が世俗の事柄に介入すべきでは
ないと論じた。そのため破門されたが、「無敵博士」と称された。
後代への影響は大きく、ルターも彼の影響の下に立っている。

秘跡の機能

　秘跡は7つと定められたことは、すでに述べたが、ここでは特に
重要なミサと告解の機能について述べる。

(1) ミサ

　正式に叙任された司祭が、パンとぶどう酒に対してラテン語で
「これはわたしの体、わたしの血である」と唱えると、それらが実
体的・本質的に変化してイエス・キリストの体と血になり（transub-
stantiatio ＝聖変化、全質変化、化体とも訳される）、それが「ホスティ

ア」(hostia ＝聖体) と呼ばれる。この聖体を司祭が神に捧げる (聖体奉献)。この変化は、叙任された司祭により「なされた行為によって」(ex opere operato) 効力を持つとされる。つまり、その司祭の人格や道徳的行為の如何に依存しないのである。これを「事効説」というが、1215年の第1ラテラノ会議で教理として決定された[*32]。

後代には、聖変化したぶどう酒 (本当のイエス・キリストの血) をこぼした場合、それを人間が踏むことのないように、教会堂ごと燃やしてしまったりした。それほどまでに実体的な変化が信じられたので、化体したパンは、イエス・キリストの生きた体であるので血を含むとされ、一般信徒は普段のミサでは聖杯 (化体したぶどう酒を入れた器) を受ける必要がないとされた。まさに呪術である[*33]。

人が聖体を拝領すると、それは人体内に住み着き「習性」(habitus) となる (「注入された習性」「注入された恵み」)。その度数の多さによって「習性」も増大する。その分だけ多く人は実体的に清められ、聖化され、それに応じて「善行」も増え、それによって「義と成る」(justificatio) のであり、その分「贖罪」(redemptio) が増加する。この循環論法は巧みである。それゆえ、ミサへの参加が許されないと、これらすべての逆流が告げられ、人は罪の赦しも恵みも拒否されることになる。教会は、ミサの執行権とそれへの禁止権を独占する「救済と断罪の唯一絶対の施設」であり、それによって現世と来世にわたる権威と権力を保持するのである。ミサに参加しなければ、

---

*32　こういう解釈は、救いの施設としての教会という組織を無謬 (誤りのないもの) にするものであり、聖職者の人間的な弱さや不完全さによって教会の権威が揺らぐことがないようにさせることに効果がある。のちに述べるプロテスタントの解釈は逆で、「正しい信仰」があるときにのみ効力があるとするもので、聖職者の生き方に依存するので「人効説」と呼ばれる。カトリックは客観主義であり、プロテスタントは主観主義ともいえる。制度としての教会の安定性という面では、カトリックの方が効果的であろう。

*33　かつて私は、以下のような記事を読んだことがある。1951年頃に、スペインのマドリッドで有名な聖職者によって大ミサが行われたが、それより200年も前に同地で行われたミサの際に用いられたホスティア (聖体) が用いられたとのことであった。200年前にも聖変化が起きたので聖体は実体的にイエスの生きた肉となり、200年後にも絞ると血が滴るほどに新鮮であったそうで、100万人単位で集まった善男善女を前に、その有名な聖職者は、血の滴る肉を高くかかげて見せ、群衆は感激の涙を流して感謝の合唱をしたとのことであった。何という迷信と欺瞞との結合であろうか。

永遠の断罪を受け、地獄に堕ちるのだ。

原初教会の素朴な「愛餐」の集いなどから、何と遠く離れてしまったことであろうか。これは「恵みの制度」にもなりうるが、同時に「恐怖の体系」にもなりうるのだ。

(2) 告解（Confessio）

この制度は、1215年に第4ラテラノ会議で、すべての信徒の義務と制定され、信徒が神父に、すべての罪（「心の罪」まで）を告白する義務がある、というものである。これには「痛悔」（心からの改悛）、「告白」（口頭での罪の告白）、「贖罪」（行為による償い）が含まれるが、前提として教会が定める「大罪・中罪・小罪」の規定によって指定される。つまり、罪の度合いに応じて、一定期間肉を食べないとか、ロザリオ（数珠）を繰って祈るとかが指定されるのである。司祭の肉の声は、「神の声」とされるのであり、これもまた「恐れの体系」にもなりえたが、具体的に「神の声」が聞こえ、それによって罪が赦されるのだから、大きな慰めを与える制度でもある。巧みな手立てである＊34。

秘跡の実体概念の危ない方向

このように現実の人間（司祭）が、秘跡によって贖罪の効力を保証できるという考えは、他の現実的・具体的な物質（たとえば金銭）によっても贖いが可能であるという考えを生み出す基礎となった。これが悪名高い「免罪」あるいは「免償」（indulgentia）という制度を生み出すことになったのだ。

しかも、本人の罪だけではなく、血縁者にまで「功徳」が及ぶとされたのであり、1393年以降告解と結びつけられたので、実に影

＊34　著名なスイスの心理学者**C・G・ユング**は、長年にわたる臨床結果から、ヨーロッパで一番神経症にかからないのはカトリック信者である、と報告している（次がプロテスタント、最後がユダヤ人）。興味深い事実である。ミサや告解の制度が大きな慰めを与えうる方法でもあることを傍証する実例であろう。

響が大きいものとなった。ついにはあの免罪符までが発行され、「賽銭箱に落ちる金貨の音とともに縁者が地獄から解放される」などという宣伝がなされたのだ。これが、ルターによる宗教改革の一つのきっかけになったことは有名である。

祭礼

初代教会においてすでに「主の日」（日曜日）が特別視され始め、次第にユダヤ教に由来する「パスカ」（本来は「過越祭」）や「ペンテコステ」（本来はユダヤ教の「五旬節」、だがキリスト教では「聖霊降臨祭」と呼ばれる）が生まれ、さらに復活祭や降誕祭などが行われるようになった。また四季の斎日や断食も始められ、主の顕現日、被献日、昇天日、聖母奉献日、受胎告知日などが加えられていった。これらは多くの場合、異教の祭日をキリスト教的に粉飾したものであった。

中世になると、さらに多数の祭礼日が生み出されたが、主なものは、聖母マリアの無原罪懐妊記念日、死者の記念日、三位一体大祝日、聖体大祝日などなどである。多くの地域では、年間100日以上も祝祭日があるようになった。そのほか、多くの聖人、守護聖人、守護天使、救難聖人のそれぞれの祝日が設けられた。中世において最も盛んになったのは、マリア崇拝である。「アヴェ・マリア」（マリアへの賛歌）も始まった。これらと関連して、種々の聖遺物崇拝、巡礼なども盛んになった。また、ロザリオの祈りなどの習慣も作られた。これらのほとんどは、新約聖書とは本来何の関係もないもので、多くは異教的な由来を持つものであった＊35。

このように見ると、いかに教会が民衆の生活を支配していたかが

＊35　すでにユダヤ教において、本来農耕祭儀であった過越祭や五旬節が、出エジプトなどの歴史的出来事と結びつけられ、神の救済の歴史（救済史と呼ばれる）に組みこまれていたのであるが、キリスト教もこの方向を継承し、もともと異教的な農耕祭儀であった冬至祭をクリスマスに変えたり、春の祭典であったイースターを復活祭として取りこんでいった。
また異教の多くの神々、とりわけ強力であった女神崇拝などを聖人や天使や「神の母マリア」などとして、教会のなかに取りこんでいったのである。

わかる。民衆は、秘跡や祭礼などを通じて絶えず司祭に触れていなければならなかったのだ。

　全体としては、悪魔や悪霊や魔女に対する信仰が深く、幻を見たり、恍惚状態におちいったりする傾向が強かった。そのほか、鞭打ち苦行、巡礼、断食、絶えざる祈り、華麗なる教会建設への半強制的な参与、修道院への奉仕などが日常のことであった。中世に生み出されたおびただしい美術品や施設などは、民衆のこうした「奉仕」によって支えられていた。このようないわば途方もない「蕩尽」が、この時代の最高の文化的価値であったのである。

大きな異端

　中世ローマ・カトリック教会は、けっして一枚岩ではなかった。カトリック教会に対する頑強な反対も存在した。その典型的なものは「カタリ派*36」(「アルビジョワ派」とも呼ばれる) であった。これは、古代以来東方に生き残っていた異端の一派が、十字軍などによって南フランスや北イタリアに移され広がったものらしい。「カタリ」とは、ギリシア語で「清い、純粋な」の意で、この派の信奉者は、徹底的な禁欲生活を実践し、「完徳者」になろうとした。そのような真剣な態度は、権力を持ち贅沢な生活を送っていた聖職者たちとは対照的で、そのため特に貧しい階層の民衆によって熱狂的に支持され、大きな勢力に発展していった。

　第2の大きな反対勢力は、「ワルド派」であった。これは、リヨンの富裕な商人であったワルドが、1176年の飢饉に際して、宗教的清貧の生活を始めたことに端を発したもので、ヨーロッパ全域に広がり、とりわけ貧しい大衆を魅きつけた。彼らは、聖書の信仰に戻ることを訴え、カトリック教会が教える多くの教理やサクラメント（秘跡）などに反対し、わけても免罪や煉獄の教理を否定した*37。

---

*36　**カタリ派**　原田武『異端カタリ派と転生』(人文書院)を参照。

*37　これらの「異端」は、カトリック教会が教えていた純潔や清貧をあまりにも真剣に追求し、いわばあまりにも正統的でありすぎたために、現実的でありすぎた教会当局と対立したともいえよう。皮肉

カトリック教会は、これらを異端として破門し、自らの側でも前述した托鉢修道会（フランチェスコ会やドミニコ会）などを設立し、「清貧」の理念を民衆から取り戻し、無害なものにして取りこもうとした。だが、そのような試みも失敗すると、軍事力によって鎮圧を行おうと戦争をしかけた。いわゆる「アルビジョワ戦争」（1209〜29年）である。それに費やした年月の長さを見ても、これがどれほど深刻なものであったかがわかる。それにこの戦争は、実に血なまぐさい残酷なもので、多くの悲惨な結果を生み出した。

　また、1415年に、教会を批判したチェコのヨハネス・フスが火刑に処せられたが、それに対して民衆が反乱を起こしたので、教皇マルティン5世とオイゲン4世は十字軍を招集し、教会側は焦土作戦を用いて徹底的な破壊と殺戮を行った。

宗教裁判

　教会はすでに1215年の第4ラテラノ会議で、異端者を粛正することをすべての聖職者の義務としたが、それが効果がなかったので、教皇グレゴリウス9世は、宗教裁判制度を徹底化し、ドミニコ会にその執行を命じた（1232年）。民衆はそこで、ドミニコ会士を「主の犬ども」とあだ名した。宗教裁判は予告され、すべての住民が立ち会うことを義務づけられた。出席しない者は嫌疑を受けた。密告が奨励され、自分の家族まで信用できなくなってしまった。逮捕された者が自白しなければ拷問が加えられたので、結局嫌疑をかけられたら助からなかった。自白した者は公然と暴力的な罰を加えられ、全財産を没収された。

　スペインでは、ユダヤ教徒と改宗したユダヤ教徒に対して特に残酷な刑罰が加えられた[*38]。それは聖職者による収奪の手段にほかな

で悲惨な出来事であった。

*38　スペインでキリスト教への改宗を強制されたユダヤ教徒は、マラノ（スペイン語で豚の意）と呼ばれ、ひどい差別的扱いを受けた。スペインのユダヤ教徒については、滝川義人『ユダヤを知る事典』（東京堂出版）の69頁以下を参照。

らなかった。有罪者は、パレスティナまでの巡礼を強制されたり、「生ける墓」と呼ばれた牢獄（ろうごく）に死ぬまで閉じこめられたりした。「強情な異端者」は火刑に処せられ、死後発覚した場合には死体が焼かれた。焚殺（ふんさつ）は功徳のあるものとされ、そのために薪（まき）を運んだ者には「赦罪（しゃざい）」が約束された。「異端者の火刑」（アウトダフェ）は、見せしめのために日曜日や祝祭日に行われ、「見物」を強要した。薪山がよく見える窓には高値がついた。

どれほどの人が殺されたのかは、教会が記録を公表しないので不明であるが、悪名高い大審問官トマス・デ・トルケマーダ*39は、1万220人を火刑に処し、9万7400人以上を奴隷としてガレー船*40に送ったという。

性と女性の抑圧*41

原初の教会は、ユダヤ教的女性差別の意識を継承していたとはいえ、イエスの姿勢にも影響されて、女性の参与もかなり認めていたが、パウロはすでに女性忌避（きひ）の姿勢を持っていた。パウロには、罪がアダムを通じて人類のなかに入りこんだという思想が見られ（『ローマ』5章）、「肉の欲」を否定する思想もあった。

のちには禁欲主義的生活がより徳の高いものと思われる風潮が強くなり、マルキオン派やモンタノス派においては徹底化され、理想的な結婚は「霊的な結婚」とされるようになった。

---

*39 **トルケマーダ**（1498年没）　スペインのドミニコ会士で女王イサベラ1世の聴罪司祭となり異端審問官に任命され（1482年）、教皇シクストゥス4世の認可を受け全異端審問所を支配し、改宗ユダヤ教徒の審問に当たった。女王イサベラも教皇アレクサンドル6世もこれを強く支持し、この恐るべき制度は3世紀間も続いた。

*40 **ガレー船**　古代から中世まで主に地中海で用いられた大型軍用船。両側に20本ほどのオールを持つもので、囚人や奴隷を輸送したことで有名。船内の生活は悲惨なものであった。

*41 **性と女性の抑圧**　カレン・アームストロング『キリスト教とセックス戦争──西洋における女性観念の構造』（柏書房）、J・カール『キリスト教の悲惨』（拙訳、法政大学出版局）の「性に対する呪詛と女性への中傷」の項を参照。
なお『聖書を読み直すⅠ──旧約からイエスへ』の第2章の7「男と女」、『聖書を読み直すⅡ──イエスからキリスト教へ』（ともに春秋社）の第3章の3「エロスと性」、『イエスとは誰か』（NHKブックス）のⅠの22「女性の権利」を参照。

3世紀までには、婚外交渉をした者は、殺人や不信仰と同様に、死罪にあたるとされるようになった。さらに聖職者は結婚すべきではないという習慣も発展していった。エルヴィラの教会会議（310年頃）ではすでに、既婚者が祭壇で奉仕してはならないと定められた。また月経時の女性は礼拝出席を禁止させられた。

教会教父は、ますます女性を敵視する方向に向かった。特にテルトゥリアヌスは、女性は神の似像である男性を堕落させた者、それゆえ神の子イエス・キリストの死に責任のある者とし、「悪魔が入りこむ門」と呼び、みな丸坊主になって懺悔すべきだと説いた。ラテン語訳聖書を書いたヒエロニムスは、「女は悪魔の門、悪意の道、サソリの棘」と罵倒した。彼らが女性敵視者の「守護聖人」となったのは当然であった。

この方向を徹底化したのは、アウグスティヌスで、彼は「原罪」を「情欲」（concupiscentia）と規定し、「身体のいかがわしい部分を興奮させる肉欲」と定義した。夫婦の間の性交も、売春婦との性交も本質的に同じだとした。

教会の結婚観の矛盾

教会は、一方では結婚を秘跡の一つとして認めておきながら、他方では性交を汚れたものと見、原罪を「情欲」とした。これは典型的な二重規律であり、矛盾を含むもので民衆を困惑させた。

夫婦の同衾は、日曜日、水曜日、金曜日には禁止され、そのほか、復活祭の前40日間、クリスマスの前40日間、聖餐を受けるごとにその前後3日間は禁止され、性交を行う場合には「快感」を感じない仕方で行うよう体位まで決められていた。夢精や自慰行為は厳罰に処せられた。

こうした風潮のなかで、教皇グレゴリウス7世は、1074年に聖職者の結婚を禁止する宣言を発した。だが聖職者たちの「密通」や「同棲」は絶えず、一定の額を払えば黙認されることになり、私生児1人につき一定額を支払うことまでが容認された。また男女の修

道院での醜聞は絶えず、10世紀には「教皇の売春統治（ポルノ教皇政治）」などと呼ばれるほどであった。

　教会会議が開かれると、聖職者の「世話」をする売春婦たちが多数「奉仕」した。売春宿には、皮肉にも「ユダヤ教徒と異教徒は立ち入り禁止」と書かれていた。

　6世紀のマコンでの教会会議ではすでに、女性が人間であるか否かが論じられていたし、トマス・アクィナスも女性を「道を誤った男」などと呼んでいた。こういう発想が悪名高い魔女妄想を生み出したのである＊42。

反乱ののろし

　こうした教会の堕落に対して、各地で反乱が起こったが、有名なものは、イギリスのジョン・ウィクリフの反乱であった。前述のフスの反乱は26年間も続いた。イタリアでは、ジローラモ・サヴォナローラ＊43が改革運動を起こした。だが彼らはみな残酷な弾圧を受け殺された。

中世の明暗

　中世には、すべてがカトリック教会の教えによって統制されていたので、近代や現代のような価値観の崩壊や多様性に悩まされることがなく、誕生から死の彼方まですべての歩みが定められていた。また死の不安や虚無感や罪責感などから解放されていたので暗黒時代などではなく、心の平安が保証されていた、というような主張が最近特になされるが、疑うことが禁じられていたという意味では、「お幸せな」時代だったともいえようが、上述したような闇の部分

＊42　この問題の社会史的考察としては、阿部謹也『西洋中世の男と女──聖性の呪縛の下で』（筑摩書房）を参照。

＊43　**サヴォナローラ**（1452〜98年）　イタリアのドミニコ会士で、フィレンツェの改革者。聖マルコ修道院長となった（1482年）が、教会の腐敗を攻撃し、強力なメディチ家と対立し、巧みな説教によってフィレンツェを聖書に基づく神政政治的な民主主義の都市に改革した。教皇庁から破門され（1497年）、火による神明裁判を迫られ、ついに火刑に処せられた。

を無視することは無節操だし無批判的にすぎるといえよう。

第4章　中世のキリスト教

宗教改革とその余波

宗教改革の始まり

ルネサンス

　14〜15世紀に、次第に盛んになっていった東西交易を媒介にして、アラビア文化とともにギリシア・ローマの古典文化が紹介され、それにともなってまず北イタリアから古典時代への復帰が熱烈に求められ、ルネサンスという広範囲にわたる文化運動が始まった*1。

　ここでは詳述はできないが、この運動は、中世封建制度の崩壊、商業の発展、都市文化の開花、中間階級の出現、富の蓄積などの諸要素が働き、人文主義の精神が勃興し、あらゆる領域で新しい道が探求され、芸術・科学・古典研究が発展した時代であった。教会との関係では特に、全体としてはなお教会の枠のなかにあったとはいえ、ヨーハン・ロイヒリン（1522年没）によるヘブライ語文法の研究は、旧約聖書原典の研究を促し、「原典に帰れ」というスローガンを可能にした。

　また、エラスムス*2（1536年没）は、初めてギリシア語の新約聖書の批判的出版を行い（1516年）、大きな貢献をした。さらにグーテンベルクの活字出版の発明は、思想の大衆化に貢献し、宗教改革運動にも大きく寄与した。「エラスムスが産んだ卵を、ルターが孵_{かえ}した」といわれる状況が醸_{かも}し出されていたのである。

---

*1　**アラビア文化の影響**　中世までは、ギリシア・ラテン文化を継承発展させたアラビア文化のほうが、ヨーロッパのキリスト教文化よりもはるかに進んでいた。ヨーロッパは科学・哲学・医学・芸術・恋愛術に至るまで圧倒的なアラビア文化の影響を受けた。近代以降ヨーロッパ人は、この事実を忘却し無視してきたが、それは歴史の大きな歪_{わい}曲_{きょく}である。ジクリト・フンケ『アラビア文化の遺産』（拙訳、みすず書房）を参照。この書物の原題は『ヨーロッパの上に輝くアッラーの太陽』というもので、詳細な文献学的裏づけに基づいた名著である。

*2　**エラスムス、デシデリウス**（1469〜1536年）　オランダ生まれの人文主義の学者で、特にプラトン哲学を重視し、キリスト教世界を刷新しようとした。初めてのギリシア語新約聖書を刊行（1516年）。しかし宗教改革の波のなかでは、ヨーロッパの統合が崩れるのを恐れ、ルター批判に転じ、ルターと論争した。

修道士ルターの悩み

　マルティン・ルター*3は、アウグスティヌス派の修道院にいたが、どのようにして罪の赦（ゆる）しの確証を得られるかという問題に悩んでいた。ここでは「神に完全に愛されるためには、神を完全に愛さなければならない」と教えられていたのだが、彼にはその内実が了解できなかった。彼は、『ローマ』1：17の「神の義は、福音のうちに啓示される」という言葉の意味が理解できなかったのだ。「神の正しさ」は厳しく人の罪を追及するものと理解されていたのだが、それが「福音」つまり「喜ばしい音便（おとずれ）」のうちに示されるということは不条理だと思われていたのだ。

マルティン・ルターの肖像
（ルーカス・クラナッハ作、1529年）

　彼は、自分の根本動機を吟味（ぎんみ）するとき、自分が愛されたいから神を愛しているのであり、それは愛としては不純であり、結局は自分だけが救われたいという自己愛、自己追求の貫徹にすぎないと思った。その自己矛盾を彼は、「手を

---

*3　**ルター**（1483〜1546年）　エアフルト大学法学部で学んでいたが、友人の死と落雷の経験のあとにアウグスティヌス派の修道会に入り、1511年にヴィッテンベルクに移る。同地で神学博士となり同大学教授になったが贖宥状（免罪符）（しょくゆうじょう　めんざいふ）に反対し、使徒パウロや詩篇を通じて「福音の再発見」を体験し、次第にローマ教会への批判を深め、1517年10月に、ヴィッテンベルクの城教会の扉に有名な「九五ヶ条の提題」（かんもん）を掲示した。これは当時認められていた問題提起の方法であったが、たちまち全ヨーロッパに知られるようになり、はからずも宗教改革ののろしになった。
　彼は、パウロに従い、イエス・キリストの十字架による贖罪（しょくざい）こそ福音の中核であるとして「十字架の神学」と呼ばれるようになる主張をし、教皇側と激しい論争を展開した。1521年に教皇から破門宣言を受け、ヴォルムス会議に喚問（てっかい）されたが自説を撤回せず、帝国による追放刑を受けた。しかしヴァルトブルク城に保護され、聖書のドイツ語訳や多くの著述に励んだ。
　のちに農民戦争に反対し、農民の支持を失う。結婚をし、聖職者の新しい道を拓いた。彼のドイツ語訳聖書は、近代ドイツ語の基礎になったといわれる。人文主義者エラスムスとの意志の自由をめぐる論争や、スイスの宗教改革者ツヴィングリとの聖餐をめぐる論争も有名である。

洗えば洗うほど汚くなる」とか「わたしは神をだしにして自分の救いを得ようとしている」とか表現している。そしてこの飽くなき「自己追求」（Selbstsucht）こそ、原罪の内実であると思うようになった。

福音の再発見

こういう悩みのなかでルターは、『ローマ』3：21以下のパウロの言葉*4を読み、「福音の再発見」という体験をする。そこではパウロは、イエス・キリストが十字架上で流した血は万人の罪の赦しのためのものであった、彼の血による贖罪は、それを信じる者に平等に与えられる、そのように罪人を無償で赦すことこそ神の義ということだ、と論じている。神の義とは、厳しく裁く恐ろしい正義ではなく、かぎりなく人を赦す神の恵みのことだったのだ。だからそれは福音だったのだ。ルターは、こういう新しい認識を得て歓喜した。

ルターの問題提起

そういう視点から見ると、ローマ・カトリック教会が教える教皇の権威、ミサの効力、修道院制度、告解の制度、マリア崇拝などは、すべて新約聖書に根拠を持つものではないことが明らかに見えてきた。そこで彼は、当時公認されていた問題提起の方法として、1517年10月31日に、ヴィッテンベルクの城教会の扉に、いわゆる「九十五ヶ条の提題」を貼りつけたのである。

彼は宗教改革を意図していたわけではなかったのだが、その問題提起があまりにも根本的なものであったこと、多くの人々が同じよ

---

*4　ところが今や、律法とは関係なく、しかも律法と預言者によって立証されて、神の義が示されました。すなわち、イエス・キリストを信じることにより、信じる者すべてに与えられる神の義です。そこには何の差別もありません。人は皆、罪を犯して神の栄光を受けられなくなっていますが、ただキリスト・イエスによる贖いの業を通して、神の恵みにより無償で義とされるのです。神はこのキリストを立て、その血によって信じる者のために罪を償う供え物となさいました。それは、今まで人が犯した罪を見逃して、神の義をお示しになるためです。

うな問題を感じていたこと、社会的にも教皇権力への批判的気運が高まっていたこともあって、またたく間にこの問題提起は全ヨーロッパに知られるようになり、激しい議論が展開されることになった。

プロテスタントの原理

こうした新しい認識が、宗教改革を起こし、のちには「プロテスタント原理」と呼ばれる以下の三つの根本理解が生じてきた。

(1)「恵みによってのみ」(sola gratia)

ローマ・カトリック教会のミサ概念についてはすでに述べたが、そこでは「注入された神の恵み」(gratia imputa) によって人間が「義と成る＝成義」(justificatio) という理解が前提とされていた。それに対してルターは、人間は全面的に堕落しているのであり、自らが「義と成る」ことなどありえない、そうではなく神の恵みは罪人である人間を覆ってくれるもので「被せられる義」(gratia amputa) である、その神の恵みによって人間は「義と認められる＝義認」(justificatio) だけだ、と唱えた。だから人間が、善行を積んで、その功徳で贖罪が可能となるのではなく、「神の無償の恵みによってのみ義と認められる」のだと主張したのである*5。

(2)「信仰によってのみ」(sola fide)

そういう理解は、人間が考えつくものではなく、ただ示された神の福音を信じることによってのみ与えられるものである。上述の義認を可能にしたイエス・キリストの業をひたすら信じることによってのみ与えられる現実である。それは「唯一の救済の施設」としてのローマ・カトリック教会によって保証されるものでもないし、教

*5　こういう考えは、日本の浄土真宗の開祖親鸞の弥陀の本願への信頼によってのみ浄土に無償で招き入れられるという思想に非常に近い。現代スイスの著名な神学者カール・バルト（本書162頁参照）は、プロテスタント的キリスト教と浄土真宗を「真実の宗教」と呼んでいる。八木誠一・秋月龍珉『親鸞とパウロ』（青土社）を参照。

皇の認可によるものでもないのである。

（3）「聖書によってのみ」（sola scriptura）

このようなことが知られるのは、ただ聖書によってのみである。カトリック教会の伝承や教皇の教えなどに依拠するのではなく、使徒たちが遺した「正しい教え」としての新約聖書によってのみ証言されている事柄である。それ以外の根拠など一切ないのである[*6]。

新しいサクラメントの理解

こうした福音理解に基づいてルターは、ローマ・カトリック教会のミサ概念を批判する。あの「化体説」は要するに魔術であり迷信であると批判し、退けた。ミサが新約聖書に根拠がないものであるかぎり、当然の主張であった。

だが、ルターは、あまりにもまだ中世的な人間であった。そういう否定を行いながら、それを徹底化できず、パンとぶどう酒はあくまでもパンとぶどう酒のままであるのだが、やはりどういうふうにかイエス・キリストの体と血が「リアルに現臨する」と彼は主張した。それは「現臨説」（Realpräsenz）とも「共在説」（consubstantiatio）とも呼ばれる。

とにかく彼は、中心問題は信仰義認（justification by faith only）という「正しい教え」なのであり、このサクラメント（秘跡）の効力は、カトリック教会の場合のように「執行された行為による効力」（事効説）として自動的・魔術的に与えられるものではなく、そのような「正しい信仰」を告白し、それにふさわしく生きる牧師[*7]（教師）によって執行された場合にのみ効力を発するもので、だから「信仰者の執行による効力」（opus opera operantis）である（これを「人効説」

[*6]　これは「聖書原理」とも呼ばれる。この背後には「正典」（カノン）という概念が重要なものとしてある（本書の55頁の注を参照）。

[*7]　**牧師**　日本語の牧師という言葉は、プロテスタントでしか用いられない。牧師も信徒の一員であるが、教師としての機能を果たすだけである。カトリック教会では、司祭とか神父と呼ばれ、信徒とは身分的に違う。

と呼ぶ）と説いた＊8。洗礼の場合も同じである。「説教」の場合もそうで、重要なのは「信仰義認」という教えの正しさだと主張した。そこから彼は、キリスト教徒であれば原理的にすべての人が祭司になりうるという、いわゆる「万人祭司説」を説いた。

新しい「自由」観

ルターは、千数百年に及ぶローマ・カトリック教会の堅固な構造を打ち砕いたのであるから、たいへんな勇気と確信を必要としたのであるが、その結果、かつて感じたことのない自由を享受することもできた。彼は、そのことを『キリスト者の自由』（1520年）という著作において展開した。彼は『コリント1』9章のパウロの言葉、「わたしは自由な者ではないか」「わたしはだれに対しても自由な者である」に基づいて、真に自由であるがゆえに、万人のための奴隷となって尽くすという逆説を鋭く強烈に展開した。

人文主義者デシデリウス・エラスムスは、こういうルターの極端な思考を嫌い、『自由意志論』を書いて批判した。それに対してルターは、『奴隷意志論』を書いて反駁した。彼は基本的にアウグスティヌスの立場に立っていたが、この問題は、そういう二項対立的な発想では解決されない問題であろう。ここにも彼の限界があった。

ルターの権力観

宗教改革の波のなかで、1522年以降には、カール・シュタットやトーマス・ミュンツァーに代表されるような「過激派」の動きが活発になり、ついには農民戦争＊9（1524～25年）が起こってしまった。

＊8　本書90頁を参照。
＊9　**ドイツ農民戦争**　中世ヨーロッパでは14世紀以来イギリス（ワット・タイラーの反乱）や、フランス（ギョーム・カイエの反乱）で封建領主に対する反乱が続いていたが、ドイツ農民戦争が最も激しいもので、ついに諸侯は同盟してこの運動を鎮圧しようとした。
　　ルターは過激化した農民たちを悪魔とか犬どもとかと呼び、「踏み潰せ、皆殺しにせよ」などと叫んでしまい、農民の支持を失った。フランケンハウゼンなどでの戦いでは、10万人ともいわれる農民が虐殺された。

ルターは最初は何とか調停しようとしたが、この運動があまりにも過激になるにつれて、それを嫌悪するようになり、諸侯に訴えるほかないと思った。だが農民に対する彼の言葉はあまりにも過酷であった。彼は農民を「犬」とか「悪魔」とかと呼び、彼らを「切り殺せ、踏み潰せ」などと叫んでしまったのだ。農民たちは彼を、当然ながら「裏切り者」と断罪し、農民の間の彼の人望はまったく地に落ちてしまった。

他方、アナバプテスト（再洗礼派[*10]）と呼ばれるプロテスタントの過激な運動も盛んになった。「プロテスタント」とは周知のように、「抗議をする者」の意であるが、彼らは過激な仕方でカトリック的なものの全面的否定を主張し、あまりにも急激な変革を要求していた。それに彼らの間には多様な立場が生じ、ルターには混乱と無秩序が支配するかに思われた。

こうした流れのなかでルターは、のちに「二王国説」（Zwei-Rei-che-Lehre）と呼ばれるようになった論を展開した。それはつまり、神は、教会と国家という二つの権威領域を設定したという論である。どちらも神の意志によるものであるから、人間はどちらにも従順でなければならない、と彼は説いたのである。この問題においてもルターは、結局中世的な思考を乗り越えることはできなかった。こういう思考の導く方向は、結果的には、教会が国家に従属するという方向をたどるしかなかった。これがのちにルター派の権力追従（ついしょう）の姿勢を生み出す源になったのである。

それに、ルターの思想は、要するにパウロに戻るということであり、パウロの正と負の両面をも継承することになったのだ。時代的

---

*10　**アナバプテスト**　ギリシア語の「再び洗礼を授ける」という動詞に由来する名称で、宗教改革時代に幼児洗礼を非聖書的だと否定し、成人が自覚的に信仰告白をしてから受けるのが真の洗礼であると主張し、再度洗礼を受けることを主張したのでこう呼ばれた。ミュンツァーの流れや、クェーカー派・スイス兄弟団、フッター派、メノナイト派、ホフマン派などいろいろであるが、ルターやカルヴァンにも批判され、ローマ教会からは迫害され、数万人もの者たちが死刑に処せられた。倉塚平『異端と殉教』（筑摩書房）、倉塚平・出村彰ほか編訳『宗教改革急進派──ラディカル・リフォメーションの思想と行動』（ヨルダン社）を参照。

限界ともいえよう[*11]。

「プロテスタント」側の分裂

　プロテスタント側は、結束することが必要であったが、前述した「過激派」との対立もそれを妨げた。スイスにおいても改革運動が始められ、フルドリヒ・ツヴィングリ[*12]が指導的立場にいた。ストラスブールではマルティン・ブーツァー（1551年没）が、おおむねルターの線で改革を進めていた。

　ルターとツヴィングリは、一致の問題、とりわけ聖餐をめぐって会談した（1529年）が失敗した。ルターは例の「現臨・共存論」を主張し、ツヴィングリは聖餐は記念のためのもので、パンとぶどう酒は象徴にすぎないという「象徴論」をもって応じ、妥協できなかったのだ。彼のほうが「近代的」であったのだが、ルターは悪魔を目撃したり、地動説を悪魔の思想だと断罪したりした中世人だったのだ。

　結局プロテスタント側は一致した信仰告白を持てなかった。ルター側は、のちにフィーリプ・

ツヴィングリの肖像
（ハンス・アスペル作、1531年頃）

メランヒトン[*13]が『アウグスブルク信仰告白』（Confessio Augusutana）

---

*11　菊盛英夫『ルターとドイツ精神史──そのヤーヌスの顔をめぐって』（岩波新書）、金子晴勇『ルターの宗教思想』（日本基督教団出版局）を参照。

*12　**ツヴィングリ**（1484〜1531年）　スイスの宗教改革者。人文主義者エラスムスの影響を受け、ギリシア語原典による聖書研究を通じ、改革に目ざめ、チューリヒでミサ廃止などの具体的改革を推進した。聖餐をめぐってルターと討論したが合意に至らなかった。カルヴァンがツヴィングリの改革を受け継ぐことになった。出村彰『ツヴィングリ』（日本基督教団出版局）を参照。

*13　**メランヒトン**（1497〜1560年）ドイツの人文主義的宗教改革者。早くから人文主義の影響を受け、ギリシア語に精通していて、エラスムスにも認められた。ヴィッテンベルク大学のギリシア語教授となり、ルターとともに大学改革を志した。そのため「ドイツの教育者」とも呼ばれた。宗教改革

を作成したが、プロテスタントすべてが認めるところとはならなかった。

カルヴァンによる改革

スイスでの改革に最大の貢献をしたのは、ジャン・カルヴァン（1509〜64年）であった。彼は北フランスに生まれ、最初、法学と人文主義を学んだが、早くから宗教改革に関心を持ち、バーゼルに移った。彼はそこで『キリスト教綱要*14』（Institutio religionis Christianae）を書き（1536年）、名声を博した。

1537年にジュネーヴに立ち寄ったとき、当地の改革者ヴィルヘルム・ファレルの熱烈な懇請により当地での宗教改革に参与した。しかし彼のあまりにも厳格な改革案のゆえに市民の反対を受け、追放されてしまった。だが1541年には再度招聘され、それ以後厳格な神政政治的な改革を展開した。

カルヴァンの思想

彼の思想の第一の特徴は、その厳格な「聖書主義」である。聖書は神の言葉であり、それは聖霊の証によって正しく認識される（聖霊の内的証示）。旧約聖書も新約聖書も同等に神の言葉であり、信仰における唯一の規範・権威である。聖書は、神が一貫した救済の歴史を持ち、その目的のために一切を支配することを証言している。神は、永遠の計画に基づいて人間を救済へと予定している。全能なる神は、その絶対の意志をただその栄光のために行使する。「神は、その成そうとすることを永遠の昔から、その知恵に従って定め、そ

第5章 宗教改革とその余波

の最初の本格的神学書といわれる『ロキ・コムーネス』（神学総覧）を書き（1521年）、宗教改革と人文主義を統合しようとした。宗教改革の信条とも呼ばれる『アウグスブルク信仰告白』を起草した。

*14 『**キリスト教綱要**』 プロテスタント側の最初の組織的な神学書。最初はラテン語で書かれたが、1560年にはフランス語版も出された。十戒、使徒信条などを踏まえ、神、キリスト・イエス、聖霊、教会などのテーマに即して、聖書による唯一の啓示に基づく学として展開されている。渡辺信夫訳（新教出版社）がある。

の定めたところをその力によって実現する」。

　これが彼の有名な「二重予定説」（predestinatio）である。この神の選びに人間の側から呼応するのが、「召命感」であり、そのような確信を与えられた者のみが真の教会の成員である。イエス・キリストは、神が贖罪のために送られた神の子であり、唯一の仲保者である。聖徒らは、聖餐において、パンとぶどう酒を介して超自然的なキリストの体と血に「霊的に与る」のである。パンとぶどう酒は、キリストの超越的な臨在を霊的に「代表する」ものと考えられた。

カルヴァンの肖像（16世紀）

　キリスト教徒は、その召命にふさわしく、俗悪な生活を否定し、禁欲的な生活を実践し、あらゆる怠惰を放逐して勤勉に仕事を遂行すべきである。こういうのが彼の思想の特徴であった。

厳格な教会生活

　このような生き方を具体化するために、カルヴァンは説教と聖書朗読と祈りを中心とする礼拝に信徒が頻繁に出席することを義務化し、カトリック的なミサや多くの祝祭を廃止し、降誕祭、復活祭、聖霊降臨祭の三つしか認めなかった。信徒は、1週間に17時間も説教を聞かねばならなかった。教会は、長老・牧師・教師・執事によって運営され、信徒は質素・勤勉・倹約をむねとして「選び」にふさわしい生活をするように戒められた。

　信徒は、自分が神の選びに与っているか否かは、自分の従事する仕事が祝福されて成功するか否かによって知られるということになり、そのために刻苦勉励することが義務とされた。そのためジュネ

プロテスタント諸派の系統

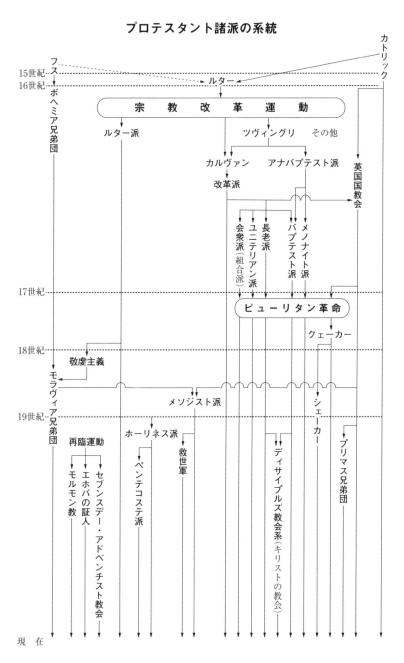

第5章　宗教改革とその余波

（学研プラス『キリスト教の本・下』より一部変更して収載）

ーヴでは、乞食は法律によって禁止され、飲酒や娯楽は忌避された。礼拝も簡素さが要求され、オルガンやロウソクや聖像などはすべて排除された。賛美歌もアカペラ（無伴奏）で、しかもユニゾン（斉唱）で歌うことが命令された。こうして、一切が「神の栄光のために*15」捧げられたのである。

ルターとカルヴァンの違い

両者はともに、新約聖書に立ち返り、パウロの思想に大きな影響を受け、アウグスティヌスの思想の影響の下に立っていたが、違いも少なくない。一口にプロテスタントといっても多様なので、両者の違いを知ることは重要である。

(1) 性格と傾向

ルターは農民の子であり、中世的要素を多分に残していた。性格的には、詩人的要素を強く持ち、直観的な天分に富んでいた。それゆえあまり体系的な思索を得意とせず、激情的であり、ときとして論理的には矛盾していることもある。音楽的才能に恵まれ、多くの優れた賛美歌を書き作曲した。有名な「神はわがやぐら」で始まる賛美歌（現行『賛美歌』267番）などは、宗教戦争において剣よりも多く人を殺したと評されるほど感動を与えるものであった*16。彼は、

---

*15 この表現は、カルヴァンの思想と実践のスローガンともいうべきもので、彼にとってはすべてが「神の栄光のために」という視点からとらえられていたのである。

*16 『賛美歌』267番
神はわがやぐら、わが強き盾、苦しめるときの　近き助けぞ。
おのが力　おのが知恵を　頼みとせる　陰府の長も　などおそるべき。

いかに強くとも　いかでか頼まん、やがては朽つべき　人の力を。
われと共に戦いたもう　イエス君こそ　万軍の主なる　あまつ大神。

悪魔世にみちて　よしおどすとも　神の真理こそ　わがうちにあれ。
陰府の長よ　ほえ猛りて　迫り来とも　主のさばきは　汝がうえにあり。

暗きのちからの　よし防ぐとも、主のみことばこそ　進みにすすめ。
わが命も　わが宝も　とらばとりね、神のくには　なお我にあり。

形式的なことにはあまり関心を持たず、改革に際しても内面を重視した。

それに対してカルヴァンは、法律を学び、人文主義に親しんだ文人であり、明晰な思索を展開し、組織的に著述をする人であった。彼は、教会の組織の改革に熱心で、そうした外的な構造の変革なしには改革の基礎は据えられないと信じていた。

(2) 根本的主張

ルターは、「信仰によってのみ義とされる」（信仰義認）という救済観を中心とし、それによって与えられる喜びを告げ、内面的な自由と確信を中軸にした。それに対してカルヴァンは、「ただ神の栄光のために」を中心的スローガンとし、信仰による救いを信じはしたが、その救いの確かさを保証する教会生活の規律を重視した。彼は、厳格な禁欲的な生活の重要性を強調し、教会訓練を信徒に課し、召命や予定という面を力説した。

(3) 聖書理解

両者とも聖書を何よりも重視したが、ルターはあくまでも「信仰義認」を福音そのものと理解し、新約聖書はその中心事実を証言しているかぎり重要なものであった。だから彼は、その福音に矛盾するように響く『ヤコブ書*17』のことを、「藁の書簡」と侮蔑したことさえある。その意味では彼は、聖書に対してもそれなりに自由な姿勢を持っていたともいえよう。

他方カルヴァンは、旧約聖書も含めて聖書が「神の言葉」そのも

また現行『賛美歌』258番「貴きみかみよ、悩みの淵より」も、神の恵みにのみ頼るルターの心情を表現する重厚なもので有名なものである。

*17 『ヤコブ書』　この書は、信仰があってもそれにともなう善き行為がなければ無益であると主張するもので、それはルターの「信仰のみによる義認」という主張と対立するように思われた。「自分は信仰を持っていると言う者がいても、行いがともなわなければ、何の役に立つでしょうか。そのような信仰が、彼を救うことができるでしょうか。……行いがともなわないなら、信仰はそれだけでは死んだものです」（2:14、17）。

のであるとした。その意味では彼は、のちのプロテスタント教会に大きな影響を与えることになる「聖書逐語霊感説[18]」(verbal inspiration theory) の基礎を与えたといえる。もっとも彼は、前述したように、聖書の正しい解釈は、「聖霊の内的証示[19]」によるとし、機械的解釈に反対であったのだが。しかし実際、聖書の無上の権威と霊感説は、カルヴァンに依拠したのちの「改革派」の基礎的な教義となったのである。

ルター派と改革派

こうした違いから、のちには「ルター派」と「改革派[20]」(The Reformed Church) が生まれた。「改革派」は、社会的にも、ジュネーヴやオランダの商業ブルジョワジーに適合した宗教となり、のちの資本主義の発展にとっても重大な影響を与えることとなった[21]。

宗教改革の余波

ラディカルな流れ

ルターやカルヴァンに代表される宗教改革の主流派とは別に、激しい変革を志向する者たちが生じてきた。その主なものを見てみよう。

---

*18 これは、聖書のすべての言葉は神の霊感によって書かれたものであるので逐一絶対に誤りがないと主張する説である。128頁の欄外注も参照。

*19 **聖霊の内的証示** 聖書の正しい解釈は、単なる人間の考えによって与えられるものではなく、結局は聖霊が人間の心のなかに示してくれることによって明らかになるという教え。

*20 **改革派** カルヴァンの教えに基づいた流れであるが、カルヴァン派という呼び名よりも、この名で呼ばれる場合のほうが普通である。

*21 この問題は、マックス・ウェーバーの『プロテスタンティズムの倫理と資本主義の精神』(邦訳は大塚久雄訳、岩波文庫がある)によって提起され、有名になった。

(1) トーマス・ミュンツァー[22] (1490頃〜1525年)

　ミュンツァーは、ルターのカトリック教会批判を現実の社会変革という徹底した形で遂行しようとし、ルターの不徹底さを批判し始め、次第に激しく対立するようになり、ついに諸侯に反乱する農民戦争を指揮して敗れた。

　彼は、イエスの十字架を負うという神秘主義的体験をし、それが

TOMAS MVNCER PREDIGER ZV ALSTET IN DVRINGEN.

ミュンツァーの肖像(16〜17世紀頃)

彼の思想と行動の土台となった。彼にとっては、すべてが聖霊の導きによって成されるのであり、聖書も教会も二次的なものにすぎなかった。絶対平等の社会を実現することが重要で、君侯の権威などを完全に否定した。幼児洗礼を否定し、私有財産を諸悪の根源と見て、ユートピア的共同体の実現を夢見た。ミュンスター[23]にそのようなユートピア建設を試みたが、ルターに断罪され、諸侯の軍事力によって徹底的に殲滅された。

(2) 再洗礼派 (アナバプテスト)

　この流れは、スイスの改革運動が源流で、幼児洗礼を拒否し、成

---

*22　**ミュンツァー**(1490〜1525年)　ルターやフスの影響を受け、ツヴィッカウで活躍し、千年至福説（終末に先立ってキリストが地上で千年間支配するという熱狂的信仰）に傾き、原始キリスト教的共産思想を展開し、封建領主を打倒して地上に神の国を建設することを主張し、ドイツ農民戦争の思想的基礎となった。

　ルターはそうした過激な思想を批判するようになり、ミュンツァーを悪魔と呼ぶようになった。フランケンハウゼンの戦いで敗れ(1525年)、殺害された。エルンスト・ブロッホ『トーマス・ミュンツァー――革命の神学者』(樋口大介・今泉文子訳、国文社)を参照。

*23　現在のドイツ西北部の町。三十年戦争の講和条約であるウェストファリア条約が締結された地としても知られる(編集部注)。

人の洗礼を初めて実行するものだった。このように、成人が再度洗礼を受け直すことを主張したので、「再洗礼主義者」（アナバプテスト）と呼ばれた。彼らは、「内なる光」に照らされるという神秘的な体験を重んじ、それによってまず内面的に清められ、さらにそれを厳しい倫理的生活によって実践することを主張した。彼らは国家教会制度を否定し、個人の内的照明*24こそがキリスト教徒の生活の中心であるべきだと説き、国家権力に抵抗し、間もなくやって来る終末を待望し、平等の社会の実現を志した。彼らは、自分たちの預言者的霊感を信じ、新しく生まれかわった者たちによる真の共同体としての教会を建設しようとした。

（3）反三位一体論者たち

　人文主義者のなかには、カトリック教会的な教義、とりわけ三位一体（いったい）の教義に対して批判的な者たちがいたが、代表的な人物は、ミカエル・セルヴェートス（1553年火刑死）であった。彼は、深い敬虔（けいけん）な信仰と鋭い理性的な批判力を持っていた。すでに、福音書のイエスと、教会の教義が教えるキリストとの間に違いがあることに気づき、ニカイア会議以前の教父たちのキリスト論に関する理解が、それ以後の教会の教義と一致しないことを見抜いていた。それゆえ彼は、伝統的な三位一体の教義を批判した。

セルヴェートスの肖像（1740年頃）

---

*24　**内的照明**　国家と結びついた教会の外的権威によるのではなく、自分の心のなかに直接に神によって与えられ示された確信に従って了解する姿勢のこと。

カトリック教会が彼を異端として迫害しようとしたので、亡命するものの、その途上ジュネーヴに来たとき、カルヴァンに捕らえられてついに火刑に処せられた。カルヴァンがセルヴェートスを殺したことは、プロテスタント史における一大汚点である。セルヴェートスのほうが、はるかに時代を突き抜けていたのである。

同じような思想を持ったファウスト・ソチーニが、ポーランドにおいて反三位一体論的なソチーニ派を設立した（1579年以来）。この運動も異端視され、追放されてしまった。

こうした流れから、正統派の三位一体論を否定する運動が生じ、のちにユニテリアン教会と呼ばれるものに発展した。この教会は大陸ではトランシルヴァニアで発展し、1568年には公認されたが、ローマ教会の対抗改革とカルヴァン派に迫害された。イギリスでは1774年に設立され、さらに公認され1825年には「イギリス・ユニテリアン協会」が成立した。アメリカでも1825年に「アメリカ・ユニテリアン協会」が設立された[*25]。

（4）神秘主義者たち

前記の人々はみな多少なりとも神秘主義的傾向を持っていたが、「内なる光」にのみ信頼し、外面的な事柄に本質的価値を見出さなかった人々がいた。代表的な人物は、セバスティアン・フランク（1542／43年没）であった。彼は、個人的に経験される聖霊の働きにのみ価値を置き、聖書もすべてこの聖霊の導きによって解釈されるべきもので、聖書の文字に縛られてはならないと主張した。彼は、カトリック教会に対してはもちろん、上述の改革運動のすべてに背を向け、個人の内面の敬虔を無上のものとして貴んだ。その方向は、あらゆる改革者たちよりも近代的であったとさえいえるであろう。

---

*25　ユニテリアン教会は日本には1887年に伝わり、「日本ユニテリアン協会」が設立された。

その後の宗教改革の状況

　プロテスタント側（「福音主義 = evangelisch」とも呼ばれる）の諸侯は、1531年に「シュマルカルデン同盟」という軍事同盟を結んでカトリック教会側に対抗し、「シュマルカルデン戦争」を遂行した（1546〜47年）。紆余曲折を経て、1555年に「アウグスブルク宗教和議」が成立し、一応の相互寛容が保証された。その前提になっていた原理は、前述した「領主の宗教が領民の宗教」という慣習であった。この和議の結果、プロテスタント側は大いに伸展し、1570年には、ドイツ帝国においては、全人口の10分の7が福音主義教会に属していたといわれた。

各地への改革の伝播

　福音主義は、ドイツ、スイスだけではなく、ヨーロッパ各地へと広がっていった。ルター派は、スカンジナビアで最も著しい成功を収め、バルト海沿岸地域やポーランドにまで広がった。

フランスの「ユグノー」

　フランスではプロテスタントは「ユグノー」と呼ばれ、主にカルヴァンの影響下にあった。新旧の対立は、政治的対立とも結びついて、「ユグノー戦争」が起こった（1562〜98年）。その過程でのカトリック側による「聖バルトロマイ祭日の虐殺＊26」の悲劇は有名である。1598年にナントの勅令＊27が出され一応の寛容が認められたが、1685年にはそれがまた撤回されたりして混乱した。ユグノーに関

＊26　**聖バルトロマイ祭日の虐殺**　ユグノー戦争の過程で、カトリック側の王シャルル9世の母后カトリーヌ・ド・メディシスは本来反対の立場にあったギーズ公と結びつき、聖バルトロマイの祭日に（1572年8月23〜24日）、プロテスタントの貴族や一般市民1万人ほどをパリなどで虐殺した。ローマ教皇はこの報せに接して大喜びした。

＊27　**ナントの勅令**　アンリ4世が、宗教戦争を終わらせるために、自らカトリックに改宗して、「不変勅令」として発布したもの。近代的な宗教寛容の最初のもの。しかし、ルイ14世は、龍騎兵を用いてユグノーを残虐な仕方で弾圧し改宗を強制した。何十万というユグノーが国外に脱出し、国家としても大きな損失であった。

ヘンリー8世の肖像
（ハンス・ホルバイン作、1537年頃）

連する内乱はその後も続き、1787年のルイ16世の「寛容令」まで
騒乱が続けられた。

　オランダには、まずルター派が浸透したが、再洗礼派も伝わり、
最後には改革派も流入してきて大きな力を持つようになった。だが、
カトリック教会の宗教裁判による弾圧も激しかった。

英国国教会の出現

　イギリスでは、ヘンリー8世*28の離婚・再婚をローマ教皇が許
さなかったことをきっかけに、王室の決断のもとにカトリック教会
から離脱し、「英国国教会」（アングリカン The Anglican Church）が設

---

*28　**ヘンリー8世**（1491〜1547年）　彼は、ルターを批判したので、教皇から「信仰の擁護者」と賛
美されたが、王妃キャサリンを離婚し、宮女アン・ブリンと結婚しようとし、教皇が政治的理由でこ
れを認めなかったことから、ついにローマ・カトリック教会から離れた。彼は、アン・ブリンをも姦通の
名目で処刑し、前後6回も結婚した。

立された。しかしこれは、政治的理由から、しかも英国民衆とは無関係に王室によってなされた分離であり、内容的にも国教としてカトリック教会とプロテスタント教会の中間的なものであった。

種々の非国教派の発生

イギリスではさらに、国教会と対立したカルヴァン主義者たちが改革を進め、清教徒（ピューリタン*29）お

クロムウェルの肖像
（ロバート・ウォーカー作、1649年頃）

よび長老派*30（Presbyterian）として発展した。オリヴァー・クロムウェル*31の勝利によって寛容が一時認められたが、またすぐに反動の時代になった。だが「名誉革命」（1688年）によってプロテスタ

---

*29　**清教徒**　カルヴァンによるジュネーヴでの改革を継承し、イギリスにおいても徹底化しようとした人々。ピューリタンという呼称は中世のカタリ派を想起させるもので、異端視から生じたあだ名である。エリザベス1世のもとでは、ピューリタン革命（1642～49年）を起こし、クロムウェルの共和制のもとで盛んになった。
　　国教派との多くの論争を起こし、多くの分派を生み出した。長老派、会衆派、バプテスト派さらにクェーカー派に至るまで多様な運動を展開した。メイ・フラワー号でアメリカに移住したピルグリム・ファーザーズ（1620年）も、この流れに属する。人権・信教の自由、民主主義などの近代的諸理念の発展に影響を与えた。

*30　**長老派**　ツヴィングリ、カルヴァンの伝統に立つスイスの改革運動を継承するもので「改革派教会」とも呼ばれる。イギリスでは、ピューリタン革命の主流をなしたが、その特徴は、牧師と教会を代表する長老（エルダーズ）から成る長老会を中心とするところにある。アメリカに渡ったのちにはアメリカ社会の最も中心的な担い手となった。その制度は立憲的で代議制をとり運営は民主的であり、教会における訓練と神学を尊重し、最も健全な教派と見られてきた。

*31　**クロムウェル**（1599～1658年）　ピューリタン革命の中心人物。ピューリタンの家庭に育ち、王党派に反対する議会軍に参加し、その指導者となる。国王チャールズ1世を捕えてついに斬首刑に処した（1649年）。さらに共和制を敷いた。他方アイルランドやスコットランドを制圧し、オランダと戦い、イギリスの覇権（はけん）を確立した。しかし次第に独裁的になり人気を失い、王政復古後にはさらし首の刑に処せられた。

ントは救われ、ついに1689年ウィリアム3世による「寛容令」によって非国教徒（Dissenters）は自由を得た。

　非国教派側では、長老派、会衆派（Congregationals）、再洗礼を主張するバプテスト派、沈黙による「内なる光」を重んじ、外的な形式を否定し、聖霊による感動を中心とするクェーカー派[32]が大きな流れを形成していった。のちにこれらの人々のなかから、宗教的自由を求めて新大陸へ移住する者たちが生まれてきたのである。

「対抗改革」の出現

　プロテスタントの宗教改革に対してカトリック教会は、ただ受け身でいたわけではなく、強力な対抗改革（Counter-Reformation）と呼ばれる運動を展開した。

（1）宗教裁判の強化

　宗教裁判あるいは異端審問（Inquisitio）は、1229年のトゥールーズ会議において設立されたもので、当時「異端」とされたワルド派やカタリ派に対して猛威を振るったものだが、さらに教皇グレゴリウス9世によって行政権・司法権を強化されてカトリック教会の威力を支える強大な武器となった（1232年）。

　この機関が、教皇パウルス3世によって復興され（1542年）、まずイタリアにおけるプロテスタントの撲滅に寄与し、さらに南フランス、イスパニアなどにおいて猛威を振るった。この制度は、ナポレオンによって廃棄されるまで（1810年）存続し、野蛮な訴訟手続きによって、終身刑、財産没収、火刑などをもって人々を断罪していた。

---

[32]　**クェーカー派**　イギリスの一種の神秘主義者ジョージ・フォックス（1624〜91年）の創唱になる一派で、万人の心には「内なる光」が宿っていると主張し、その心に呼びかけるキリストの言葉こそ中心とされるべきもので、制度や礼典や聖職者は不要とされた。彼の仲間は最初「真理の友」と呼ばれたが、のちには「友会」（ソサイエティ・オブ・フレンズ）と改称し、イギリスとアメリカを中心に伸展した。信徒の数は少ないが、非暴力運動、平和運動に熱心であり、一切の形式を排し、自由な霊の働きを重んじる沈黙による礼拝で有名である。ピューリタン運動にも大きく貢献した。

（2）トリエント公会議

「対抗改革」の一つの頂点は、1545年から1563年まで3回にわたって開催された「トリエント公会議」であった。この会議によってローマ・カトリック教会は、反プロテスタントの路線を明確に打ちだしたのであるが、その重要な確認は以下のような諸点であった。

A 聖書と聖伝の確認

まず、教義と権威の源泉・規範としての聖書と聖伝が再確認された。聖書については、旧約聖書外典を正典のうちに加え、ラテン語訳聖書ウルガータ本文を真正なものと決定した。これはそもそも『七十人訳聖書』（旧約聖書のギリシア語訳）を、エウセビウス・ヒエロニムス[33]がラテン語に翻訳したものである。そのような訳本を正典としたことは、これ以後のカトリック教会の聖書解釈に大きな制限を与えることとなった。なぜならそれは、ヘブライ語およびギリシア語の本文とはかなり違うものであり、そのためのちにプロテスタント側で発展させられた聖書学にカトリック教会は大きく遅れることになったからである。

聖伝[34]（traditio）とは、聖霊によって書き記されたと信じられている諸伝承およびカトリック教会が継承してきた信仰と道徳に関する諸伝承である。この「聖伝」なるものは、新約聖書よりも古いものとされていたから、カトリック教会の諸教義についてプロテスタント側が「非聖書的だ」とどのように批判しても、カトリック教会がなお自らの正当性を主張し続ける根拠なのである。

---

*33 <u>ヒエロニムス</u>（420年頃没）　古代西方教会の教父で著名な聖書学者。正統的信仰と修道・禁欲のために戦い、教会博士、大学の守護聖人とも呼ばれるようになった。最大の学問的業績は、ラテン語訳聖書ウルガータで、これがカトリック教会の正典とされた。

*34 <u>聖伝</u>　教会に新約聖書の成立以前から伝承された種々の伝統のこと。信仰の規範としての聖書正典の成立よりも古いもので、聖書と並ぶ権威、あるいは聖書に優先する権威さえ持つとされた。

B　聖書解釈の基準の確定

　次に重要なことは、聖書解釈において、ローマ・カトリック教会が行う解釈だけが唯一絶対の基準であると宣言したことである。実際には教皇が下す解釈のことである。それゆえ、これに関連して「教皇の無謬性*35」（infallibilitas）なる議案が提出されたことは重大である。それが、この会議では議決されなかったとはいえ、ほとんど承認されそうになったということは、以後の歴史にとって重大な影響を与えた。

C　教義の再確認

　原罪、成義、秘跡などについて、反プロテスタントの立場から再確認がなされた。つまり、原罪とはコンクピスケンティア（欲情）であること、justificatio は義認ではなく成義であること、それゆえ救済は信仰にのみではなく善行（行為）にもよること、秘跡（サクラメント）は旧来の7つであること、などが再確認された。

（3）イエズス会の設立

　対抗改革の中心的推進力となったのは、イグナティウス・デ・ロヨラ（1491〜1556年）によって創立されたイエズス会*36であった。この会の標語は「より大いなる神の栄光のために」（Ad majorem Dei gloriam）であり、軍隊式の絶対服従の原理に基づき、教皇のために文字通り命をも投げ出すことを誓う戦闘的な修道会である。

　これまでの修道会とは違い、ロヨラの創作になる「心霊修行」（exertia spiritualia）という神秘的幻視による修行を中心に結束して、聖礼典の促進、巡礼の実行、異端者の撲滅、異教徒への伝道、教育の普及を目的として、対抗改革の中心的遂行団体となった。この会は、1540年に教皇庁より正規に認可され、告解霊父、教師、宣教

---

*35　**教皇の無謬性**　ローマ教皇が、教皇の座から(ex kathedra)語った宗教と道徳に関する言葉には、過ちがないという説。

*36　**イエズス会**　Societas Jesu. S. J.と略される。

師などとして活躍した。

　最初のメンバーのなかには、日本への最初の伝道者となったフランシスコ・ザビエル[*37]もいた。だが、彼らのときとして過度の熱心さや強引さのゆえに、カトリック教会内部にも強い反対が起こり、1773年には教皇クレメンス1世によって解散させられた。しかし、1814年には復興され、現在にまで至っている。

三十年戦争

　ドイツ帝国内での新旧両派の対立は、単に宗教的な性格のものではなく、きわめて政治的色彩の強いものとなっていった。これは、ドイツ内部の問題だけでもなかった。新教同盟と旧教同盟という政治勢力が対立していたが、それぞれの背後には、イギリス、オランダ、フランスと、オーストリアおよびスペインのハプスブルグ家の対立があって、そのうえデンマークやスウェーデンの介入もあり、悲惨な戦闘がドイツ国内で長年にわたって続けられた[*38]。

　この戦争の結果、ドイツの人口は半分近くに減ってしまったといわれる被害を受けた。ついに1648年に「ウェストファリア条約」が結ばれ、カトリック教会、ルター派、カルヴァン派の同権が認められたが、同時に諸侯の「領主の宗教が領民の宗教」という原理も承認された。

魔女狩り

　魔女狩り[*39]はけっしてローマ・カトリック教会だけが行ったことではない。プロテスタントも同様な過ちを犯したのである。

---

*37　**フランシスコ・ザビエル**(1506〜52年)　対抗改革の雄とも呼ばれる。1549年に鹿児島に到来。彼の布教は、最大級のものとされる。

*38　拙著『〈宗教経験〉のトポロジー』の「キリスト教的思考への告発」(68頁以下)を参照。

*39　**魔女狩り**　上山安敏『魔女とキリスト教』(講談社学術文庫)、カレン・アームストロング『キリスト教とセックス戦争——西洋における女性観念の構造』(拙訳、柏書房)の「魔女」の項、マーガレット・マレー『魔女の神』(西村稔訳、人文書院)などを参照。

（1）魔女狩りの要因

魔女狩りの二つの大きな要因は、女性に対する恐怖と敵意および悪魔・悪霊の信仰である。

中世のカトリック教会は、悪魔・悪霊などが雨・嵐・霰（あられ）などを起こすことができ、人間と性交することができると信じていた。悪魔は「女性の上に乗る夢魔」（インクブス）にも、「男性の下に横になる夢魔」（スクンブス）にもなり、化け物を生ませるとされていた。プロテスタントも大差はなく、ルターは河や湖水で水浴すると悪魔に溺死（できし）させられると警告していた。魔女は、女性を不妊（ふにん）にし、流産を起こし、凶作に導き、家畜を殺し、ペストなどの疫病を流行させると信じられていた。

（2）教会による指令

最初の魔女狩りは、教皇グレゴリウス9世（1227～41年）によって

グレゴリウス9世

トリールで行われた。教皇庁は、1326年以来何回も回勅（かいちょく）や公的文書を出して魔女狩りを促したが、教皇イノケンティウス[*40]は悪名高い『魔女回勅』（1484年）を出した。さらに1487年には、H・インスティトーリス／J・シュプレンガーの『魔女の鉄鎚（マレウス・マレフィカーレ）』が出版され、猛威を振るったのだが、これは1669年まで29版を重ねた。その後の多くの教皇たちもそれぞれの回勅などのなかで、魔女の殺害を要求した。

第5章　宗教改革とその余波

[*40]　ローマ教皇イノケンティウス8世（1432～92年）。異端とされた本を焼くなど魔女狩りを推し進めた（編集部注）。

ルターも、この点についてはまったく同じで、繰り返し魔女狩りを呼びかけていた。カルヴァンも、魔女を根絶させるための大量処刑「種　族　殲　滅」_{エクステイルベル・テレ・ラーケ}を支持し、野蛮なジュネーヴ法廷をさえ寛大すぎると言ったのだ。

　魔女狩りは北アメリカにも蔓延し、「セイレムの魔女裁判[*41]」は有名になった。ヨーロッパで魔女が最後に火刑に処せられたのは1782年、溺死させられたのは1836年であった。

---

*41　セイレムの魔女裁判
　日本ではよく「サレム」といわれるが英語の発音通りにすべきであろう。1692年の5月から10月まで、アメリカ・マサチューセッツ州の小村セイレムで起きた集団ヒステリー的な魔女妄想の爆発で、西欧の妄想がアメリカ大陸にまで伝えられ、その最後の暴発となったものとして有名な事件。特設の裁判が行われ、150人もの女性が裁判を受けることになり、州知事の妻までがその対象となった。

第6章

近代のキリスト教

プロテスタント正統主義の時代

プロテスタント正統主義の発生と内容

　プロテスタントの三原則（恵み・信仰・聖書によってのみ）についてはすでに述べたが、ルターの死後、これらの原理への固着が強められた。これらの原理の前二者は、結局聖書に由来するものであるので、次第に「聖書によってのみ」の原理が中心的なものとみなされ、「聖書原理」「聖書主義」（Biblicism）として硬直化していった。ルター自身は、宗教改革の運動に自分の名前を冠することを拒否していたが、皮肉なことに彼の死後ルター派なる呼称が生まれてしまい、ルター派的教義の固定化が始まってしまった。

　こうして「プロテスタント正統主義」あるいは「プロテスタント・スコラ主義」と呼ばれる現象が生まれてきた。ルター派の場合には、その諸信条・諸教義を固定化していったので、信条主義（creedalism）とも、教条主義（dogmatism）とも呼ばれる。

　しかしこういう方向は、ルター派だけではなく、カルヴァン派においても起こった。彼の「聖書の霊感主義」的傾向については既述したが、これが形式的に硬化されたとき聖書逐語霊感説*1（verbal inspiration theory）となっていったのである。

　この傾向に拍車をかけたのは、ドイツの君主たちの専制政治の強化であった。彼らは絶対主義的な姿勢を持ち、教会の諸問題をも自らの統御のもとに置こうとしたのである。

---

*1　**聖書逐語霊感説**　聖書全体が神の霊感によって書かれたものだという主張は昔からあったが、逐語的にいかなる意味においても誤りがないという主張は、この時代になって生まれてきたものである。こうした硬直した理解は現代でも保守的なプロテスタント系の教会においては、なお強固に保持されている。

敬虔主義

こうした正統主義のもとでは、感動や喜びや生き生きとした信仰が窒息してしまう。その反動として、内面的敬虔を重んじ、聖霊の自由な働きと清い生活を渇望するという運動が起こった。敬虔主義（pietism）である。シュペナー（1705年没）と、フランケ（1727年没）が代表的である。その頂点は、ツィンツェンドルフ（1760年没）による「ヘルンフート兄弟団」の結成である。その影響は、哲学者カントや、神学者シュライエアマッハーなどにも及んでいる[*2]。

この運動は、すべての外的権威を退け、内面的確信を権威の源とする思想を育み、宗教を常に「公的な」（public）問題ととらえてきたこれまでの思考を覆す方向を生んだ。つまり「領主の宗教が領民の宗教」という原理を覆し、宗教を「私的な」事柄と考える近代的な思想の土台となっていったのである。

ツィンツェンドルフの肖像
（バルタザール・デンナー作、1731年）

聖書主義の逆説的役割

既述したように、プロテスタントは「聖書によってのみ」という姿勢を強め、聖書を熱心に読むという方向を強めたが、皮肉にも、この努力が聖書への批判的研究を促進することになった。

[*2]　このような流れは、ロマン主義運動の興りともつながっている。

つまり、聖書を厳密に読むようになると、聖書にも重複や歴史的誤りや、科学的知識と折り合わない部分があることに気づくようになったのである。そこからのちに歴史的・批判的研究と呼ばれる学問が次第に発展させられていった。これは、プロテスタントの運動が生み出した歴史的に実に偉大な貢献であったと思う。

相対主義の台頭

ルネサンスは、ギリシア・ローマ文化の再生をもたらし、異教的知識の深さや貴さを気づかせた。また宗教改革は、ローマ・カトリック教会の排他的権威を揺るがした。さらに悲惨な宗教戦争は、宗教的対立のおろかさと空しさを痛感させた。また両派の論争や抗争は、唯一絶対な宗教的権威という考えそのものへの批判や嫌悪感を生み出し、相対的な見方を強めさせた。こうしてヨーロッパ社会は、徐々に中世から脱出しつつあった。

自立した思想の始まり

自然科学の誕生

ルネサンスの最大の貢献は、新しい世界像の発見であろう。レオナルド・ダ・ヴィンチ、コペルニクス、ジオルダーノ・ブルーノ、ティコ・ブラーエ、ケプラー、ガリレイなどが活躍した。

これまで支配的であったアリストテレス・プトレマイオス的宇宙像（天動説）が崩壊し、地動説が確立された。これはまさに「コペルニクス的転回」だったのであり、世界観の転換であった。従来の演繹法*3に対して、観察・実験に基づく帰納法的思考が重視され、

*3　**演繹法と帰納法**　演繹法（deductive method）とは、一般的なものから個別的なものを引き出す論理であり、帰納法（inductive method）とは、個別的なものから、一般的な原理を推論す

数学・物理学・化学的な思考が大きな比重を持つようになった。その際、こうした知識の潮流に大きな貢献をしたのが、アラビア文化であることを忘れてはならない*4。

哲学の自立

中世では哲学は「神学のはしため」とされていたが、この時代になると哲学の自立が始まった。ルネ・デカルト、スピノザ、ライプニッツなどの貢献が大きい。彼らは、新しい世界像を基礎に、天文学・力学を発展させ、人間の理性に基づく思考によって自然・宇宙についての数学的な構造を持つ緻密な体系を構築し始めた。こうした方向は、キリスト教の啓示に基づく権威から自由で自立的な思考として歩み始めたのである。

キリスト教唯一絶対主義の崩壊

この時代以前と以後を画する根本的な違いは、キリスト教が唯一絶対の真理であるという見方が崩れたことである。宗教改革でさえ、キリスト教が唯一の真理であることを疑ってはいなかった。

だが今やそれから自立した思考が確立し始めたのである。地動説、自立的な形而上学、汎神論などが公然と唱えられ始めた。トーマス・ホッブスなどは、感覚主義を徹底させ、一種の無神論をすら提唱し始めた。伝統的なキリスト教の信仰が、本質的には迷信的だとさえ批判され始めたのである。

る論理である。

*4　この点については、ジクリト・フンケ『アラビア文化の遺産』（拙訳、みすず書房）を参照。なお本書100頁を参照。

啓蒙主義

理神論

　この新しい思考は、啓蒙主義を導く思想で、最も早く近代市民社会を形成しつつあったイギリスで芽生えた。その先駆者は、チャーベリーのハーバート*5で、啓示に基づく信仰に対して、理性を基礎にした「自然宗教」を提唱した。ジョン・ロックもこれに貢献したが、理神論*6を確立させたのは、ジョン・トーランド（1670～1722年）であり、その著『神秘的ならぬキリスト教』（1696年）の影響は画期的であった。マシューズ・ティンダル（1656～1733年）の『創造と共に古きキリスト教』（1730年）も有名である。

　彼らは、キリスト教の三位一体論や受肉や贖罪の教理は不合理であり、人格神やその世界支配という観念も理性に合致しないと論じ、神は世界を創造はしたが、創造以後は、宇宙はそれ自身の法則によって運動しているものだと主張し、近代的な宇宙像に先鞭をつけた。こういう運動は、中世の闇を照らす（enlighten）ものとして啓蒙主義（Enlightenment）と呼ばれた。

ドイツ啓蒙主義

　ドイツは後進的であったので、その啓蒙主義も穏健なものであった。ライプニッツは、調停的で、モナド論によって神学と自然科学を結びつけようとした。C・トマジウスは、拷問や魔女狩りを止めるように訴え、理性を尊重し、寛容の精神を培うことを説いた。フ

---

*5　イギリスの哲学者（1582～1648年）。イギリスの理神論の始祖とされる。主著『真理について（De veritate）』（1624）はイギリス国内に賛否両論を巻き起こした（編集部注）。

*6　**理神論**（deism）　神が最初に世界を創造したことは認めるが、神が歴史に介入し続けるという思想を否定するもので、ちょうど時計製作者が時計を作り、ネジを巻いて動くようにしたあとは、その自動的作用に任せるように、神は世界を創造したあと、世界が、それ自体に内在する力によって動くものとした論。

リードリヒ2世[7]は、啓蒙主義の君主と呼ばれ、彼に重んじられた
C・ヴォルフは、教会から独立した哲学の確立を目指した。

　ヘルマン・ザームエル・ライマールス[8]は、聖書の本文批判を展開し、奇跡や啓示を否定し、理神論的自然宗教を提唱した。彼の死後、レッシングが彼の『遺稿集』を出版し、大きな論争を起こした。レッシング自身も有名になった戯曲『賢者ナータン』によってユダヤ教、キリスト教、イスラームの間の寛容を説いた。また、ブッデウスやゼムラーは、歴史的・批判的研究の出発点を築き始め、逐語霊感説は、知識人の間で崩壊していった。

ドイツ・イデアリスムス

　啓蒙主義を踏まえ、それを乗り越えようとしたドイツ・イデアリスムス（ドイツ観念論）の運動は重要である。その代表的人物の思想を概観しよう。

（1）ゴットホルト・エフライム・レッシング[9]

　彼の『賢人ナータン』（1779年）と『人類の教育』

レッシングの肖像（1767-68年頃）

---

*7　**フリードリヒ2世**（1712〜86年）　プロシア王（在位1740〜86年）。フランス文化に心酔。諸宗派の間の寛容を推進した。

*8　**ライマールス**（1694〜1768年）　ドイツの哲学者で理神論者。自然宗教を唱え、神による天地創造の奇跡だけを認め、『神を尊ぶ理性人の弁証』を書いた。死後その断片を劇作家レッシングが公刊したことから、いわゆる「断片論争」が生じ有名になった。

*9　**レッシング**（1729〜81年）　ドイツの啓蒙思想を代表する思想家・劇作家・評論家。近代ドイツ国民演劇の創始者でもある。『賢人ナータン』（1779年）（篠田英雄訳、岩波文庫）および『人類の教育』（1780年）で有名。聖書批評学の先駆者でもある。『講座ドイツ観念論』（弘文堂）の第1巻『ドイツ観念論前史』中の拙論「レッシングの宗教思想」を参照。また拙著『神学の苦悶──キリスト教批判の根底』（伝統と現代社）のⅢ「正統思考の禍いとその止揚──『賢人ナータン』考」も参照。

（1780年）は有名である。彼は、啓蒙主義の不可避性を認めながら、その限界を指摘し、正統主義の克服と寛容を訴え続けた。また聖書を絶対視するのではなく、その精神的内容を把握すべきだと主張した。

　彼の「偶然的な歴史の真理は、必然的な理性と真理の証明にはなりえない」という言葉は有名である。人類史は、神による教育の歴史であり、キリスト教はその過程の一段階にすぎない、と説いた。

（2）インマヌエル・カント

　彼は批判哲学を樹立したことで重要だ。まず『純粋理性批判』（1781年）で、「コペルニクス的転回」と呼ばれる認識論を提示した。人間の認識は、人間の精神の構造によって生起するのであり、「物自体」（Ding an sich）は認識不可能であり、純粋理性によって神の存在を証明することはできないことを論証し、スコラ学的根底を覆した。

　だが『実践理性批判』（1788年）で、「最高善」としての神は、自由と霊魂不滅の理念とともに要請されるものであると論じ、『単なる理性の限界内における宗教』（1793年）においては、道徳的生き方を厳格に神的義務として受けとる理念の重要さを説いた。

　彼の墓に刻まれた言葉、「よりしげく、より長く思えば思うほど、ますます増大する驚嘆と畏怖の念をもって心を満たすものが二つある。わが上なる星辰の輝きと、わが内なる道徳律とである」は有

カントの肖像（1768年）

名である^{*10}。

(3) J・G・フィヒテ

　彼は、新しい「自我」概念を「純粋自我」を軸に展開し、主観と客観の分裂を克服しようとした。また神を「純粋自我」を成立させる根底とした。この理解は、ドイツ・ローマン主義を生み出す基礎になった。

(4) フリードリヒ・シェリング

　フィヒテの考えを「主観的（倫理的）観念論」ととらえ、主観と客観の本来的同一性を主張し「同一哲学」を説いた。その理想は、「客観的（美的）観念論」と呼ばれる。

(5) G・W・F・ヘーゲル

　これらすべてを踏まえ、ヘーゲルは、理性が弁証法的に思惟するものであることを説き、その本源を絶対精神（神？）ととらえ、世

ベルリン大学で講義するヘーゲル

---

*10　牧野英二他編『カント――現代思想としての批判哲学』(情況出版) の拙論「カントの宗教哲学」を参照。

界史とは、その絶対精神の自己展開の過程であるとした。彼の「すべて現実的なものは理性的であり、真に理性的なものは現実的である」という表現は有名である。その特徴は「絶対的（論理的）観念論」と呼ばれる。

　彼は、実体化された啓示宗教を否定したが、彼の言う「霊」を神と、その「自己外化」を受肉と、精神の「自己還帰」を信仰と、その「自己同一性への還帰」を救済ととらえるならば、神学の哲学的表現とさえ見られうる[11]。他方、彼の市民社会の把握の深さは、マルクス主義への基礎をも与えた。幅広い奥行きのある哲学で、現代まで甚大なる影響を与えている。

ローマ・カトリック教会の衰退と再復興

その反動的政策

　カトリック教会は、トリエント公会議以来、対抗改革を激しく遂行し、フランスではユグノーを絶滅させようとしたし、ドイツでも20万人以上のプロテスタントの土地を没収したりした。

　自然科学の勃興にも抵抗し、コペルニクスの書物を禁書にし、ジオルダーノ・ブルーノを焚殺し、ガリレイを宗教裁判にかけた。またイエズス会は戦闘的行動を続け、魔女狩り、異端狩り、ユダヤ教徒狩りなどの反動的運動を行っていた。

ヤンセン主義への弾圧

　コルネリウス・ヤンセン[12]は、新しいアウグスティヌス主義を

---

*11　ヘーゲルの初期の名著、『キリスト教の精神とその運命』（木村毅訳、現代思潮社）を参照。
*12　**ヤンセン**（1585〜1638年）　オランダのカトリック神学者だが、アウグスティヌスの研究を通じて対抗改革的なカトリック神学を批判し大著『アウグスティヌス』（1640年）を書いた。彼は「勝利

復活させ、ポール・ロワイヤルの修道院*13と結びついて大きな影響を与えていた。この派に属した人物で最も有名なのは、ブレーズ・パスカル*14である。彼は、イエズス会に激しく反論した。だが、イエズス会は、ルイ14世の庇護（ひご）を受けて、ポール・ロワイヤルを破壊し、ヤンセン主義を撲滅（ぼくめつ）した。

イエズス会の解散

イエズス会があまりにも俗化し権力的になったので、各地に強い反対運動が起こり、教皇クレメンス14世は、1773年にイエズス会を解散させた。これは、カトリック教会の衰退をもたらした。

フランス大革命

だが、最大の打撃は、フランス大革命（1789年）であった。それまで特権的地位に甘んじていた聖職者は、それを失い、教会の財産は没収され、修道院は閉鎖されるに至った。革命の最盛期には、国家によるキリスト教の廃止までが日程にのぼったほどであった。

共和国の宗教は「理性の宗教」とされ、ノートルダム寺院すら、理性の女神をまつるものに変えられてしまった。教皇庁は圧迫され、教皇領はフランスによって奪われ、教皇自身も幽閉（ゆうへい）された。

ドイツでの衰退

ドイツでは、「レーゲンスブルグ帝国会議」（1803年）で、諸侯が

する恵み」の絶対性を主張し、それのみが信仰と善行の源泉だと唱えた。そのとらえ方がカルヴァン的だとされ、イエズス会から攻撃され、死後に教皇ウルバヌス8世によって異端宣告を受けた。彼の思想は、ヤンセン主義と呼ばれ大きな論争を引き起こした。

*13　**ポール・ロワイヤル修道院**　ヤンセンの親友デュヴェルジェおよびその後継者アルノーに指導されパリ近郊に建てられたシトー会の女子修道院で、ヤンセン主義の拠点となり、フランスにおける教育の推進に大きく貢献した。しかしイエズス会や教皇庁から弾圧を受け、1709年以後破壊されてしまった。

*14　**パスカル**（1623〜62年）　フランスの数学者、物理学者でキリスト教思想家。パスカルの原理の発見者（1648年）。神秘的体験を通してキリスト教をとらえる。異端とされたヤンセン主義を弁明し、イエズス会を攻撃した『田舎人への手紙』を書き有名になる。キリスト教弁明のための断片『パンセ』（瞑想録）は特に有名である。

教会を統治する制度が廃止され、「ウィーン会議」（1814〜15年）以後は、諸領邦が信条によって統一されるという体制が廃止され、あらゆる信条が市民権を与えられ、政治的にも平等とされた。こうして「領主の宗教が領民の宗教」という古い原理が崩壊し、カトリック教会の地歩は大幅に削られた。

ナポレオンとカトリック教会

ナポレオンは、統治のために宗教を利用しようとして、教皇ピウス7世と「政教条約」を結び（1801年）、カトリック教会を「大多数のフランス市民の宗教」として認めるという政策をとった。だがそれは教会を多くの制約の下に置くというもの（ガリア主義）で、プロテスタントも同等の権利を持つものとした。

要するに彼は、教会を国家に依存するものにしたかったのだ。彼の遠征は、ドイツの神聖ローマ帝国を崩壊させ、カトリック教会の世俗的権力を崩壊させたが、同時に国家の干渉からも自由にし、内発的改革を可能にした。

「ウルトラモンタニズム」

ナポレオンの死後（1815年）、大きな反動の波が起こり、オーストリアのメッテルニッヒを中心に神聖同盟が結成され、自由主義の風潮が抑圧され始め、ローマン主義が勃興し、理性に対して感情や幻想が重視され、中世への憧憬が復活し、カトリック教会が勢力を盛り返した。

この流れから生じたのが、「教皇絶対主義」であった。この語は「山の向う側」（ローマ）にこそ革命に対する確固たる砦があるという反動主義で、時代の不安感から、権威と服従によって危機を回避するという性質のものであった。

第一ヴァチカン公会議

1840年の革命の挫折以降、こうした反動はさらに深まり、巡礼

第一ヴァチカン公会議

や聖遺物崇拝の風潮が広まり、教皇ピオ9世（在位1792〜1878年）の時代に頂点に達し、イエズス会の主張に従って、聖母マリアの無原罪懐妊[*15]が正式教義とされた（1854年）。これには、「ルルドの奇跡[*16]」が大いに宣伝材料として利用された。

彼はさらに「謬説表」（Syllabus erorum）を発布し（1864年）、近代的な50の誤謬を断罪した。それには、自然主義、共産主義・無神論、プロテスタント教会、批判的聖書学、良心の自由などが含まれてい

---

*15　**無原罪懐妊**　イエスの母マリアは、救い主、神の子を産んだのであるから、すべての人間に宿る原罪から免れているという教理。こういう教義が、19世紀の半ばに制定されたことの意味を考える必要がある。

*16　**ルルドの奇跡**　南フランスの町ルルドに、1858年、少女ベルナデット・スビルに聖母マリアが現れたといわれ、奇跡的に病人が癒されるというので有名な巡礼地になり、以来毎年数十万人の人々が訪れている。カトリック社会によく見られる共同幻想に発した俗信であろう。世界のいろいろな宗教に見られるものと同根である。
精神史的考察としては、関一敏『聖母の出現』（日本エディタースクール出版部）がある。マリア崇拝についての批判的解説としては、カレン・アームストロング『キリスト教とセックス戦争──西洋における女性観念の構造』（拙訳、柏書房）の「なぜ処女なのか？」の項を参照。また古代以来の女神信仰との関連については、イアン・ベッグ『黒い聖母崇拝の博物誌』（林睦子訳、三交社）を参照。

た。こうして、1870年、第一ヴァチカン公会議を開催し、理性は
啓示に服従すべきだと決定された。そして教皇無謬説（infallibilitas）
が採択された。これは、ビスマルク＊17の率いるドイツ帝国との「文
化闘争＊18」を惹起した。

イギリス、アメリカなどの教会

イギリスの教会

　大陸では啓蒙主義に反対して、ローマン主義や反動勢力が台頭し
たが、イギリスでも同様の傾向が現れてきた。

（1）メソジスト運動
　ジョン・ウェスレー（1791年没）は、弟チャールズ（1788年没）ら
と、オックスフォード大学内に「神聖クラブ」を作り、敬虔な生活
の復活を訴え、全土を騎馬で巡回して「完全なる生活」を説いた。
彼らの几帳面な生活を見て、人々は彼らを「方法主義者」とあだ名
した。
　彼らは、イエスの血による贖罪、悔い改め、直接的体験、隣人愛、
聖書の権威を主張した。メソジスト教会の始まりである。他方彼ら
は、魔女を信じ、地動説を否定する後進性をも示していた。

＊17　**ビスマルク**（1815～98年）　ドイツ（プロシア）の政治家。プロシア国王ヴィルヘルム1世のもと
　　　でドイツ統一のために努力し、ついにドイツ帝国を建設し、その初代宰相となり強力な国家主義
　　　を推進した。社会主義にもカトリック教会にも対立し、教会をも国家の統治のもとに置こうとし、カ
　　　トリック教会と「文化闘争」なるものを展開した。
＊18　**文化闘争**　ビスマルクが、ドイツ帝国議会からカトリック教会の政治勢力を排除しようとして展開
　　　した争い。教皇ピウス9世はビスマルクの方向を否定し、10年ほど争いが続いたが、国家は結局
　　　妥協せざるをえなくなった。

(2) 高教会主義

　コールリッジ（1834年没）は、理性と感情、知識と信仰、理論と実践の調和を説き、聖書を重んじ教会での生活を重視したが、それは教会を極度に重んじる「高教会（high church）主義」の根拠になった。

(3) 低教会主義

　他方、国教会への批判や反発も強まり、非国教派と協力する福音主義的な低教会（low church）の運動も盛んになり、「バプテスト派」や会衆派（Congregationalist）などの運動が起こってきた。彼らは、海外伝道を重視し、多くの海外伝道協会が設立され、1804年には英国聖書協会が発足し、伝道事業に弾みをつけた。

(4) オックスフォード運動

　1833年に、ニューマン、キーブル、フルードなどによるオックスフォード運動なるものが始められた。これは、宗教的・政治的自由主義に反対するもので、教会主義、使徒的伝承を重んじ、祭司、聖礼典の重要性を主張し、ニューマンは自らカトリック教会に改宗してしまった。この運動は、国教会独自の礼典観を形成させ、高教会主義、または「アングロ・カトリシズム」とも呼ばれるようになった。

(5) 広教会主義

　オックスフォード運動への反対は、自由主義的な広教会（broad church）主義で、トーマス・アーノルド（1842年没）が中心になった。彼らは、瑣末な議論や制度よりも社会生活を道徳的に高めることが必要だと主張した。

　このなかから、キリスト教社会主義運動を唱えたキングスリー（1875年没）が現れたし、実体的な贖罪論に対して、その中身はイエスが道徳的感化を与えたことだと説いたキャンベル（1872年没）

が、画期的な『贖罪の本質』を書いた（1856年）。

（6）反教会的思想の台頭

　イギリスでは、伝統的な教会に対して批判的ないろいろな思潮が現れた。J・S・ミルの功利主義、スペンサーの不可知論、ダーウィンの進化論などである。カーライル（1881年没）の倫理的理想主義や、マシュー・アーノルド（1882年没）のさらに純然たる倫理的理想主義は、キリスト教を批判する新しい市民的な倫理思想として、大きな影響を与え、キリスト教は打撃を受けるようになった。

アメリカの教会

　アメリカのキリスト教会は、イギリスなどからの移民から始まった。最初期には、ヴァージニアに国教会が（1607年）、ニューイングランドにはピューリタン的なピルグリム・ファーザーズが（1620年）上陸した。

　ニューヨークには、オランダ改革派が（1628年）、メリーランド

ピルグリム・ファーザーズの乗船（ロバート・ウォルター・ウィアー作、1857年）

にはローマ・カトリック教会が、ロード・アイランドにはバプテスト教会が（1636年）、ペンシルヴァニアにはクェーカー派が伝わった。18世紀前半には、ルター派などのドイツの諸教会が、中葉には、メソジスト派のホイットフィールドなどが渡米し、各地に伝道して信仰復活の火を起こした[19]。

(1) 信仰覚醒運動

こうして「信仰覚醒運動」なるものが始められたが、それを強く推進したのは、ジョナサン・エドワード（1703年没）であった。彼は、ホイットフィールドとともに各地を訪れ、神の怒り、最後の審判を説教し、感銘を与えた。彼は、厳格なカルヴァン主義をリヴァイヴァル運動に結びつけた。ネイティブ・アメリカンにも初めて伝道した。

(2) ユニテリアニズム

この運動は、ヨーロッパに根を持ったものであったが、アメリカにおいて独特の展開を見た。チャニング（1842年没）、エマーソン（1882年没）、パーカー（1860年没）などが代表的な人々である。彼らはイエスの血による贖罪や、彼の神性を否定し、それゆえ三位一体を否定した。そのためユニテリアン（「神はただ一つ」との意味）と呼ばれた。

彼らは人道主義者であり、社会悪を鋭く批判した。なかでもR・W・エマーソン（1803～82年）は有名で、神は自然や人間に内在すると説き、人間の尊厳と価値を強調し、道徳的な向上こそが宗教の本質だと主張した。これはカルヴァン主義とは相容れない思想であった。

---

[19] S・E・オールストローム『アメリカ神学思想史入門』（児玉佳與子訳、教文館）、H・リチャード・ニーバー『アメリカ型キリスト教の社会的起源』（柴田史子訳、ヨルダン社）を参照。

（3）根本主義

　他方、カルヴァン主義の影響のもとで、根本主義（fundamental-ism）と呼ばれる流れも強く、特にバプテスト派のなかからはディサイプル派[20]が現れ、逐語霊感説を奉じ、とりわけ南部で盛んになった。そこからさらにチャーチ・オブ・クライスト[21]なる教派も生じたが、このグループは、自分たちだけは「宗派」ではなく、純粋な「新約聖書のキリスト教徒」だと主張し、カトリック教会はもちろん、他のすべての宗派は救われないとまで主張した。

（4）社会的福音運動

　アメリカでは、当初より教会と国家を分離するという政教分離思想が発展したが、それを担ったのは自由主義的傾向を持った人々で、彼らは社会的問題に敏感で、福音は精神の問題だけではなく、社会的正義と公正の問題に取り組むべきだという社会的福音（Social Gospel）を提唱した。しかし、根本主義的教会は、社会問題には冷淡であった[22]。

（5）会衆派の活動

　会衆派（congregationals）は、元来イギリスにおこったが、新大陸に移り、特にニューイングランドで影響を与えた。彼らは、各個教会の独立を重んじ、教団や他の教会の支配を拒否した。教育に熱心で、ハーバード、イェール、アマースト、オーベリンなどの諸大学を設立した。また伝道にも熱心で「アメリカン・ボード」という伝道協会を設立した（1810年）。

　このように、アメリカの教会は多様な流れを擁し、右も左も活気

第6章　近代のキリスト教

---

*20　19世紀にアメリカに興った、聖書理解に対して厳密かつ保守的な態度をとるプロテスタント系の一派（編集部注）。

*21　**チャーチ・オブ・クライスト**　わたしは最初偶然にこの根本主義的教派に触れたが、大いに悩まされた。拙著『自伝的聖書論』（柏書房）を参照。

*22　キリスト教と社会主義の関係については、拙著『〈宗教経験〉のトポロジー』の「神の死の神学——宗教社会主義の新たな可能性」（253頁以下）を参照。

を呈していた。日本のキリスト教も、アメリカ教会の影響が最大であるといえよう*23。

イギリス、アメリカなどの教会

第 7 章

近代ドイツ・プロテスタント神学

ドイツの文化的プロテスタンティズム

フリードリヒ・シュライエアマッハー

　この流れの最大の思想家は、シュライエアマッハー（1768〜1834年）であった。彼は、スピノザの汎神論的哲学と、カントの批判哲学、および敬虔主義の精神から影響を受け、独自の感性と思索によって当時のすべての思潮を総合する思想を樹立した。

　彼の有名な『宗教論——宗教を軽蔑する人々のなかの教養ある人士への講演[*1]』（1799年）では、宗教の独自の領域は、教養や哲学的思惟でもなく、行為に関わる道徳の領域でもなく、「観想・感情・心情」の領域であると主張し、「宇宙への絶対依属の感情」（das schlechthinige Abhängigkeitsgefühl）こそ神学の中心問題だとした。この段階ではまだ、ローマン主義の影響下にあったが、20年後の『信仰論』（1821／22年）では、この基本的理解を深化させ、「19世紀の教父」と呼ばれるに至る深遠な思想を展開した。

　彼がこの著作を『信仰論』としたのは、教義の解説や弁明を中心にするのではなく、「キリスト教的信仰を持つ者の心情の内容と状態」を記述することを課題と感じていたからである。彼は、「神」という言葉を避け、

FRIEDRICH SCHLEIERMACHER.

シュライエアマッハーの肖像

*1　『宗教論』（佐野勝也・石井次郎訳、岩波文庫、および高橋英夫訳、筑摩書房）、『キリスト教信仰』（今井晋ほか訳『現代キリスト教思想叢書1』、白水社）。研究書としては最近の、ニクラス・ルーマン『宗教論』（土方昭・土方透訳、法政大学出版局）がある。

「宇宙」という言葉を用いているが、そこには汎神論的な響きが宿っている。彼は、信仰の本質は、人間が、この「宇宙」に直接的・絶対的に依属しているという「全人格的な心情」であると主張する。だがこの心情は、無媒介なものではなく、ナザレのイエスという歴史的人物の経験と敬虔に触発されるものであり、教会とは、この意識・心情の共同の確認とそれへの参与の場である。だから「救済」とは、ナザレのイエスの神意識に招き入れられることであると主張した。ここでは救済の形而上学的・実体的把握は乗り越えられている。

こういう思想は、批判的な哲学や歴史的・批判的研究に対しても、宗教の独自の領域を開拓することを可能にする一つの貴重な道であった。だが、正統主義などの陣営から、この考えは、すべてを心情に還元し、ついには主観のなかに逃避する「心理主義」に堕するという非難が加えられた。しかし、わたしは、こうした非難はシュライエアマッハーの思想の根に届くものではないと思う。

歴史的・批判的研究の進展

ヘーゲルの弁証法的思考は、神学の世界にも大きな影響を与え、F・C・バウル（1860年没）は、テュービンゲン学派を形成した。彼は、理念の弁証法的発展の概念を教会史にも当てはめ、聖書の諸書の成立問題をもその視点から解明しようとし、特にパウロの手紙の真偽・成立年代などについて画期的な研究を公にした。

最大の影響を与えたのは、D・F・シュトラウス（1874年没）の『イエスの生涯』（Das Leben Jesu）（1835年）であった。彼は、新約聖書の成立を超自然的なものと見ず、原初キリスト教の歴史をヘーゲル的な弁証法によって理解できると主張した。彼は、この著作のゆえに大学を追われたが、さらに『信仰のキリストと歴史のイエス』（1865年）や、『古い信仰と新しい信仰』（1872年）を著し、史的イエ

ス^{*2}についての歴史的・批判的研究を基礎づけた。

アルブレヒト・リッチュル

　リッチュル（1822〜89年）は最初テュービンゲン学派に属していたが、やがて独立して、『義認と和解に関するキリスト教の教理』（1870年以後）を著し、特徴ある神学を形成した。彼は、シュライエアマッハーがやはりある意味で「心理主義」に傾いているとし、神学から形而上学的思弁を排除し、カントの実践理性的接近を重視して、宗教の本質は理論的判断によるのではなく、価値判断によると主張した。

　彼は、「神の国」をカントの「目的の王国」概念を継承する形で展開し、イエスを信じるとは、彼への人格的信頼に基づき、地上に倫理的な「神の支配」を建設する業に励むことだと説いた。神と人間との関係も形而上学的なものではなく、倫理的・人格的なもので、

アルブレヒト・リッチュルの
肖像

神の愛と父性への人格的応答こそが神に義とされること、神と和解することであると解した。イエスという人間の人格的原型を介して、神への信頼と誠実さを回復されることが罪の赦しの内実だととらえた^{*3}。彼の思索は、リッチュル学派と呼ばれるほどに大きな影響を与えた。その流れからは、ヘルマン（1922年没）、カフタン（1926年没）、ハルナック（1930年没）などの著名な神学者が輩出した。

---

*2　**史的イエス**（historical Jesus）　キリストとして信仰されている姿ではなく、歴史のなかで生き死んでいったかぎりのイエスの姿。
*3　こういうとらえ方は、あらゆる時代のあらゆる人間の罪が、イエスの十字架上の血によって贖われるという伝統的・正統的な贖罪信仰を乗り越えるものであり、イエスの復活などの奇跡を字義通りの実体的出来事として信じるという正統主義をも乗り越えようとするものであった。近代人としては当然な方向であった。

アドルフ・ハルナック

　彼は、文化的プロテスタンティズム*⁴を代表する学者となったが、リッチュルの思想を継承し、イエスの福音の中核は「神の国」とその到来であるとし、その内容は、父なる神の愛と、人間の魂の無限の価値であり、正義と公正と誠実に基づく「神の国」を地上に建設することこそが、キリスト教の本質であると説いた。その思想は、有名な『キリスト教の本質』（山谷省吾訳、岩波文庫）に代表的な形で述べられている。

　彼はまた、そのような観点からキリスト教史を総括しようとして、『教理史教本』を著した（1885〜89年）。彼は、ベルリン大学の著名な教授として、神学のみならず、ドイツの学会に絶大な影響を与えた。

宗教史学派

　リッチュルの流れから、宗教史学派と呼ばれる学問的潮流が生じてきた。この学派は、一般宗教史の方法を駆使し、キリスト教をも広い宗教全体の流れのなかでとらえようとするものであり、諸文化の比較研究を基礎とし、言語学・神話学・民俗学などを援用しつつ、全体的把握を追求した。

　特に、古代オリエント、ヘレニズム、後期ユダヤ教などの研究が取り入れられた。新約聖書学のヴレーデ、ブーセット、ハイトミュラーなど、旧約聖書学のヴェルハウゼン、グンケル、そして後述のトレルチなどが著名である。この学派においては、キリスト教の特殊性はあまり重視されず、諸宗教との類似性が強く意識された。ヨ

151

ドイツの文化的プロテスタンティズム

*4　**文化的プロテスタンティズム**　近代におけるキリスト教への哲学や歴史学や自然科学からの批判を踏まえたうえで、西洋文化の思想的基礎としてのキリスト教の意味を弁明しようとした近代プロテスタントの神学の流れと、それに発する運動を指す。
　　　伝統的・正統的な解釈を突き抜けた思想運動で、多くの知識人に訴えた。現代のヨーロッパキリスト教は、この運動の意味を本当に継承しているとはいえないであろう。そのことのツケが、現代のキリスト教批判の尖鋭（せんえい）さと関連しているであろう。

一ロッパ史におけるまったく新しい出発であった。

エルンスト・トレルチ

　トレルチ（1865～1923年）は、神学のみならず歴史や哲学や社会学などの広い思索を展開し、近代の思想が提起する諸問題を広く深く吟味した。とりわけ信仰と知識、理性と啓示、教理と歴史というような困難な問題に取り組んだ。それは『キリスト教の絶対性と宗教史』（1902年）、『信仰にとってのイエスの歴史性の意味』（1911年）、『歴史主義とその克服』（1924年）などに表されている。

　彼は、歴史的・批判的研究の不可避性を強調し、「それに小指一本でも与えた者は、全身をそれに委（ゆだ）ね粉々になるまで関わらねばならない。それを恐れる者は、自分の小指を切り落として逃亡せねばなるまい」と言ったが、彼の真面目な姿勢をうかがわせる言葉である。

　彼は晩年に、キリスト教の「絶対性」という問題に取り組んだが、歴史学的立場からはそういうことは主張できない、もしそれを語ることができるとしても、ヨーロッパという特殊な文化圏での「相対的な絶対性」を語ることが許されるだけだ、と論じた。しかし、それではキリスト教も相対的な一つの宗教に堕してしまうという非難や懸念が彼に向けられた。だが彼は、近代が突きつけた課題をとことん徹底させようとした。

　彼は、このような近代の文化的プロテスタンティズムが直面した深刻な問題を抱えたまま、死を迎えた。「エルンスト」とは、ドイツ語で「真面目な」という意味であるが、近・現代の課題を真面目に考えるならば、彼の問題提起を避けることはできないのである[5]。

エルンスト・トレルチの肖像

[5]　大林浩『トレルチと現代神学』（日本基督教団出版局）、竹本秀彦『エルンスト・トレルチと歴史的世界』（行階社）、W・グロール『トレルチとバルト』（西谷幸介訳、教文館）参照。

最近代の思想状況

ヘーゲル左派

　ヘーゲルの死（1831年）のあと、その左派である「青年ヘーゲル派」なるグループが現れ、急進的思想を展開し、宗教を否定し唯物思想を主張し始めた。代表的人物は、前述したシュトラウスと、ルートヴィヒ・フォイエルバッハ（1872年没）であった。後者は、キリスト教の教理を哲学的に批判した『キリスト教の本質』（1841年）を著し、「真理はただ感性の直観の立場でのみとらえうる」という姿勢を標榜した。人間は「類としての本質」を持ち、それを投影して「神」を生み出すのであり、それゆえ神学は結局人間学にすぎない、と論じた。

　彼の思想は、若きマルクスやエンゲルスにも深い影響を与え、彼らの唯物論思想の基礎となった。つまり、だれも本物の思想に達するには、「火の川」（フォイエルバッハ）を潜り抜けなければならない、というのであった*6。

唯物思想

　こうした思潮を背景に、マックス・シュティルナー（1856年没）の極端な個人主義ないし絶対的エゴイズムの思想なども現れた。また通俗的ともいえる自然科学的唯物論が提唱されたが、その代表的な人物は、カール・フォークトやL・ビュヒナーであった。後者の『力と資料』は広く読まれた。

---

*6　フォイエルバッハからシュティルナーを経てマルクスが深めた宗教批判、とりわけキリスト教批判については、多くの資料があるが、最近の優れた著作のひとつは、津田雅夫『マルクスの宗教批判』（柏書房）であろう。

ニヒリズム

　ドイツ観念論を継承しつつ批判し、非合理主義的主意説を唱えた者は、ショーペンハウアー（1860年没）であったが、彼の『意志と象徴としての世界』（1819年）は広く読まれ、一般には「哲学的ニヒリズム」と解されて、ニーチェに引き継がれることになった。

　ニーチェ（1900年没）は、最も激しいキリスト教否定の思想を展開したが、「神は死んだ」という彼の宣言はあまりにも有名である。彼の思想は、19世紀を超え、20世紀の神学にも最大級の影響を与えた。

　ショーペンハウアーの思想を継承した別の思想家は、E・V・ハルトマン（1906年没）であるが、彼の著『無意識の哲学』（1882年）も、きわめて広く読まれ、深いペシミズムを根づかせた。そこでは、イエスは教理的には無意味であり、歴史的にもほとんど意義のない存在であったと論じられた。この流れのなかから、A・ドレウスの『キリスト神話*7』（1909～11年）が出版されたが、そこではイエスは実在したのではなく、当時の諸神話から創作されたものにすぎないと主張された。

実証主義

　その他、有力な思想としては、実証主義（positivism）がその地歩を固めつつあった。その出発点を成したのはD・ヒューム（1776年没）であるが、代表者はフランスのオーギュスト・コント（1857年没）であった。彼は、神学はもちろん哲学ももう過去のものであり、科学に基づく実証主義のみが将来の道であると主張した。

進化論など

　チャールズ・ダーウィン（1882年没）の説いた進化論は、あまり

---

*7　日本でも、社会主義者の幸徳秋水がこれに影響されて『基督抹殺論』を書いた（明治43年／1910年。岩波文庫版は1954年）。

にも有名であり、彼の説はまったく新しい世界観・歴史観をもたらした。彼の『種の起源』（1859年）ほど大きな影響を与えた書物も珍しい。『創世記』の天地創造説は、大いに揺るがせられた。

　自然科学者のエルンスト・ヘッケル（1919年没）の『世界の謎』（1899年）は、断然反キリスト教的な内容のもので、きわめて広範囲の人々に影響を与えた。

　こうした思潮は、広く「世俗化」（secularization）とも表現できようが、キリスト教会は、こういう思潮に直面せざるをえなかった。この課題に立ち向かったのは圧倒的にプロテスタント側であり、カトリック教会はこの課題から身を引いてしまった。

20世紀につながる思想

セーレン・キルケゴール

　ヘーゲル右派から出た異色の思想家セーレン・キルケゴール（1813〜55年）は、19世紀の思想家というよりは、20世紀に入ってからの影響が大きい思想家で、「実存主義の祖」とも評されている。彼の思想の源流は、ルターまでさかのぼると見られる[*8]。彼は、通俗的なキリスト教国という概念を根底的に批判し、真にキリスト教徒であるとはどういう生き方であるかを深く追求し、キリスト教信仰の逆説性、実存性を抉（えぐ）り出し、「単独者」として根源的な「不安」を内から突き破る本来的な宗教的生き方を探り続けた。彼の多くの著作は、『あれかこれか』（1843年）をはじめ、『不安の概念』（1844年）、『死に至る病』（1849年）、『キリスト教の習練』（1850年）などみな重要であるが、ここでは独特な接近をした『人生航路の諸

---

*8　J・ペリカン『ルターからキェルケゴールまで』（拙訳、聖文舎）参照。キルケゴールの全体像については、工藤綏夫『キルケゴール』（清水書院）を参照。

キルケゴールの肖像
（1840年頃のスケッチより）

段階』（1845年）を中心に見てみたい。

「諸段階」とは Stadien で、むしろステージであり、段階という順序的な概念ではなく、それぞれの生き方の場面というほどの意味である。第一の「美的ステージ」では、人は快楽を中心的価値として歓喜や美的陶酔に生きるが、いつか「飽き」「倦怠」というイロニー（皮肉、躓き）に突き当たる。そういう実存的躓きに直面した単独者は、生きるためにはそこから「跳躍」して脱出するほかない。

そうしてはからずも自らを見出す第二の段階は、「倫理的ステージ」と呼ばれる。

ここでの中心的価値は義務であるが、これはカント的な倫理的厳格主義を想起させる。この義務を遂行できると思われるかぎりは、満足感と自信に満ちた清々しい生き方が可能であろうが、ここでは義務の遂行が不可能であるというイロニーが生じ、そういう実存的自己認識に目覚めると安住していられなくなり、再度「跳躍」せざるをえない。その結果、自己を見出すのが「宗教的ステージA」である。ここでは「永遠・不動なるもの」という価値を信じて至福を味わいうるが、いったん不信というイロニーに目覚めると、そこでは生きられなくなる。

これはまさに「死に至る病」の状況であり、絶望しか残らない。こういう単独者の絶望的状況に躓きとして出会うのが「宗教的ステージB」であるが、これは人間の探求の対象ではなく、出会いとしての出来事であり、「神の言葉の受肉」という逆説的な恩寵の福音との絶体絶命的・実存的な瞬間における決断として立ち現れる逆説

的な出来事であり、けっして日常化されえない状況である。それは深い修練において与えられ反復される生きざまであり、キリスト教徒であり続けるとか、キリスト教国として制度的に確定されうるようなものではない*9。

　こうして彼は、体制的キリスト教に激しく抗（あらが）いつつ夭折（ようせつ）した。この悲劇的ともいえる思想は、特に第一次世界大戦以来、大きな影響を与えることになった。

フョードル・ドストエフスキー

　文芸の世界で特筆すべきは、ドストエフスキー（1821〜81年）である。彼は、近代的人間を「人神」と把握し、その「破滅性」を鋭く描き出した。彼は一貫して近代の合理主義に深い疑問を提起し、その皮相な楽観主義を批判した。彼が言う「人神」とは、近代において次第に自己絶対化の度合いを強めてきた自我理解を批判したもので、人間が神の如くに思い上がったさまを表現したものであった。こうした道は、ついには虚無におちいり破滅に至るものであり、いかにヒューマニズムなどと言っても、それには真の根がなく破滅に至るほかないのだ、と主張した。その「人神」の典型は、『カラマーゾフの兄弟』のイワンや、『悪霊』のキリーロフや、『罪と罰』のラスコーリニコフなどによって人格化されている。

　そういう「人神」に対して、ドストエフスキーが対置する象徴的表現は「神人」であるが、それは神から人へと向かう真実の愛の具現であり、イエス・キリストにおいて示される啓示にほかならない、と映る。この「神人」は、『罪と罰』のソーニャ、『カラマーゾフの

---

*9　この「宗教的ステージB」が「宗教的ステージA」に対して持つ断絶の相を把握することが大切である。いわゆる制度化された宗教としてのキリスト教は、人間が生み出した宗教であるにすぎず、ほかのもろもろの宗教と並ぶもので、すべて「宗教的ステージA」に属するものである。
　だが「宗教的ステージB」は、それとはまったく内実の違う事柄であり、人間が希求したり探究したりして獲得できるものではない次元との出会いとでもいうべきものである。ここには、後述のカール・バルトの「宗教としてのキリスト教」とはまったく異質の根源的「福音」という把握に呼応するものが直観的に認識されているといえよう。

ドストエフスキーの肖像
（K・シャピロ作、1879年）

兄弟』の長老ゾシマ、そして
アリョーシャ、そして『白痴』
のムイシキン侯爵などによっ
て人格化されている。

　このような思想は、最晩年
に公にされた『プーシキン
論』（1880年）において、最
も鮮明に描き出されている。
ドストエフスキーは、ある意
味では偉大な預言者であった
ともいえる人物で、20世紀
の思想にはかりしれない影響
を与えた＊10。

ジークムント・フロイト

　オーストリアのユダヤ系の精神分析学者フロイト（1856〜1939
年）は、『夢の解釈』（1900年）を著し、無意識の存在を前提にして
人間心理の新しい理解の道を開拓した。彼の仕事は、心理学のみな
らず、宗教、芸術、政治など、文化のあらゆる領域にもかぎりない
影響を与えるものであった。

　彼は特に人間心理の根源的動因としてのリビドー（性欲を中心と
する生命衝動）の作用を重視したので、汎性欲説とも呼ばれ、性欲
が自我と超自我および現実によって「検閲」を受け、抑圧されて無
意識の領域に沈殿し、心理的葛藤となり、それが自我と軋轢を起こ
し、それによって心理的異常が惹起されると説いた。これは主知主
義への挑戦であり、キリスト教的、とりわけ彼が生きていたヴィク

＊10　拙論「ドストエフスキーの宗教性──イワン・カラマーゾフをめぐって」（『ピエロタ』、1972年12月
　　　号、母岩社）を参照。最近のユニークなものとしては、江川卓『謎とき「カラマーゾフの兄弟」』
　　　（新潮選書）を参照。滝沢克己『ドストエフスキーと現代』（三一書房）参照。

トリア朝期*11の倫理的偽善の暴露、権威主義への攻撃となり、認識論的には懐疑主義を助長した。彼にとっては宗教は基本的には幻想であり、キリスト教会は彼を危険視した。彼のモーセ解釈は独特であり、ユダヤ教にもキリスト教にも受け入れ難いものであった。いずれにせよ彼の問題提起は重要であり、無視できない。

マルクス主義

マルクスの宗教論は、ヘーゲル左派の思想を形象発展させたものであるが、彼の若き日の著作『ヘーゲル法哲学批判序説』に集約的に表現されている。それによれば、宗教はそれ自身のうちに根拠があるものではなく、疎外された人間精神が「あだ花」として咲かせる幻想的なものであるが、それなりに人間の状況を反映している。それが人間の疎外された状況を反映しているものであるかぎり、それは「民衆のアヘン」であるが、その状況への反抗の面をも反映しているものである。それゆえ、「あだ花」としての宗教そのものをそれとして攻撃しても、それだけでは観念的批判に終わるのであり、それは政治の批判にまで深められ実践化されなければならない。

彼は、「ドイツにおいては、宗教批判は原理的に終わっている」と述べたが、彼の宗教批判の批判を含めて現在でも多面的に議論されている。彼の人間論は十分に深いものか、近代への批判が十分なものか、など多くの問題点が指摘されているが、崩壊したいわゆる「社会主義諸国家」はマルクスの本来の思想を正しく理解したものとは思えない。現代における社会主義の崩壊のあとでも、彼の宗教批判はなお真剣に考察されなければならない深みを持っている*12。

---

*11　ヴィクトリア朝期の問題については、カレン・アームストロング『キリスト教とセックス戦争——西洋における女性観念の構造』(柏書房)のⅧ「プロテスタントの解決——妻と母」の項を参照。

*12　拙著『宗教幻論——［現代］への批判的接近』(社会評論社)の「人はなぜ宗教を求めるのか」、拙著『テキストとしての聖書』(社会評論社)の2「マルクス主義とキリスト教」、拙著『神学の苦悶』(伝統と現代社)のⅢの「マルクス主義とキリスト教の将来」を参照。また拙著『〈宗教経験〉のトポロジー』の「マルクス主義」の凋落と宗教(218頁以下)も参照。

第8章

現代のキリスト教

弁証法神学

第一次世界大戦とキリスト教

　第一次世界大戦は、西欧米の世界に未曽有の衝撃を与え、近代が築いてきた理性や倫理意識に基づく文化的人間という理想が崩れるように思えた。そうした激動の経験のなかから、危機神学と称せられる運動が生まれてきて、のちには弁証法神学と呼ばれるようになった。この神学運動に加わったのは、すべてプロテスタントのカール・バルト、F・ゴーガルテン、E・ブルンナー、R・ブルトマンなどであった。その代表的人物であったカール・バルトの思想を見てみよう。

カール・バルト

　バルト（1886〜1968年）は、世紀末的状況のなかで、また第一次世界大戦後の混乱のなかで、シュライエアマッハーからハルナックに至る文化的プロテスタンティズムが根本的に崩壊してしまったと受けとり、人間の経験や歴史からキリスト教を考えるという道の行き詰まりを痛感させられた。その重大な契機となったのは、1914年に、ドイツの著名な神学者たちまでがこぞってドイツの戦争政策に熱狂的な支持を与えるという「知識人の宣言」を発表したことであった。

　スイスの田舎牧師であった彼は、キルケゴール的に言えば、「宗教的段階A」を突き抜けて「宗教的段階B」においてのように、突如として「上から垂直に」彼に突き当たった神の言葉の衝撃を体験し、それに聴き従うほかないという「信仰」に圧倒された。それは、文化的プロテスタンティズムのように、人間の側から神に至るという道ではなく、ただ神の啓示に基づく神の言葉の出来事に聴き従うという喜ばしいゆだねの経験・決断であり、それを何か人間や自然

や歴史の内部から基礎づけることなど一切不可能だし不要である出来事だと悟らされたのである。

そのような認識から、彼は『ローマ書』という斬新な釈義を公にした（1919年、ただし1922年に全面改定した）。この著作は、これまでの文化的プロテスタンティズムの歩みを一挙に否定するようなものであったので、激烈な論争を引き起こした。

ハルナックらとの論争

前述したハルナックは、「もしバルトが提示するものが学問であるならば、自分たちが久しく従事してきたような努力はすべて崩壊する」という趣旨の驚きを表明し、バルト的な解釈を全面的に否定した[*1]。バルトは、ゴーガルテン、トゥールナイゼンなどとともに、雑誌『時の間』（Zwischen den Zeiten）を発刊し（1922年以来）、論陣を張った。

しかし、ゴーガルテンが、人間の実存の契機を彼の神学のなかに導入しようとしたことから意見が分かれ、この雑誌は廃刊になった。その後バルトは、『今日の神学的実存』双書などによって自分の見解を主張し続けた。さらに、理性と啓示の問題をめぐるE・ブルンナーとの論争で、ブルンナーが両者をつなぐ「結合点」という思想を発展させたのを、バルトはカトリック的思惟への逆行であると非難し、『否！』という論駁書を書いてブルンナーと決裂してしまった。

ドイツ教会闘争

バルトは、次第に台頭してくるヒトラーに対して早くからその危険性について警告を発していた。そしてついにヒトラーが政権を暴力的に奪取し、彼と第三帝国への忠誠を要求し始めたとき、バルトはそれを公に拒否し、そのためボン大学を追われた。

---

*1　バルトがもたらした衝撃はきわめて大きく、日本でもその真の理解はこれからだとさえいえよう。生誕100年記念論集『日本のキリスト教とバルト——生誕100年をむかえて』（新教出版社）を参照。私もそこに問題提起をしておいた。「まことのかかわりを求めて」。

ドイツの教会が次第にヒトラーに屈服し、ドイツキリスト者（「ドイツ的キリスト者」）などを提唱し始めたなかで、バルトはそれに抵抗する告白教会を領導し、ナチス原理に反対する『バルメン宣言*2』なるものを書いて公然と批判した。

　それに呼応して、ドイツの「告白教会」は、ドイツ教会闘争*3と呼ばれるようになった抵抗運動を展開し、その結果ほぼ7000人の牧師や信徒が逮捕されたり処刑されたりした。バルトは、スイスにあってこの闘争を支持し、ユダヤ人の救出に努力した。バルトの神学は、こういう実践と結びついていた。

『教会教義学』の執筆

　バルトは、1932年以降『教会教義学*4』（Kirchliche Dogmatik）という膨大な著作を書き始めたが、それは彼の死に至るまで続けられた。彼は、この著作において、近代プロテスタンティズムとは根本的に違う思考を展開し、一切の神学的思惟を「神の言葉」に基づくものとして貫徹させようとした。彼によれば、神の言葉は歴史のなかで事実として生起したのであり、教会はそれに聴き従い、聖霊の導きによって聖書を与えられ、それに基づいて宣教の業を行っている。神学とは、その教会の宣教の業の反省吟味の学にほかならない。

　神学が学として成立するか否かは、神の言葉以外のいかなる判断基準によるものではなく、「神の言葉」のみがその唯一の判断基準である。神の言葉は、人間のあらゆる思惟に先だって「与えられたもの」（Gabe）であり、同時に「課題」（Aufgabe）である、それゆえ

＊2　**バルメン宣言**　ナチス的なドイツキリスト者の運動に反対したドイツ福音主義教会が、ヴッパータールのバルメンにおける大会（1934年）で採択した「ドイツ福音主義教会の現状に対する神学的宣言」の略称。このことをきっかけにして、ナチスに抵抗する「告白教会」（Bekennende Kirche）が結成された。

＊3　**ドイツ教会闘争**　ヒトラー政権下でのドイツの福音主義教会の抵抗運動。クピッシュ『ドイツ教会闘争への道——近代ドイツ教会史1815-1945年』（雨宮栄一訳、新教出版社）、雨宮栄一『ドイツ教会闘争の展開』（日本キリスト教団出版局）、M・ガイガー『ドイツ教会闘争』（佐々木悟史・魚住昌良訳、日本キリスト教団出版局）を参照。

＊4　『カール・バルト著作集』（新教出版社）参照。

信仰こそが神学の前提であり、その信仰も神の恵みの結果にほかならない。

　この信仰に至る道は、ただ神の側から与えられるのであり、人間の側からそれを根拠づけることなど不可能である。信仰は、人間に内在するアプリオリな（先験的）能力などによって形成されるものではない。それゆえ信仰の確かさを人間的に確立することなどできないし、その必要もない。人間的に言えば、それは最高に不確かなことであるが、神の行為としてそれは最高に確かなものである。

　神が人間とともにあるということは、神の恵み深い決断による事実であり、聖書はその事実を証言するものであり、キリスト者とは、この告知に聴き従い、それを告知する使命をゆだねられているだけの者である。この啓示の事実が福音であり、それを聞く人間の業、それを理解する人間の業は不完全なものであり、そのかぎり宗教としてのキリスト教も、他のすべての宗教がそうであるように、罪深い人間の相対的な業にほかならない。……ほぼこういうのが、バルトの理解である。

　こうして見ると、バルトの神学が神の言葉の神学、キリスト中心主義の神学とか呼ばれる理由がわかるであろう。この神学は、ヨーロッパのみならず、アメリカにも伝えられ、そこでは新正統主義（neo-orthodoxy）と呼ばれるようになった。バルト自身はけっして正統派ではないが、神の言葉への固着という姿勢は、そのような解釈を許す傾向を持っている。日本でもバルトの神学は特に第二次世界大戦後に多くの同調者を獲得し、プロテスタント教会の規範的神学の観を呈した。

バルトへの疑問

　だが、バルトの神学は、近代が提起した問いに真に答えるものであろうか。「神は神によってのみ知られうる。神の言葉の真実性は、神の言葉そのものによってのみ与えられる。信仰には神による恵み以外のいかなる根拠もない」という断言は、近代が投げかけた問い

そのものを拒否する姿勢と響き、すべての人々を満足させるものではなかった。

たとえば、ディートリヒ・ボンヘッファー*5 は、バルト神学の豊かな諸洞察を高く評価しながらも、その神学の性格を「啓示実証主義」として批判した。つまり、バルトの叙述は、「事実は事実だ」というトートロジーに響くと批判し、それでは事柄の真の解決には資さないと言うのであった。

ボンヘッファーは、現代を「成人した時代」と名づけたが、それは現代人が宗教という後見人をもはや必要としないということであり、そのことを率直に認めることなしには、現代に直面することはできないという認識であった。残念ながらボンヘッファーは、ナチによって敗戦直前に処刑されてしまい、その洞察豊かな指摘をさらに展開することができなかったが、彼の問題提起は無視されてはならない。

バルトの多面性と曖昧性

だがバルトという人は、きわめて多面的でもある。彼の神の言葉という概念でも、きわめて複雑である。

まず単数で絶対的な用法で語られるときには、万物の根底としての神そのものの働きである「言葉（ロゴス）」が意味されている。それは、万物とりわけ人間と「共にある」（「神共にいます」（インマヌエル））という神自身の決定という意味での「原出来事」「原歴史（ウアゲシヒテ）」（Urgeschichte）である。それはまた「原事実（ウアファクト）」とも「福音そのもの」とも呼ばれる。その唯一の神の言葉を稀有な仕方で証（あかし）したイエスも固有の意味で神の言葉である。それゆえ、イエスは、上述の根源的神の言葉＝原事実を証言するものとしてイエス・キリストとも表現される。だからその「イエス・

---

*5 **ボンヘッファー**(1906〜45年)ドイツ告白教会の牧師でナチスに抵抗し、1943年に逮捕され、刑務所や強制収容所に入れられ、45年4月に処刑された。「成人した世界」という独特の視点からユニークな神学論を展開しようとした。その獄中書簡「抵抗と信従」(『ボンヘッファー選集5』、新教出版社)は有名である。

キリスト」は、史的イエスとは何の関わりもないものでもあるのであり、「教会の壁に閉じこめられるような」ものでもないのである。

　その「イエス・キリスト」を預言し証言するものとしての旧約聖書の預言者たちの言葉や、新約聖書の使徒たちの言葉は、複数の神の言葉と述べられる。さらに、それらの聖書の言葉に発して、代々の教会が宣教してきた言葉も、神がそれを「よしとされた」かぎりにおいて神の言葉（複数）でもある。

　しかし、それらの言葉は同時に人間の言葉として、かの原事実＝原言葉を証言するように許されている有限で不完全なものでしかない。それゆえ、聖書についての歴史的・批判的研究は徹底的に遂行されるべきであるし、キリスト教という宗教は罪人である人間が生み出したものでもあり、あらゆる欠陥を持つ存在でしかない。

　だからバルトは、ハルナックとのやり取りにおいては、「歴史的・批判的研究の諸成果をいまだ学んでいない者は、できるだけ早く徹底的に学ぶほうがよい。その場合、それらの成果がラディカルなものであればあるほど、事柄（ザッヘ）のためにも本人のためにもよい」というような発言をする。

　他方、前述の『教会教義学』においては、「もしリベラリズムと聖書主義の間の二者択一を迫られるならば、後者を選ぶであろう。だがそういう二者択一が迫られていないことを喜ぶ」というような発言をする。それにバルトが、一番嫌悪するのは、「バルト主義者」という亜流（エピゴーネン）なのである。

　また「イエスの復活についてどう思うか」という問いに対して、バルトは、「ベトナム戦争についてどう思いますか」と問い返すような人でもあったのだ。こういう複雑で、ある意味では曖昧と映る彼の言説が、いろいろと取り沙汰されるのであろう＊6。

＊6　大島末男『カール・バルト』（新装版・人と思想75、清水書院）を参照。

ブルトマンの「非神話化論」

弁証法神学運動に参加したマールブルグ大学の新約学教授ルードルフ・ブルトマン（1884〜1978年）は、つとに優れた新約学者として知られていたが、第二次世界大戦中から「非神話化論」（Entmythologisierung）という聖書解釈の方法を提起して、特に戦後に大きな波紋を投げかけた。その問題提起は次のようなものであった。

新約聖書は、ヘレニズム時代の神話的枠組みのなかで書かれた文書であり、それが前提としている世界像は古代的なもので、天と陰府（よみ）の世界にはさまれた地上という3層の宇宙像から成っているものである。天上の世界は、第7あるいは第3の天までの階層があり、最高の天には神が住まい、次の天には「神の子」や「神のことば」が住んでいて、さらに下には多くの天使などが住んでいる。それらの天上の存在者、とりわけ「神の子」や「神のことば」が人間の姿をとって地上に現れるが、人間はそれを理解せず、迫害したり殺したりする。そこで「神の子」や「神のことば」は地下の死人の世界である陰府にまで降り、そこから復活して天上に帰る。そういうような世界像が共有されていたのである[7]。イエス・キリストの物語も、その世界像のなかで述べられている。

現代人は、もはやこのような世界像を共有することはできないのであり、もし「信仰」が、このような古代的世界像の承認を求めるものならば、それは知性の犠牲を要求するものであり、知的誠実さに欠けることである。

新約聖書は、イエス・キリストの福音に触れた古代の人々が、新しい自己理解を与えられ、彼らを生かしたその自己理解を古代的な宇宙像の神話的枠組みのなかで言い表した証言の書である。

神話とは、客観化できない事柄を、客観化された表現で語る文学

---

[7]　使徒パウロも「第3の天」まで引き上げられたという「啓示」の経験をしたらしい。彼はそこで「人が口にするのを許されない、言い表しえない言葉を耳にした」と言っている（『コリント2』12：1-5)。

形式である。われわれが新約聖書を読むとき、聖書の記者たちの自己理解に接し、われわれ自身の自己理解が真に本来的（eigentlich）なものか否かと問いかけられるのであり、われわれは、自らの自己理解を吟味し、本来的な自己理解を与えられるように真摯に応答することが要求されているのだ。……こうした読み方をブルトマンは「実存論的解釈」と名づけた*8。

　このように受けとめられるとき、新約聖書の告知の内容が史実的に確証されうるか否かという問題は解消し、それが告知されているということ（彼はそれを「dass（ダス）性」と表現する。Dass とはドイツ語の接続詞で英語の that と同じ）だけが重要なのであり、そのとき新約聖書のなかの「非本来的な躓き」（奇跡を文字通りに信じるというようなこと）が除去される、と言うのである。彼の問題提起は、多くの賛否両論を生み出し、「ブルトマン以前」と「ブルトマン以後」というような表現さえ生まれた。

聖書学のさらなる発展

様式史的研究

　20世紀になると、19世紀における聖書の本文批評や文学的・歴史的批判を超えて、様式史的研究（form criticism, Formgeschichte）なるものが発展してきた。まず旧約聖書についてのそういう研究が、ヘルマン・グンケル（1932年没）などによってなされたが、それは旧約聖書の諸文書を、それぞれの様式、たとえば神話、物語、詩歌、散文などの様式に従って、それらの構造・成立・性格などを確定しようとする研究であった。

---

*8　八木誠一『ブルトマン』（清水書院）、またブルトマン『新約聖書と神話論』（山岡喜久男訳註、新教出版社）を参照。

こういう方法を新約聖書に適応した最初の研究は、M・ディベリウスによる『福音書の様式史』（1919年）と、R・ブルトマンの『共観福音書伝承史』（1921年）であった。彼らによれば、新約聖書の各文書は、それぞれの時代の諸教団によって必要とされた様式なのであり、それらの教団が置かれていた「生活の座＊9」（Sitz im Leben）のなかで着色されたり構成されたりしたものである。

それゆえ、それぞれの教団が置かれた具体的状況を理解しなければ、その教団が生み出した言葉を正しく理解することはできない。それぞれの教団は、自らの礼拝や伝道の実践のなかから必要な宣教の物語や勧告や長短の物語を形成したのであり、そのことについての知識なしには、聖書の各文書の本来の意図や意味を理解することはできないというのである。この方法は、ある意味では、一種の社会学的アプローチともいえよう。

このような研究が進むにつれて、新約聖書の各文書を史実的に確証可能なものとして見る傾向は、ますます否定されることになった。

編集史的研究

様式史的研究を踏まえて、さらに編集史的研究（Redaktionsgeschichte）なる新しい展開が提唱され、現在もなお推進されている。それはたとえば、各福音書記者たちが、それぞれ独自の思想や意図を持ち、それに従って諸伝承や諸様式を採用して書いたのだという視点からの研究である。

具体例を挙げれば、当時すでにエルサレム教会やパウロにおいて主張されていたようなイエスについての理解、つまり、イエスの十字架上の死と復活を中軸として、イエスこそ唯一絶対で最後的なメシア・キリストと見るというような理解（「キリスト論的解釈」とい

＊9　**ジッツ・イム・レーベン（生活の座）**　もともとヘルマン・グンケルが用いた言葉で、単純な社会のなかで繰り返される祭や儀礼に際して類型的な表現が生み出されたのであるが、そういう表現を生み出す場をこう呼んだ。いろいろな伝承を研究する際に、それらが置かれた場の認識が重要であることから、この「生活の座」という用語が広く用いられるようになった。

う）に対して、『マルコによる福音書』の記者は、イエスの生前の言動にこそ福音の内実があるのであり、ガリラヤの貧しい民衆とともに生きたイエスの姿を描くことによって、エルサレム教会的・パウロ的キリスト論に反対するという意図をもって、初めて福音書という文学形式を用いて書いたのだ、というような把握の仕方である[*10]。

このような視点から新約聖書を読んでいくと、新約聖書全体が一つの統一的な思想でまとめられるような文書ではなく、多様な意図と資料を含んだものであることが、ますます明瞭になってくる。それゆえ、伝統的な教会の教義によって、新約聖書をまとめあげることは不可能になる。実際、このような研究の方向から、それぞれの記者の社会的位置づけや、社会階層的位置づけが考察されなければならなくなる[*11]。

こうなると、新約聖書の解釈の問題は、単に教会的視点からでは不可能となる。もっと広い社会全体の動きを視野に入れた研究が不可避のものとなる。当然ながら、こうした研究は、伝統的な教会の権威や教義を超えた広い視野を要求するものであり、伝統的「福音」理解も根本的な吟味を避けられなくなってきたのである。

この編集史的研究を代表する者は、フランスのエティエンヌ・トロクメ[*12]であるが、それをさらに徹底深化して独自のイエス理解を展開したのが、田川建三の『イエスという男』（作品社）である。これはまさに世界的水準を抜く書物である。

---

*10　本書のはじめで『マルコによる福音書』について述べた理解がその応用例である。田川建三の諸書および拙著『イエスとは誰か』（NHKブックス）を参照。

*11　そういう観点から見れば、よく用いられる「聖書的信仰」とか「聖書的思想」とかという表現はきわめて曖昧であり、実際には聖書のなかの特定の傾向や運動にすぎないもの（例えばいわゆる正統的な見解）を、あたかも全体の一致した見解として前提してしまうことにほかならない。「聖書的」というような表現でまとめられるような一致した内容を聖書は持っていないからである。

*12　トロクメ（1924～2002年）　現代フランスのプロテスタント神学者。1956年以来ストラスブール大学で教えている。『ナザレのイエス──その生涯の諸証言から』（小林恵一・尾崎正明訳、ヨルダン社）。

ローマ・カトリック教会の新しい展開

新しい思想家たち

　近代が突きつけた諸問題を無視したり回避してきたローマ・カトリック教会も、いつまでもそのような態度を取り続けることはできなくなってきた。すでに19世紀末には、モーリス・ブロンデル（1861～1949年）のような人物が現れて、「行為」という概念を超越的なものに結びつけることを通して、哲学と神学とを関連づけようとした。彼は、哲学するということは、理性が神の存在に出会うという極限にまでいくこと、「理性の聖性」を自覚することであると説いていた。

　また、自然科学的思考とカトリック信仰とを、特に進化論と信仰とを独特な「充満」「オメガ点としてのキリスト」「普遍的・宇宙的キリスト」などの概念によって相関させようとした古生物学者テヤール・ド・シャルダン[*13]も記憶されるべき人物である。

　さらに、ベルグソンなどの影響を受け、実証主義を克服し、ついにトマス・アクィナスの哲学に近代の欠陥を乗り越える思想を発見したと主張し、人間が神を僭称するのではなく、謙虚さを回復しなければならないとして、キリスト教的人道主義を唱えたジャーク・マリタン[*14]も、カトリック教会の新しい展開に貢献した。

　また、ベルジャーエフなどの影響を受け、キリスト教的人格主義を唱え、雑誌『エスプリ』を起こして（1932年）、社会的正義を訴

---

*13　**シャルダン**（1881～1955年）　フランスの古生物学者であるとともにイエズス会司祭。『ピエール・テヤール・ド・シャルダン著作集』（全10巻、美田稔ほか訳、みすず書房）。特に『現象としての人間』『自然における人間の位置』が重要。

*14　**マリタン**（1882～1973年）　カナダやアメリカでも教えた哲学者であるが、ヴァチカン駐在フランス大使としても活躍した新トマス主義者。『人間教育論――岐路に立つ教育』（溝上茂夫訳、創文社）、『大いなる友情』（溝上茂夫訳、ドン・ボスコ社）がある。

えたエマニュエル・ムーニェ[*15]も、新しい動きの起爆剤となった1人である。彼は、第二次世界大戦中には、レジスタンスに参加してファシズムと戦った。

第二ヴァチカン公会議

教皇ヨハネス23世（在位1958〜63年）が招集した第二ヴァチカン公会議（1962〜65年）は、多くの人々が認めるように、20世紀後半における最も重要な歴史的事件の一つであろう。

この会議の主要な議題の一つは、教会一致の問題であった。その背後には、プロテスタント側の「エキュメニカル運動[*16]」（教会一致運動）が大きな刺激になっていた。それまでは、ローマ・カトリック教会は、自らまさに「カトリックな」（「普遍的な」の意）教会としてすでに存在しているのだという立場であったが、今やプロテスタント教会とも対等の立場で一致の問題を考えようという姿勢を示すようになったのである。さらに、現代世界が提起するあらゆる問題に積極的に応答しようとする姿勢が、この会議に一貫していた。

第一会期（1962年）においては、主として「礼典とマスメディア」の問題が議されたが、一貫して対話の姿勢が強調された。この会期中に出された回勅『パーチェム・テリア』（地上に平和を）は、軍備撤廃と世界平和を訴えたものとして、世界に深い印象を与えた。ヨハネス23世の病状が悪化したときには、ソ連のフルシチョフ首相からさえ、その回復を願う電報が送られた。

この印象深い教皇の後継者はパウロ6世であるが、彼は公会議を

---

*15 **ムーニェ**（1905〜50年）　現代フランスの教育者。『キリスト者の対決』（現代キリスト教思想叢書12　エリュル、ムニエ、森川甫訳、白水社）。

*16 プロテスタント諸教会による教会一致のための運動は近代から試みられてきたが、特に19世紀以来の海外伝道のなかで諸教会の一致が強く望まれるようになり、「国際宣教協議会」（IMC）が形成され、1910年には「エディンバラ世界宣教会議」が開かれた。しかし2度にわたる世界大戦にはばまれてしまい、「世界教会協議会」（WCC）が形成されたのは1948年であった。WCCによる会議は、アムステルダム（1948年）、エヴァンストン（1954年）、ニューデリー（1961年）で開かれ、一致のための運動が続けられている。カトリック教会は正式にはまだこの運動に加わっていない。

再開し、第二会期（1963年）を設定した。その目的は、教会の自己認識の深化、教会の改革、キリスト者の対話と一致、現代世界との対話であった。第四会期（1965年）においては、『現代世界憲章』を公にし、全面戦争の危機と国際協調の重要性を訴えた。さらにユダヤ人との和解、他宗教との対話などが精力的に討議され訴えられた。

この会議以後、ローマ・カトリック教会は根本的な変革[*17]を経験しつつあり、これまでにない新しい動きが活発になってきた。その代表的なものが「解放の神学」であろう。

解放の神学

ローマ・カトリック教会の神学は従来「上からの神学」と呼ばれて、権威的・教権的であったが、第二ヴァチカン公会議の精神を踏まえて、いわば「下からの神学」に転換してきた。そうした方向のなかから、特にラテン・アメリカで、「貧しい人々、抑圧された人々の側に立つ」という視点から、貧困と抑圧が構造的になっているこの地域において、民衆と連帯するという「解放の神学」が生まれてきた。この運動には、グティエレス、アスマン、セグンド、カール・ラーナーなどが賛成し、多くの著作も現れた。

この神学は、①被抑圧者の視点から考え行動する、②構造的暴力、制度化された暴力を批判する、③社会的側面をも含んだ全人格的救済を志向する、④具体的実践の場から考え行動する、という内容を追求している。こういう認識は、カトリック教会という枠のなかでは「画期的」であるが、プロテスタントの社会的福音のレベルでも、ましてや社会主義などの水準では、あまりにも当然の認識であるとさえいえる。それに、これまで述べてきたような現代の「神学」の自己吟味という点からいえば、まだまだ不十分である。

だが、この運動に参与している人々は、文字通り命を懸けて実践

---

*17　現代ではカトリック教会は、プロテスタントを異端と見るという姿勢を次第に変え、「兄弟」とみなすようになりつつあるし、ユダヤ教徒がイエスを殺したのだという積年の偏見を捨て、ユダヤ教徒に謝罪するという方向をとるようになった。

しているのであり、感動的ですらある。これは単にラテン・アメリカにおいてのみならず、アジアやアフリカにおいても展開されつつある運動であり、そのかぎり、「神学」の面が強調されるよりも運動の面こそがその特徴であり、そこにこそ意味と価値があるのだと思う。

現在の日本も、経済大国として第三世界に対して、まさに抑圧者の側に立つものであり、この運動が投げかけるインパクトは大きなものである。

だが、「神学」という側面から見ると、本質的には伝統的な志向の枠組みを克服できているとは思えない。それは「神学の解放」という面への切りこみにおいては、まだまだ不十分であるといわざるをえない。そのかぎり、この運動の具体面を捨象して、「神学」としてのその有意味性や有効性のみを強調するとすれば、この流れすらも護教論的機能を果たすものになりかねない。今後もその意味での吟味が不可欠であろう*18。

世界のキリスト教の現状

「ポスト・キリスト教の時代」?

西欧米の知識人層などの間では、「ポスト・キリスト教の時代」（Post-Christian-Era）という言葉が語られ始めてすでに久しい。伝統的キリスト教が、古代的世界像や奇跡信仰やイエスの血による贖罪観念や死人からの復活という神話的告知を中心にするものであるかぎり、「知性の犠牲」を要求する「〈信じこみ〉の宗教」であるほか

---

*18 **解放の神学** この問題へのわたしの対応としては、『宗教幻論——[現代]への批判的接近』の「解放の神学」および『テキストとしての聖書』の2「現代キリスト教の輝きと曇り——『解放の神学』の一ケース」を参照。

なく、そうであれば「ポスト・キリスト教の時代」が語られるのは当然である。

かつてマルクスは、「ドイツにおいては、宗教の批判は原理的にはすでに終わっている」と述べたが（『ヘーゲル法哲学批判序説』）、伝統的・正統的なキリスト教の信仰への批判という意味においては、まさにその通りであると思う。念のために付言すれば、わたし自身がマルクス主義者として賛成しているのではない。近・現代の特にプロテスタントに発する批判的諸研究の成果を踏まえてそう言っているのである。

イギリスの神学者ジョン・ヒックが認めるように、少なくとも、西欧先進諸国においては、その社会がすでに「多元社会」になってしまっていることは、もはや変更不可能なまでの現実である[*19]。

かつて、E・トレルチは、キリスト教という宗教が世界的広がりのなかで「絶対性」は持てない、せいぜい西欧社会で「相対的絶対性」が語られるだけだ、と言ったが、それすらもはや現実ではない。まさにボンヘッファーがいみじくも洞察したように、自覚的な現代人の大多数が生きている場は「成人した社会」になってしまっているのであり、宗教という「後見人」を必要としなくなっているのである。

現代は同時に宗教復興の時代

「宗教の批判は原理的には終わっている」と言われても、それは現実の総体において宗教が終焉したということではない。むしろ人間が抱えこんだ諸矛盾・諸困難は未曽有のものになり、人間総体としては、現代はまさに「宗教復興」の時代であるとも思える現象が続出している。まさに宗教現象をめぐっては、「原理的」ということと「現実的」ということが恐ろしいまでに乖離しているのだ。

確かに既成の伝統的宗教教団という面から見れば、現代は停滞か

---

*19 ジョン・ヒック『神は多くの名前を持つ──新しい宗教的多元論』（間瀬啓允訳、岩波書店）を参照。ヒックはキリスト教も含めて、もろもろの宗教の相対性を認め、協力と寛容を訴えている。

ら衰退の道を歩んでいるといえよう。だが、ファンダメンタルな新興教団の場合には、むしろ未曽有の活気を呈している。その驚異的な例は、ペンテコステ派[*20]のキリスト教の場合である。

韓国はすでに「キリスト教国」?

朝鮮半島にローマ・カトリック教会が伝えられてほぼ200年、プロテスタント教会が伝えられてほぼ100年の歴史が経った。1981年現在で、総人口3900万人のうち、「改新教」（プロテスタント）がほぼ764万人、カトリックが144万人に達した。1987年の政府提出資料では、プロテスタント1033万人、カトリック227万人である。教会側の主張ではさらに多く、全人口の40パーセントに達しているという。

世界のキリスト教史において類を見ない急成長である。それを成人数と比較すれば、この数字以上の実力が考えられる。もちろん、この数字には、1949年以来、北朝鮮の統計は含まれていない。しかも本来、北部のほうがキリスト教は盛んだったのである。こうしてみれば、韓国はすでに有数のキリスト教国といっても過言ではない。

実際、1989年には、国際聖体大会44回大会が、ローマ教皇ヨハネ・パウロ2世も出席してソウルで開かれたが、こういう大会がアジアで、しかも韓国で開かれたということ自体が画期的なことであり、ミサに参列した人々の数は75万人にも達したのである。驚くべきことである。また、金泳三元大統領（在任1993〜98年）はプロテスタントであるし、金大中 元大統領（在任1998〜2003年）はカト

---

*20　**ペンテコステ派**　最近ハーヴァード大学のハーヴィー・コックスが『天からの火』（Fire from Heaven）を出した（未訳。副題は、「21世紀におけるペンテコステ派の霊性の興隆」）。この派は、20世紀初頭にロスアンジェルスの一隅で数人の黒人キリスト教徒から始まった一種の聖霊派の運動で、現在では4億人もの会員を持つといわれる。
　　コックスによれば、この運動は、「根源的敬虔、根源的言葉、根源的希望」を求める現代人の一つの表現であり、それゆえにこそセントラル・アメリカ、フィリピン、韓国、アフリカ、東欧などでまさに燎原の火のように広がっているのだといわれる。真剣に考察すべき現象である。

リックであり、その他政府要人や著名な人々の多くはキリスト教徒である。

韓国でキリスト教が伸展する理由

　朝鮮半島の長い文化史のなかの三要素の第一は「一、全、天」を意味する「ハン」、第二は「風流、興、境地」などを意味する「モッ」、第三は「生命、生活、人間」を意味する「サム」であり、これらが「三太極」（紅＝天、青＝地、黄＝人）の図像に象徴化されているという。この三位一体的な「ハン、モッ、サム」（超然とした粋（いき）な生）が理想とされてきたそうである。これがかつては仏教を媒介に、李王朝時代には儒教を媒介に展開されてきたのであるが、現代ではキリスト教を媒介にして実現されつつあるのだという＊21。

　それぞれの宗教は、半島における中国儒教文化の圧倒的影響、日本帝国主義による抑圧、第二次世界大戦以後の南北分裂とそれに続く大変動という激動期に受け入れられ伸展してきたわけであるが、仏教や儒教が体制の宗教となり生命力・創造力を失っていったのに対して、とりわけ1910年の日本帝国主義による併合のあとに、天皇制イデオロギーに対抗しうる思想と内実を持ったものとして、キリスト教が抵抗と自立の支えの機能を果たし、民衆的な受容を可能にした。

　さらに、第二次世界大戦後の「民主化闘争」における指導的役割を担ったのがキリスト者であり、特に「民衆の神学」という韓国独特の福音理解が、まさに民衆的な伸展と深化をもたらしつつあるといえよう。

　キリスト教のなかでも、とりわけプロテスタントが、そのなかでも大衆的要素を強く持つ流れが大きく伸展しているようであるが、そこには、プロテスタントの預言者（よげんしゃ）的精神と、抵抗の精神と、進取の思想とが大きく作用しているのではないかと思われる。

＊21　柳東植『韓国のキリスト教』（東京大学出版会）を参照。

この瞠目すべき現象に、特にわれわれとしては、天皇制イデオロギーが逆説的に作用していたこと、そして南北分裂以後は、マルクス主義がやはり逆説的に作用していることは注目すべきことであると思う。

韓国のキリスト教の課題

　半島におけるキリスト教徒の大きな特徴の一つは、その信仰内容が全体として見れば保守的・伝統的であったし、現在でもそうであるということであろう。しかしそれは、聖書に内包される歴史意識に触発されるときには、極度に実践的・闘争的にもなりうる。とりわけ旧約聖書の預言者的な抵抗の精神は大きな影響を与えうる。それが、半島が歴史を通じて受けてきた多くの苦難、特に日本帝国主義による苦難を契機にして炸裂したともいえよう。

　だがそれだけ、内包される信仰の保守性・伝統性に結びつく傾向をも強める。それは、キリスト教思想史という観点からいえば、パウロ的な神学への固着という問題である。それが最近の民衆の神学においては、パウロ的な信仰に対して「マルコ的」な視点が認識され始め、イエスの民衆的要素が強調されてきた[22]。

　それはまた、現代の韓国で急成長しつつあるキリスト教に、「巫術的[23]」要素が、そしてあえていえば「呪術的」要素が強すぎることとも深く関連しているのではないかと思うのである。

　信仰が現実的な癒しをもたらすべきものであることに異存はないが、それは「巫術的」や「呪術的」な方向へ歪められてはならない

［179］

世界のキリスト教の現状

*22　C・S・ソン（宗泉盛）『イエス──十字架につけられた民衆』（梶原寿監訳、新教出版社）を参照。この書物では、イエス＝民衆という視点が強調されている。その視点にわたしは根本的に賛成であるが、柳東植氏の前著の場合と同様、マルコ的＝聖書的との同定があまりに直線的で歴史的・批判的研究を十分踏まえているとは思えない。つまりパウロ主義への批判的姿勢が乏しく、マルコ的であろうとしつつ、十字架の血による贖罪や復活信仰に収斂してしまう傾向が強すぎると思う。
　　　実際、柳東植氏の著作への武田清子氏の「疑問」自体のなかに、まさにこういう問題性がはからずも露呈されている。
*23　**巫術的**　巫術とはシャーマニズムの訳語である。「シャーマン」とは巫女と同じような機能を果たす宗教的人物で、神々や諸霊がのりうつり霊界と人界を媒介すると信じられる存在。

と思うのだ。その点が、「神癒」（holy healing）という面を強く持つ
ペンテコステ派の最大の問題点であるが、そのこととも関連する事
柄である。現代の韓国は、こういう問題点・課題を持っているので
はなかろうか。いうまでもないが、それは韓国だけの問題ではない
のであるが。

フィリピンのキリスト教

　周知のように、かつてスペインがフィリピンを植民地にして以来、
ローマ・カトリック教会が主要な宗教になり、現在でも人口の85
パーセントはカトリック教徒である。プロテスタントは最近までわ
ずか3パーセント弱であった。圧倒的にカトリック国家である。マ
ルコス政権が打倒されたときにも、カトリック教徒の活躍が目立っ
た。

　ここでもカトリック教会は、解放の神学的な姿勢で「民主勢力の
砦」として機能し、ピープルズ・パワーの原動力になった。そして、
マルコス政権を打倒し、アキノ政権を樹立した際のカトリック教会
が果たした役割の大きさは今なお記憶に鮮明に残っているであろう。
フィリピンが、アジアにおけるヴァチカンと呼ばれてきたゆえんで
ある[24]。

フィリピンにおけるプロテスタント教会の伸展

　ところが、最近こうしたカトリック教会の圧倒的な力に変化が生
じてきたようである。それは、1992年の大統領選挙に際して顕に
なった。このときには、7人の候補者が立ったのであるが、ラモス
氏ともう1人の候補者を除いて、他のすべてはカトリック教徒であ
った。アキノ前大統領は、ラモス氏を指名していたのであるが、カ
トリック教会の有名な指導者ハイメ・シン枢機卿は、最大の与党で
ある「フィリピン民主の戦い」（LDP）の公認候補を支持し、ラモ

---

*24　池端雪浦『フィリピン革命とカトリシズム』（勁草書房）を参照。

ス氏を批判し、別な候補者を支持することを公にしたのである。

　ところが結果は、周知のようにラモス氏の圧勝に終わった。それまでのすべての大統領はカトリック教徒であったことと、シン枢機卿の強力な推薦（すいせん）があったことを考えれば、この結果は重大な意味を持っているといえよう。フィリピン民衆が自立した思考を始めていることを示しているからである。

　背景には、死刑制度の復活の問題と、産児制限問題という政治・文化・経済的問題があった。民衆が、カトリック教会によるそれらの禁止という権威主義的姿勢に対して合理的な判断をして枢機卿の指示に従わなかったのである。この変化には、前述したペンテコステ派の急激な伸展という問題が関連していると思われる。ペンテコステ派的な運動が盛んになるということは、カトリック教会の教義が相対化されるということである。

　実際、民衆においては、たとえば三位一体の教理は、伝統的な理解からは本質的にずれてしまい、より実感的・多神教的な「父・母・息子・娘」というごく自然な家族構成にそった「四位一体」論がますますポピュラーになっているそうである＊25。そういう傾向と、世俗化の傾向がからむと、より批判的な視点が伸展するかもしれない。こういう傾向は、土着化を超えて、より根源的にはキリスト教批判へと深化される可能性をはらんでいる。

旧「社会主義諸国」崩壊後のヨーロッパ

　旧ソ連を中心にした「社会主義諸国」の急激な崩壊現象は、新しい統合の問題を惹起（じゃっき）しつつある。旧ソ連では、ロシア正教会の復興が目覚ましいし、この崩壊以前から中心的役割を果たしたポーランドのカトリック教会は、ますます地歩を固めつつある。そういう状況のなかでは、ヨーロッパを統合するものは、やはりキリスト教をおいてないという空気はますます強くなりつつある。他方では、前

＊25　石川純一『宗教世界地図』（新潮社）の当該項目を参照。

述した「ポスト・キリスト教の時代」意識もさらに深まる方向もないわけではないが、統合のためのイデオロギーとしてのキリスト教への期待はそれなりに増大しているといえよう。

わけてもカトリック教会は特別の熱意を示している。1991年末に開かれた司教会議（シノドス）の特別総会で、全ヨーロッパをキリスト教によって統合するという方向を明確に打ち出した。こういう状況に、キリスト教が自己保存的な方向で関わるのか、あるいは真に必要な変革を領導するような方向で関わるのかが、今後注目されるところである。

キリスト教が、ヨーロッパ統合のためのイデオロギーとして本当に機能するためには、アイルランド（カトリック）とイギリス（プロテスタント）の8世紀にも及ぶ相剋[*26]や、旧ユーゴスラビアにおける流血について、現実的な影響力を持ちうるのか否かが重要な試金石になるであろう[*27]。またロシア正教は、イスラームと今後本当にどのような姿勢で生きていくつもりなのかが試金石となるであろう。

さらに、カトリック教会は、東ヨーロッパに広くいきわたっているロシア正教と今後どのような関係を持ちうるのかが重大な課題である。教皇ヨハネ・パウロ2世は、ポーランド出身で史上初のスラブ人の教皇である。個人的にも彼の願望は大きいであろう[*28]。

---

*26　アイルランドを含むブリテン諸島には、4世紀以前にキリスト教が伝えられていて、とりわけアイルランドは海外との交渉なしにケルト的要素を残す独自のキリスト教を発展させていた。のちには多くの学者を生み出し、大陸へも多くの伝道者を送り出していた。
　　しかし宗教改革以来、イギリスは経済的・軍事的に力を強め、宗教的にもイギリス国教をアイルランドにも押しつけようとした。アイルランドのカトリック教徒はそれに激しく抵抗し、クロムウェルはそれを徹底的に弾圧し、アイルランドを植民地にしてしまった。しかしそれへの抵抗はやまず、アイルランドは貧困化させられ、それがさらに抵抗をひき起こした。1829年には「カトリック解放令」が出されたが本当の和解は実現せず、抗争は激化した。
　　1922年にアイルランドがイギリス連邦から離脱し、49年にはアイルランド共和国となったが、北アイルランドのアルスターはイギリスの統治下にとどまったので、争いは今や北アイルランド紛争として激化した。カトリック側は、テロ組織のIRAを結成し、イギリス本土にまでテロをしかけて抗戦するようになった。現在でも争いは収まる様子はない。アイルランド生まれの作家J・ヒギンスのIRA闘士についての小説は有名である。

*27　岩田昌征『ユーゴスラヴィア』（NTT出版）を参照。

*28　石川純一『宗教世界地図』（新潮社）の「東欧カトリックの『砦』ポーランドの『世俗化』」の項を参照。

アフリカのキリスト教

1960年代にアフリカ諸国が独立し始めるまでは、キリスト教は要するに西欧帝国主義のイデオロギーでしかなかった。だからアフリカ諸国が独立したら、キリスト教という宗教が衰退したかというと、そうではなく逆に急激な増大を示したのだ。

ザイールでは、キリスト教徒の数が全人口の80パーセントに達するとさえいわれている。1世紀半かけても、15パーセントにもならなかったのにである。ケニアでも、カトリックだけで、1972年現在ですでに全人口の17パーセントを超えている。田川氏の表現を借りれば、キリスト教に関わってきた民衆は2通りあって、①伝統的キリスト教に「たかって」きた層と、②キリスト教的新興宗教に「こって」いる層である。独立しても、民衆を支配している構造はあまり変わらず、民衆はむき出しの圧政と搾取の対象にされている。しかも「相変わらず事実上の力をにぎっているのは欧米の白人勢力」である。

そして今や欧米資本は、これまでのような政治的支配者という人格を通してではなく、宣教師などの別の人格を通して慈善事業的に大規模な資本の投入を行っている。とりわけ教育と福祉の領域は、白人が牛耳る領域であり、この領域においては、白人の宗教であるキリスト教とつながりを持つことが断然有利なのである。病院の経営もそうである。

民衆には結局、今や「対等」とされる白人たちと同じ「普遍的な」宗教としてのキリスト教への信仰が唯一の「財産」のようになる。その普遍イデオロギーが、彼らにとっても「救い」と「真理」を保証するように思え、本当には献金で金を巻き上げられてしまうのに、そう「信じこむ」のである[29]。

キリスト教的ではあるが、アフリカ産の新興宗教（たとえば、「現

---

*29　田川建三『歴史的類比の思想』（改装版、勁草書房）の「原始キリスト教とアフリカ——帝国主義の宗教思想」を参照。

代のキリスト」とさえいわれるキンバングを信奉する「キンバンギスム」)が、大きな勢力となるゆえんである。「エホバの証人*30」も伸展しているそうである。そしてまた、前述したペンテコステ派のキリスト教が猛烈な勢いで伸展しつつある。

　こういう実態を総体として把握しないと、現代のアフリカでのキリスト教の急激な増大の理由は明らかにならないであろう。そういう点からも、キリスト教の「信仰」の迷妄さを明らかにしていくことと、それが実際に果たしている役割とを深く鋭く見すえることが急務であろう。

---

*30　**エホバの証人**　「ものみの塔」ともいう。19世紀後半にアメリカでC・T・ラッセル（1916年没）によって創唱され、J・ラザフォード（1941年没）によって広められたファンダメンタルな教派。正統的な三位一体を否定するが、イエス・キリストの主権が1910年以来天上で確立されていて、至福千年期がすでに始まっており、最後の大決戦（ハルマゲドンの戦い）が近づいているので、生き残るためにはこの教派に属する以外にないと説く。『ものみの塔』誌を各戸訪問して配布している。兵役や武道を拒否し、刺激物や輸血を否定している。

第**9**章

東方正教会

東西教会の分裂の歴史

分裂の理由

　1045年に東西の教会が分裂したことについては、すでに本文において触れたが、この分裂にはいろいろな理由が挙げられる。

（1）教義的理由

　東西教会の教義をめぐる対立は、5〜6世紀のイエス・キリストの位格をめぐる論争に端を発していたし、西方教会が、聖霊が「子からも」（フィリオクュ）発出すると主張したのに対して、東方教会がこれを否定したことにも原因があった。

（2）画像論争

　画像崇敬に対する嫌悪は、ユダヤ教の伝統に発していたが、キリスト教が異教世界に進出したのにつれて、聖人崇敬や聖遺物崇拝の慣習が広がった。それはまた蛮族への伝道に際して便利であったこともあり、とりわけ女性と修道士の間で広がった。だがこれは偶像崇拝に通じるというので、非難も高まっていった。東ローマ皇帝レオ3世は、勅令によって画像破壊を命じた（726年）。この背後には、イエス・キリストの「人性」を軽視する「単性論」の問題があったし、およそ物質的なものを悪と見たマニ教[*1]的思想も関係していたであろうし、さらに偶像崇拝を厳しく禁止するイスラームの進出も影響を与えていたであろう[*2]。

[*1] **マニ教**　3世紀のペルシアの宗教家マニ（276／7年没）の創唱した宗教で、世界には明暗の2原理が支配しており、マニは明の神の最終最大の予言者であり、人は口・手・胸を悪に対して封じ、倫理的な十戒を守り、魔術に屈してはならぬと説いた。ゾロアスター教徒に殺された。紀元初期に西アジアで盛んになり、アウグスティヌスも一時この宗教を信じたほどあった。

[*2] **イコン**については、カレン・アームストロングの『神の歴史──ユダヤ・キリスト・イスラーム教全史』（拙訳、柏書房）の「Ⅶ 神秘主義者の神」の項、特に302頁以下を参照。

ローマ教皇グレゴリウス3世は、皇帝レオ3世を断罪した（731年）。それに対して、皇帝コンスタンティヌス5世は、再度画像破壊を命じた（753／4年）。その後、皇妃イレネは、画像崇敬を認め、さらに皇妃テオドラはその認可を進めた（843年）。この時代、ビザンティン美術は黄金時代を迎えた。それに対して、ローマ教皇側は、画像破壊に荷担（かたん）した皇帝らを異端として断罪したので、東西の分裂は促進された。この問題をめぐって、その後も紛争が起き、処刑・流刑（けい）・投獄（とうごく）・殉教（じゅんきょう）などが続いた。

　この紛糾（ふんきゅう）は、神学的には、画像への崇敬（veneration）は偶像の礼拝（worship）とは別であるという理解を生み出したが、それよりも、東方皇帝の支配を認めず、それからの自立を求めた西方教会の抵抗に意味があった。西方教会は、フランク王国の支持を受けて、ビザンティン帝国の教会と決裂し、教皇権を確立したのである。これが東西教会の分裂（1054年）を促したのである。

（3）イスラームの進出

　7〜8世紀には、イスラームの急激な勃興（ぼっこう）が見られ、その進出によって、東地中海沿岸の諸地方は、すべてイスラームの勢力下に入れられてしまった。このことも東西教会分裂の大きな原因の一つであった。

（4）東西文化の違い

　何といっても、東西は文化的にも深く違う要素を多く持っていた。そのため、国家権力との関係、贖罪（しょくざい）理解の仕方、三位一体（さんみいったい）理解の違い、聖職者の権威についての理解の違いなど重要な諸面での違いが次第に和解不可能なものと感じられていったのである。

さらなる分裂

　1045年以降にも、ローマ・カトリック教会は、特に教皇イノケンティウス3世（在位1198〜1216年）の時代に、東方教会を逆に自

現在のイスタンブール

分の勢力下に入れようとしたが、東方教会はこれに激しく抵抗した。さらに東西両教会は相互に破門し合うというような争いを続けていたが、1453年には、オスマン・トルコ帝国が、コンスタンティノーポリス（コンスタンティノープル。現イスタンブール）を陥落させ、東ローマ帝国を滅ぼしてしまった。そのため、同市に置かれていた総主教座も、オスマン帝国の管轄の下に入れられてしまった[*3]。

東方教会の特徴

神秘主義的傾向

　東方正教会は、教義的には、ニカイア・コンスタンティノーポリス信条（本書の62頁参照）および最初の7回の総会議の決議に基づく信条を一貫して守ってきている。その姿勢は、現在に至るまで基本的に変わっていないので、神学的には特に注目すべき発展は見られないが、これらの教義の理解の仕方ということになると、際立った特徴を持っている。

　それは、神秘主義的傾向である。それは三位一体についてもいえる。もちろんまず聖書に依拠するのであるが、聖書自体には三位一体はそれとして語られているのではないので、いろいろな傾向が生まれるのである。東方教会の場合には、新プラトン主義的形而上学（けい じじょうがく）

---

*3　森安達也『東方キリスト教の世界』（山川出版社）を参照。

を多分に盛りこんだもので、かなり実体的なニュアンスを持ち、神秘主義的傾向が強い。

キリスト論的にも、イエス・キリストの一位格のなかに神人の両性が神秘的に融合していることを奥義としてとらえており、従って詳細な議論を展開することには関心を示さず、礼拝の対象として神秘化している[*4]。

「古典的」贖罪論

贖罪論においては、イエスの十字架上の死によって贖罪がもたらされるというだけではなく、それを確証する復活によって贖罪が完遂（かんすい）されたという、いわゆる「古典的」解釈をとる。それは、イエスの死を、人間の罪を代償し充足するという西方の見方とは本質的に違う受けとり方である。東方では、復活において勝利したイエス（「勝利者イエス」）という把握が顕著である[*5]。

こうした解釈の違いは、礼拝においても教会建築においても表現されている。西方で顕著に見られる十字架上に苦しむイエスの像よりも、復活し栄光に包まれた「勝利者イエス」の像にこそ賛美が捧げられるのである。それと関連して、西方的な意味での「原罪」は強調されない。なぜなら、イエスの復活において罪はすでに完全に克服され、栄光のうちに呑みこまれてしまっているととらえられているからである。

つまり、人間は、イエスの復活において本質的に「神化」され、「聖なる体」に変えられ、「義」に参与する者とされたととらえるのである。それゆえ、神の恵みがどのようにして贖罪をもたらすのかについて、西方で見られるような煩雑（はんざつ）な議論は興味を引かなかった。「神化」された人間は、神とともに働いて救済を完成させることに、

---

*4　カレン・アームストロング『神の歴史──ユダヤ・キリスト・イスラーム教全史』（柏書房）の「Ⅳ　三位一体　キリスト教の神」、「Ⅶ　神秘主義者の神」を参照。

*5　グスターフ・アウレンの『勝利者キリスト──贖罪思想の主要な三類型の歴史的研究』（佐藤敏夫・内海革訳、教文館）は、東方教会的な解釈を「古典説」としている。

その使命と意味が与えられているというのである。それゆえ、礼拝においては、この神秘なる救済の出来事への神秘的参与という面が最重要な事柄なのであり、それと離れた思弁や論理的体系は深刻な関心の対象とはならなかったのだ。

「ドグマ」の本来的理解

「ドグマ[*6]」という言葉は、西方においては「教義」という意味を、しかも絶対的真理として確立された教義という意味を持つようになった。そのため、「ドグマティック」といえば、「教条主義的」とか「独断的」とかいう意味を担うようになってしまった。「ドグマティズム」といえば、まさに「独断主義」「教条主義」の意味となった。だが東方では、この言葉の本来の意味が一貫して保持されてきている。

この語は本来、「ドケオー」(「……のように見える、思われる」の意)というギリシア語の動詞に由来するもので、それゆえ「ドグマ」とは本来、「……のように見えること／もの、……のように思われること／もの」という意味であった。こういう理解は、上述した神秘主義的傾向と密接に関連しているのであるが、そもそも「神」は、究極的リアリティーとして、人間の言葉によってはけっして完全にとらえることはできない神秘であり、まさに「言語に絶する」事柄なのである。それは、人間的には所詮「……と思われる、見える」という限界を超えることはできない事柄である。

それゆえ、東方で「ドグマ」といえば、そういう人間の限界が強く意識された表現として、固定化・絶対化されてはならない事柄への謙虚さを示す言葉であった。この違いはきわめて重要であると思う。もし西方のキリスト教が、この点を見誤ることがなかったならば、「キリスト教唯一絶対主義」などという妄想に陥らなかったか

[*6]　**ドグマ**の原義については、前掲のカレン・アームストロング『神の歴史──ユダヤ・キリスト・イスラーム教全史』(柏書房)の「訳者あとがき」を参照。

もしれないのだ*7。

「教会」の独特な理解

東方教会では、教会というものが、過去や未来のあらゆるキリスト教徒の神秘主義的共同体と理解されていることに特徴がある。人間は、この教会に連なることによって救済の共同体に神秘的に結合させられるのであり、そこでは聖職者と信徒とが一つの共同体として、聖なる伝承を守り、神の栄光を賛美し続けることによって喜びと感謝の生を送ることが許されているととらえられる。

このような理解は、礼拝の儀式にも特徴的に表現されている。東方正教会においては、絢爛たる装飾を施した教会堂のなかで、これまた絢爛たるイコンを媒介にして、無伴奏の荘重・重厚なる賛美歌をともなう華麗な礼拝が、地上的時間を超越するかのように延々と続けられる。

地上と天上の神秘的融合

東方教会においては伝統的に、政治的支配は、天上の支配者である神の秩序に呼応するものであるという理解が強調されてきたので、西方教会のように、世俗的権力に対向して教会の権力を独立させようという姿勢がなかった。

そのような姿勢は、ローマ帝国が滅亡したのちにも残り、そのため教会が置かれたそれぞれの国において、その文化・政治的現実と呼応してゆくという歩みを生み出すことになった。そのことの否定的結果としては、現存する政治的権力への批判的姿勢の欠如という現象として現れた。そしてそれはしばしば、そのときどきの政権へ

---

*7　西方キリスト教の場合には、ドグマが絶対的な真理と見られやすいが、そういうドグマも、それに基づく諸信条（クリード）もみな言語による表現であり、つきつめれば相対的な考え（観念）である。それゆえ当然違った立場からの批判や否定が起こってくる。そうすると絶対なる真理そのものが揺らいだり崩壊したりするように思われニヒリズムにおちいってしまう。まさに「観念論はニヒリズムを生み出す」のである。キリスト教的なドグマ（一つの相対的な観念）が崩壊したからといって、人生そのものや人生の意味が崩壊したことにはならないのだ。

の従順と無批判的協力という傾向を生じさせてしまった。

諸国における東方正教会

ギリシア正教会

　1054年の東西教会分裂後、ローマ教皇庁の執拗な圧迫にもかかわらず、ギリシアの正統教会は頑強に抵抗し続けた。だが、14世紀にはフランク人が侵入し、そのため西方に大幅に譲歩せざるをえなくなった。だが、1453年にオスマン・トルコが衰退し、バルカン半島の諸国が宗教的にも独立を達成したことに刺激され、ギリシア独立戦争（1821～27年）が起こり、それを経て、教会も独立を宣言した（1832年）。コンスタンティノーポリスの総主教も、こうした情勢のなかで1850年には、ついにギリシアの教会の独立を認めるほかなかった。

　その後、1852年以来、ギリシア正教が国教として認定されるようになった。だが、主教会議（シノド）も、真に独立したとはいえず、国家の管理の下に置かれている。ここでは、西方世界において発展させられたような「政教分離*8」という理念は、定着しているとはいえない。

ロシア正教会

　ロシアには、ビザンティン帝国の影響下で東方教会が伝えられ、

---

*8　**政教分離**　これは英語ではseparation of Church and State（教会と国家の分離）であり、本来国家と教会の癒着を克服しようとの努力から生じた考えである。それゆえ単純に政治と宗教を分離するということではないし、政治について考える際に宗教の意味や影響を深く考えないでいいというようなことでもない。このことを取り違えると、政治の側でも宗教の側でも双方に無知や無関心がはびこり、そのため無自覚的に政治と宗教が癒着してしまうことになりうる。よく吟味すべきことである。

聖ウラジーミル（956〜1015年）によって保護され、キエフを中心にロシアの宗教となった。中世には修道院が発展し、急速に広がっていった。13世紀中葉には、タタール人の侵入が意外な原因となり、教会はキエフからモスクワまで広がることになった。その間に、イヴァン4世（雷帝）が最初のロシア皇帝となり、ロシアを統一した（1547年以降）。この頃に教会は、それなりの自治権を獲得した。そして1589年には、モスクワ総主教座が制定され、教会はモスクワのことを「第三のローマ」と自称するようになった。

宗教の選択を行うウラジーミル大公（聖ウラジーミル）（イヴァン・エギンク作、1822年）

　その後、ピョートル大帝（1676〜1725年）が、総主教制度を廃止させ、教会を国家の一機関である「聖務院」に従属させたが、この制度はロシア革命のときまで続いた。こうしてロシア正教は、完全に帝国の権威に従属し、ツァーリズムと一体化した体制の宗教となっていった*9。

---

*9　N・M・ニコリスキー『ロシア正教会史』（宮本延治訳、恒文社）、N・S・ゴルジェンコ『現代ロシア正教会』（同）を参照。

ロシア革命以後の教会

　そのような状態のゆえに、1917年のロシア革命以来、教会は反動的勢力の代表と考えられ、体制との癒着（ゆちゃく）を断ち切るため、従来の総主教制度が復活させられた。だが実際には、教会は国家の管理の下に置かれるようになり、激しい圧迫を受けることになった。

　ソ連政府は、建て前としては憲法において「信教の自由」を保障していたのにもかかわらず、教会に対して初期には組織的弾圧を加えた。だが、第二次世界大戦のとき以来、戦争遂行のために教会の協力を得ようとして、政府は態度を軟化させた。教会の側もこれに協力する姿勢を打ち出し、そのため国家との関係は好転した。

　その結果、1943年には、それまで空位であった総主教の座にセルギーが選ばれ、シノド（主教会議）も開催されるようになった。さらにその後継者アレクシーの就任（1944年）は、公然たる選挙によって行われもした。さらにその後、修道院や神学校の建設も認められるようになった。1961年には、ロシア正教は、「世界教会協議会」（WCC）に正式に加盟までした。

ソ連崩壊後の教会

　1989年以来のソ連および東欧における大激変を受けて、共産党による一党独裁が崩壊し、教会は特に民衆の間において急速に力を盛り返した。5000万人とも7000万人ともいわれる信徒数を持つロシア正教会の今後の動きは、ロシア社会のあらゆる面において、ますます大きな影響力を示すであろう。

　だが、ロシア社会が真に開かれた社会となってゆくとき、近代から現代にかけて、キリスト教総体に向けられてきている根本的な問いと批判に、この古い体質を持った教会がどのように対応してゆくかが鋭く問われるであろう。一時の反動的な復興などではなく、時代の問いに答えられるような教会に育っていかなければ、ロシアの教会にも真の未来はないであろう。

イスラーム世界との将来の関係

　これまで、あまり注目されてこなかったが、ロシア内部およびその周辺には、7000万人ともいわれるイスラーム教徒が住んでいる。ソ連崩壊後には、このイスラーム勢力も急激に力を盛り返しつつある。ロシア正教は、イスラームに対して強い敵対的な姿勢を持ってきた。なにしろ、ロシア正教会の印章は、ローマ・カトリック教会が用いるギリシア文字のＰとＸを組み合わせたものの下に、三日月を置いている。

　つまり、イスラーム世界の上に君臨するカトリック教会という意味を持たせているのであり、イスラーム世界の征服を信条としてきたのである。西欧時代において培われてきた歴史的・批判的研究などの成果にどう対応しうるのかという問題に加えて、ますます多元化していく世界のなかで、イスラームに対する姿勢をどのようなものにしていくのかが試金石となるであろう。

バルカン半島における正教会

　バルカン半島の諸国は、おおまかに言って、西部はローマ・カトリック教会に、東部は東方正教会に属していた。東部のブルガリア、セルビア、アルバニアなどでは、東方正教会が支配的であった。半島の中間の地域（現在のボスニア・ヘルツェゴビナと呼ばれる地域）には、中世以来この東西教会に属する人々と、両者から異端とされていたボゴミール教徒*10が生活していた。

　15世紀に、オスマン・トルコ帝国に組み入れられたとき、このボゴミール教徒が、宗教的理由よりもむしろ現実的な理由からイスラームに改宗した。だが人種的にはみな同じ南スラブ人である。言

---

*10　**ボゴミール教徒**　10世紀中葉にバルカン半島と小アジアに起こった二元論的な分派で、創唱者ボゴミール（「神の友」の意）にちなんでこう呼ばれた。マニ教とも関連していた。正統的な三位一体論やミサ概念を否定し、精神的・人格的な清さの重要性を説き、禁欲的傾向が強かった。カタリ派の成立に影響を与えた。のちにイスラームに吸収された。

語的にも大した差はない。そして長い間共存してきたのである。

現在のボスニア・ヘルツェゴビナでの紛争

第二次世界大戦中には、旧ユーゴスラビアに属したこれらの人々は、ナチスに対する果敢な抵抗運動を続けたことで大いに称えられた。第二次世界大戦後には、この地方は共産圏に組み入れられたが、有名なチトー大統領のもとで南スラブ人たちの統一国家として、ユニークな社会主義の実験場として世界の注目を浴びた。

それが、1960年代中期以後の、チトーによる自由化政策のなかで、イスラーム教徒の「民族的特性」が承認されるようになり、ついに1971年の国勢調査では、「ムスリム人」という「民族名」で登録されることになった。これは単に「イスラーム教徒」ということではなく、「ムスリム人」という民族だということである。しかし人種的根拠はないのであるから、イスラーム世界でも初めてのケースであった。「イスラーム民族主義」のなかで生起した特異な現象である。背後には、豊富な天然資源を擁しているボスニアにからむ経済的対立があるのだと思う。

彼らの間には「宗教的違い」を別にすれば大した違いはない。それなのにあれほどの殺戮（さつりく）や戦闘が続けられてきたことは、まさに悲劇である。諸宗教が和解を促すよりも、対立や憎悪を煽（あお）ってきたことの罪は大きい。

日本の東方正教会

日本に初めて正教会を伝えたのは、ロシアの司祭ニコライ（1836～1912年）である。彼は、シベリアを経て北海道に到着し、そこで布教しようとした（1861年）。だが当時はまだ禁教時代であったので、わずかな信者を獲得したにすぎなかった。彼はいったん帰国し、1871年に再度来日し、次第に成果を挙げ、東京の駿河台（するがだい）に伝道学校を建て活動した。

日本では、この教会は「ハリストス正教会」と呼ばれた。「ハリ

ニコライ堂（東京都・神田駿河台）

ストス」とは、キリストのロシア語読みである。1880年には、ニコライは日本主教になり、1890年には有名な「ニコライ堂」を建設し、神学校も建てた。一時は信徒数3万人にまで達したが、ロシア革命、関東大震災などで打撃を受けた。ニコライ大聖堂は、1929年に再建された。第二次世界大戦後には、「日本ハリストス正統教会」（モスクワ総主教の監督下にある）と、「日本ハリストス正教会」（アメリカの主教の監督下にある）とに分かれた。

第10章

日本のキリスト教

カトリック教会の伝来

イエズス会宣教師の渡来と日本の権力者の対応

　日本に最初に渡来したキリスト教の宣教師は、イエズス会のフランシスコ・ザビエル（1506～52年）で、1549年のことであった。彼は、2年余りしか日本にはいなかったが、その後の宣教活動に大きな影響を残した。彼の志を継いだトレルスやヴィレラは、足利将軍の許しを得て、京都に教会を建てたり、いわゆるキリシタン大名を獲得するようになった。

　彼らは、1569年以降、織田信長の保護を得て、上層階級から下層階級に至るまで多くの信徒を獲得した。1579年には、巡察師ヴァリニャーノが来日し、高等教育機関をつくったり、社会事業を起こしたりした。信長は、新しい知識を得ることに大きな関心を示し、具体的な知識とともに、天地の創造主・唯一絶対の神という観念にも大いに興味を示し、自らがその神になろうというような願望をも示したりした。

　豊臣秀吉は、最初は宣教師たちを迫害しなかったが、キリスト教徒と他宗教の信徒との争いが起きたり、日本の子どもたちが奴隷として国外に連れ出されていることなどを知って激怒し、「伴天連（宣教師）追放令」を出した（1587年）。キリスト教の側からは、このような政策をただ非人道的で非情な迫害として非難する傾向があるが、カトリックの宣教師たちが自分たちの宗教を絶対視し、日本の諸宗教を邪教扱いにしたり、神社仏閣を破壊したりしたという事実を忘れてはなるまい。

　彼らには、日本の諸宗教に敬意を表したり、日本の文化を学ぶというような姿勢がまったく欠けていたのである。こういう点について、これまであまり指摘されていなかった諸側面の吟味を提起している松原久子『日本の知恵　ヨーロッパの知恵』（三笠書房、1985

年）なども注目すべきであると思う。

　また彼らの伝道の動機も、本当はどういうところにあったのかも問題である。当時のローマ・カトリック教会は、宗教改革に対する「対抗改革」の熱意に燃えていたのであり、そのことが彼らの伝道熱と密接に関連していなかったとはいえないであろう。

　なにしろ当時のヨーロッパでは、魔女信仰が盛んであり、とりわけ、ジャンヌ・ダルクのような「大魔女」が処刑されて東方へ飛び、そこから「邪悪な風」を送り続けている、などという迷信が本気で信じられていた時代のことなのである[*1]。また軽蔑され差別されていたバスク地方出身のロヨラが創出したイエズス会に、「異教徒」制覇の任務がゆだねられていたということの含みが何であったかは、新しい視点から研究されるべき事柄ではなかろうか。

多くのキリシタンが誕生した理由

　宣教師たちの根本動機がどのようなものであったにせよ、九州を中心に多くの農民などが、カトリックの信仰を受け入れたことは事実である。その理由としては、戦国の時代にあって、彼らが置かれていた生活状況がきわめて厳しいものであり、日々の生活のなかで深い喜びやなぐさめを感じられず、そのため宣教師たちの一途で捨て身の伝道のなかに、農民たちが人間として認められ受け入れられるという経験を持ったという面があったであろう。

　彼らが、カトリック信仰の詳細な内容を正確に把握したとは思えないが、その異国的で神秘的な内容に魅了されたり、マリア信仰のうちに新しい観音信仰とのつながりを見出したりしたこともあったであろう。こういう農民たちに、当時の仏教が、深いなぐさめや喜びを与えるような姿勢になかったことも、大きな原因であったであろう。

---

*1　日本へのローマ・カトリック教の伝来については、イエズス会成立の真相と、当時のヨーロッパの魔女妄想との関係というような、これまで注目されてきていない側面も深く吟味されなければならないであろう。

農民たちだけではなく、都市の住民たちや、大名たちもキリシタンになったという事実のなかには、彼らのなかに新奇なものへの強い好奇心があったことや、文芸や新しい機械、新しい世界観などへの関心や感嘆、それに新しい文物との接触による実利的面も作用していたであろう。また都市部においても、当時の仏教僧侶の多くが権力者と結びつき奢侈に流れたり、道徳的にも弛緩していたりしたことも人心を離反させた理由であったであろう。

これらのことは、現代でもいろいろ示唆を受ける事柄である。

伝道の伸展とその問題性

フランシスコ会は、1593年に初めて渡来したが、フィリピン総督の使者という資格をも兼ねて来日した。その後、1596年に土佐に漂着したスペイン船サン・フェリペ号の乗組員が、スペイン帝国の侵略の意図を漏らすような発言をしたことから、フランシスコ会士などを含む26人が長崎で処刑されるという事件が発生した。いわゆる「二十六聖人の殉教」事件である。

これなどもキリスト教側は、日本側の残虐な迫害とだけとらえがちであるが、それはきわめて一方的な解釈であると思う。当時スペインが東洋を侵略しようとしていたことは事実であるし、一部の宣教師が、たとえば九州の港の地形などをスペイン政府に知らせ、上陸しやすい地域について報告していたのであるから、日本側が神経質になったのは当然であろう。

そのうえ、この殉教劇のゆえに、宣教熱と殉教熱が高まり、禁教令を無視して宣教師らが不法に渡来し、キリスト教唯一絶対主義を宣伝していたのであるから、為政者の怒りに触れるのは無理からぬことであったともいえよう。また当時の為政者たちに、近代的な「信教の自由」観を要求しても無理というものであろう。

そのうえ当時のヨーロッパでは「領主の宗教が領民の宗教」という観念が一般的だったのだから、宣教師たちが侵略の先兵になるということも当然のように考えられていた。しかも当時のヨーロッパ

では、カトリックとプロテスタントが血みどろになって戦っていて、寛容などということは意識されていなかった。こういう面についても、社会総体を視野に入れた再吟味が不可欠であろう。

「島原の乱」と鎖国

徳川家康は、外国貿易を欲していたので、最初はキリシタン禁教に熱心ではなかった。だが、カトリックを信奉するスペインとポルトガルが対立し、さらにプロテスタントを信奉するオランダと対立しているのを知り、キリスト教そのものの宣教を禁止する方向を強めた。しかし、キリスト教宣教を行わないと確約したオランダには通商を許し、オランダ人は長崎の出島に居住し、もっぱら貿易に従事した。

島原半島のキリシタンは、領主松倉氏の厳しい禁教政策の下で苦しみ、1637年一揆を起こした。反乱軍の数は3万にも達し、幕府軍は10万人以上もの大軍を派遣して鎮圧した。

この事件も、幕府による残虐な弾圧という面からだけとらえるのは一方的であろう。キリシタン農民や漁民に蜂起を促したイエズス会の宣教師たちの問題もあるからである。彼らは、彗星の到来をめぐる彼らの迷信的ともいえる計算によって、「最後の審判」の到来の年を1637年と定め、それを根拠にキリシタンに決起を促したともいわれる。

それにしても、彼ら自身は、この反乱に直接的には参加しなかったという事実は、どのように理解されるべきであろうか。しかもオランダ軍艦が幕府のために海上から援護射撃を行ったのである。宗教の本質とは何かを考えさせられる出来事であった[*2]。

とにかく、この事件が大きなきっかけとなって、鎖国という政策がとられることになった。幕府が決定した鎖国政策は、宗門改めの

---

*2 煎本増夫『島原の乱』（教育社歴史新書）を参照。また中津文彦の歴史小説『闇の天草四郎』（徳間文庫）はなかなか興味深い。

徹底、密告の奨励、五人組制度、檀家制度、寺請制度などを生み出した。こうして、いわゆる「隠れキリシタン」が生まれたのであるが、彼らの苦難は明治時代まで続いた。明治政府も、旧来の禁教政策を踏襲した。だが明治政府は、欧米諸国の非難を受けて、明治6年（1873年）に「キリシタン禁制」の高札を撤去せざるをえなくなった。

プロテスタント諸派の到来

プロテスタント宣教師の来日

　プロテスタントの宣教師が初めて来日したのは、1859年であった。日本で最初のプロテスタント教会は、「日本基督公会」と名づけられた（1872年）。これは、日本人の側がいろいろな教派を克服して一致した教会を志向していたことを示している。その後、聖公会やメソジスト教会、バプテスト教会などがやって来た。それぞれ外国の親教会を持っていたので、一致することは困難であったが、日本人側では「福音同盟会」や「基督教連盟」などが結成されて、一致を志向する方向は失われなかった。

〈明治期の著名な宣教師たち〉

J・H・バラ（Ballagh）（1832〜1920年）　アメリカ改革派教会の宣教師。1861年（文久元年）来日。日本最初の日本基督公会を横浜の山下町に設立した。在日50年に及んだ。弟のJ・C・バラも来日し、ヘボン塾や明治学院で教えた。

G・H・フルベッキ（Verbeck）（1830〜98年）　アメリカのオランダ改革派の宣教師。1859年（安政6年）に来日。長崎や佐賀で英語を教え、大隈重信や副島種臣らを導き、のちに三条実美に招かれて上京し、教育・法律・行政の諸面において貢献した。明治学院でも教え、聖書の翻訳に尽力した。

W・S・クラーク（1826〜86年）　アメリカの農学者。北海道開拓のために日本政府に招かれて来日（1876）。札幌農学校（北海道大学の前身）で教え、学生の団体「札幌バンド」結成を促し、有名な「Boys be ambitious」の言葉を遺した。内村鑑三をはじめ多くの青年に深い影響を与えた。

プロテスタント教会の伸展

　ピューリタン的な倫理的姿勢と熱意および学識を持ったプロテスタントの宣教師たちに触れて、新しい時代の息吹（いぶき）を感じた旧幕臣の子弟たちは、「熊本バンド」「横浜バンド」「札幌バンド」などを結成して、キリスト教を通じて欧米の文化を吸収していった。こうした新しい気運のなかから、多くの逸材が出現し、多方面にわたって目覚ましい活動を展開した。

　彼ら旧佐幕派の武士の子弟たちは、宣教師たちのピューリタン的な厳格な生活態度や、誠実な人柄や深い学識などに感銘（かんめい）を受け、共感を覚え、新しい日本の未来を開くための精神的・知的支柱を見出したと信じたのである。

　これらの若い日本人学生たちは、いろいろな社会事業を起こしたり、教育事業を進展させたりした。また彼らの多くが文筆活動を通じて与えた影響は、きわめて大きかった。彼らは全体としてはまだ、キリスト教の教理についての詳しい知識などを十分把握したとはいえなかったが、宣教師らの不屈の信仰の姿勢、倫理的高潔さ、全人類を兄弟と見る思想、世界大の歴史意識、新しい科学的思考などに深い感銘を受け、キリスト教のなかに清新な力を感じとったのである。

　それに政府自体も欧米化政策をとっていた時代でもあり、そのかぎりにおいてはキリスト教は順調にその勢力を伸展させていくよう

J・L・L・ジェーンズ（janes）（1838〜1909年）　アメリカの教育者で熊本洋学校の教師として1871年（明治4年）に来日。彼に感化された学生たちが「熊本バンド」を結成した。さらに大阪英学校、第三高等学校で教えた。

C・M・ウィリアムズ（Williams）（1829〜1910年）　アメリカ聖公会の宣教師。1859年（安政6年）に長崎に上陸し、日本最初の主教となり、50年間伝道に献身し、立教大学や立教女学院を創立した。

J・C・ヘボン（Hepburn）（1815〜1911年）　アメリカ長老派宣教医。1859年（安政6年）に来日。横浜に施療所を開き多くの人々の治療に当たった。聖書の日本語訳のために尽力し『英和語林集成』を出版し、ヘボン式ローマ字を普及させた。明治学院の前身を創設した。

に見えた。そうした気運は、自由民権運動に際しても、強い精神的支柱となったので、都市部においてだけでなく、農村部などにもキリスト教が浸透していく気運が明治10年代には見られた。

キリスト教会の曲折

プロテスタント教会の苦悩

しかし、政府が次第に天皇制を軸に絶対主義的国家形成の道を歩み始めると、キリスト教は種々の困難に直面することになった。それは、政府が目指す教育と、キリスト教信仰が目指すものとの乖離として表面化してきて、内村鑑三の「不敬事件（本書215頁の欄外注参照）」に典型的に見られるような問題が続出するようになった。また、近代欧米の中産階級的思想を土台とするプロテスタント教会の言葉や思想は、日本の農村にはなかなか浸透しにくい面を強く持っており、一時の好奇心からの関心は別として、持続的な浸透は非常に難しかった。

信仰内容の揺れ

それに、プロテスタント教会内には、いわゆる「新神学*3」と呼ばれた自由主義的信仰理解が強くなり、厳格なカルヴァン派の流れの神学と対立し、宣教内容について強力な一致が見られないという事情も発生した。三位一体を否定するユニテリアン教会の到来などは、大きな論争を引き起こした。

---

*3　**新神学**　明治の中期に、ドイツの自由神学やアメリカのユニテリアン神学の影響を受けて、合理的立場から正統的な贖罪信仰などを批判する運動が展開され、「新神学」と呼ばれた。この運動は特に組合派に影響を与え、プロテスタント教会を大きく揺がせた。これをめぐる海老名弾正と植村正久の論争は有名であった。

国家主義との対決

　それに、ますます強化されていった日本主義の思想や国家主義的風潮に対して抵抗することは、国策に反するという批判を受けることとなり、教会は非常に困難な時代を迎えることになった。

　明治末年には、政府は「三教合同」という政策を打ち出し、神道諸派、仏教諸派、そしてキリスト教を公認することを決定したが、それは同時に、すべての宗教が政府の指導の下に屈服するということをも意味した。

大正・昭和初期のキリスト教会の揺れ

　いわゆる大正デモクラシーの時代には、教会は比較的順調な伸展を享受（きょうじゅ）し、知識人を中心にかなりの普及をみた。また他方キリスト教会においても、社会主義的思想が浸透し、「社会的キリスト教」が唱えられるようになった。しかし、昭和期に入ると、社会主義思想への政府による弾圧などが強まり、特に青年層に大きな動揺をもたらした＊4。

　この頃「危機神学」（弁証法神学）が紹介されたが、その神学が反ナチスの方向を持つものであることはあまり認識されず、もっぱら「教会形成」という面が強調され、教会にとっては苦難の時代、「冬の時代」であったからこそ、ますます純粋な教会形成に沈潜（ちんせん）するという方向が追求されていった。その結果プロテスタント教会は、ますますプチブル的中産階級にのみ受け入れられる体質を強めていった。

＊4　**賀川豊彦**（1888〜1960年）　社会運動という面では、労働運動の先駆的役割を果たした賀川豊彦の功績は大きい。神戸葺合（ふきあい）での貧民救済の運動や、東京本所のセツルメント事業は有名であった。賀川はさらに農民運動、協同組合運動、キリスト新聞社、世界連邦運動など幅広い活動を展開し、欧米に伝道旅行をしたりした。日本においてよりもむしろ外国で高い評価を得た。

「十五年戦争*5」期のキリスト教

　十五年戦争期には、キリスト教会は結局のところ国策に全面的に協力してしまった。「日本的キリスト教*6」というような時局便乗的な傾向が一般的になってしまった。ここでは詳論できないが、ナショナリズムの問題を本当に深く真剣に考え抜くことができていなかったことが、その大きな理由であったといえよう。もちろん当時の状況のなかで、国家に抵抗することは至難のことであったであろうが、それにしてもあまりにも全面的な協力の姿勢しか示さなかったことは、本質的な問題性をはらんでいたというほかないであろう。

　国家の側は、国民総動員のかけ声の下に、あらゆる宗教をも国策遂行のために駆り立てるという施策の一環として、1941年（昭和16年）には日本のプロテスタントすべてを統一させ、「日本基督教団」なるものを創設させた。こうして創立された教団は、明治初年以来、キリスト教徒が希求していたような自発的な教会合同ではなく、国家権力の要請による統合であった。

　そのため教団は、ただちに国家政策への全面的協力を強いられ、若干の抵抗の姿勢は示したものの、次第に率先して協力する態度に変わっていってしまった。その顕著な現れの一つは、朝鮮半島での神社参拝の強制に日本基督教団が進んで協力し、教団統理（議長）がその役を進んで果たしてしまったことである。

　また太平洋戦争開始後には、悪名高い「大東亜共栄圏下にある基

---

*5　1931年（昭和6年）から1945年（昭和20年）の15年間に行われた、日本の対外戦争。満州事変、日中戦争、太平洋戦争を経て敗戦まで（編集部注）。

*6　**日本的キリスト教**　昭和初期より敗戦までの間に、国家主義・軍国主義に同調協力したキリスト者らの総称。日本メソジスト教会のある監督は、その就任を伊勢神宮に報告したし、日本基督教団立神学校などでも日本主義に迎合していった。基督教尊皇愛国主義を唱える「みくに会」なるものも創立されたし、その機関誌『みくに』では賀川豊彦などが非難されたりした。また日本精神とキリスト教の一致が唱えられたり（海老名弾正）、キリスト教と皇国主義との一致が説かれたりした（魚木忠一）。
　この流れは、ドイツキリスト者に呼応するものでもあったが、大きな組織的力にはならなかった。とはいえ、日本の教会においては、ドイツ教会闘争のようなものは起こらなかったので、総体として国家主義・軍国主義に屈服してしまったといわざるをえまい。

督信徒への書簡＊7」などを送ってしまった。この書簡においては、大日本帝国の国策が、キリスト教的神学用語をもって正当化され、最大級の賛辞をもって美化されていたのである。このことの責任は、戦後になって鋭く問われることになった。さらに教団は、戦闘機などを贈呈して、戦争協力の姿勢を示したりした。

第二次世界大戦後のキリスト教会

第二次世界大戦直後のキリスト教会

　敗戦後キリスト教会は、戦時中の戦争協力の姿勢を根本的に反省するという不可欠の作業を行わなかった。むしろ「国民総懺悔（ざんげ）」式の無責任体制の発生を助長するような姿勢をとった。それどころか、戦時中自分たちが国家主義の犠牲者であったかのような語調で自己弁護を図った。そして一転して「三百万救霊運動」なるものを提唱し、教勢の拡大を図るというような自己保存的姿勢を示した。

　それゆえ戦争責任の問題を深く認識することもできず、進駐（しんちゅう）軍のキリスト教保護の姿勢に便乗していった。もちろん、すべての信徒がそのようであったのではないが、大勢としてはそうした風潮が顕著であった。それゆえ戦後の米ソの冷戦構造への本質的な批判をするのでもなく、日本の進路のあるべき方向を真に模索（もさく）するという姿勢でもなかった。

　教会は、アメリカからの救済物資の仲介の役を果たしたこともあ

＊7　昭和19年（1944年）11月に、日本基督教団統理の名で、アジア各地のキリスト者に宛てて送られたもの。前年から原稿の募集をし、入選佳作を土台にして作成された。懸賞募集の条件は、
　　（1）日本の国体の万邦無比を弁証せよ、
　　（2）大東亜共栄圏の理想と抱負を述べよ、
　　（3）日本のキリスト教の歴史および日本基督教団の成立を説明せよ、
　　などであった。拙著『キリスト教主義大学の死と再生』（新教出版社）のⅢ「資料」の項を参照。

って、多くの人々が続々とクリスチャンになった時期もあった。それは、戦後のアメリカ文化に対する関心や好奇心などにも影響されてのことであったであろう。そうした雰囲気のなかで、天皇までキリスト教に回心させうるというような幻想も抱かれた。

そうした雰囲気のなかでは、朝鮮戦争の本質を深く追究するというような気運はキリスト教会総体には見られなかった。むしろ日米安全保障条約締結を境に、ますます反共宣伝の一役を担ってしまったといえよう。

高度経済成長期とベトナム戦争のインパクト

戦後復興期のプロテスタント教会においては、神学的にはカール・バルトを中心とする弁証法神学が指導的な役割を演じていたが、それは「教会形成」という面が一番強くとらえられるという仕方においてであった。それゆえ、ドイツ教会闘争の面は、一部を除いて強い関心の対象にはならなかった。

ドイツのプロテスタント教会においては、戦後すぐに「シュトゥットガルト戦争責任の告白」が出されて、真剣に戦争責任の問題が討議されたのだが、日本においては総体としては、そういう運動は強まらなかった*8。

朝鮮戦争を契機として、日本経済は次第に復興し、「……景気」といわれるものが続き、国民の意識も次第に安定してきた。そうなると、戦後すぐの頃に見られたキリスト教への皮相な関心も急速に薄れ、信者数の増加もたちまち頭打ちになってしまった。

経済的繁栄が現実化してくるにつれて、世俗主義も強められ、クリスマスとか風俗的なものの普及とは裏腹に、キリスト教への真の関心は薄れていった。それに次第に「戦後は終わった」というような宣伝もされ、「復古調」の気運も強くなり、新しい国家意識の台

---

*8　クピッシュ『ドイツ教会闘争への道──近代ドイツ教会史1815-1945年』(雨宮栄一訳、新教出版社)、M・ガイガー『ドイツ教会闘争』(佐々木悟史・魚住昌良訳、新教出版社)、雨宮栄一『ユダヤ人虐殺とドイツの教会』(教文館)などを参照。

頭も見られ、キリスト教会は次第に沈滞の様を呈するようになった。

だが、ベトナム戦争が勃発し、その全容が次第に明らかになるにつれて、キリスト教徒のなかにも、アメリカの政策への批判が見られるようになり、「キリスト者平和の会」などの活動が活発になってきた。本来独立を希求するベトナム民衆の抵抗運動を、共産主義の侵略行為と誤認したところから発していたベトナム戦争の本質理解をめぐって、真剣な討論が行われるようになり、「ベトナムに平和を！市民連合」（べ平連）の運動などとも呼応しながら、キリスト者の認識も変わってきた。

このような動きのなかで、日本基督教団議長鈴木正久が、1967年に「キリスト者の戦争責任の告白*9」（戦責告白）を公にした。遅きに失したとはいえ、教団議長がこのような告白をしたことは大きな意味を持つ出来事であった。もっとも、この告白に反対の者も数多くいたことは、教団としてではなく、議長の名においてのみの告白に止まったという限定を持ち、それだけ日本の教会の体質がどのようなものであるかを示すものでもあったのだが。

大阪万国博覧会をめぐる「教会闘争」

1970年に大阪で万国博覧会が開催されることになったが、その際、日本のキリスト教会は、その会場に「キリスト教会館」の建設を企画し、プロテスタント側からは東京神学大学の北森嘉蔵、カトリック側からは遠藤周作を委員長に選んだ。おりから全国の大学では、いわゆる「学園闘争」が盛んになっていて、「産学複合体」的な大学の体質が激しく追及されていた。「調和と進歩」をスローガンとする大阪万博は、産学軍民複合体的現実を隠蔽する欺瞞的なくわだてであり、その本質を見抜けぬまま幻想的な「キリスト教会館」な

*9　正式には「第二次大戦下における日本基督教団の責任についての告白」として、1967年のイースターに総会議長鈴木正久の名において公にされたもの。そこでは「まことに私共は教団の名においてあの戦争を肯定し、支持し、その勝利のために祈り努めることを内外に声明しました。心の深い痛みをもってこの罪を懺悔し、主のゆるしと世界およびアジアの諸国のそこにある教会の兄弟姉妹にこころからゆるしを乞う次第であります……」と告白されている。

どを建設し、無自覚的な「伝道」志向に発してこれに参加することは「犯罪的」である、という批判が学生・青年・若手教職員の間から起こってきた。

　この問題をめぐって、大阪や東京をはじめ、全国の多くの教区・教会において「追及集会」が開かれ、激しい討論が繰り広げられた。また東京神学大学をはじめ、諸大学の神学部においても激しい討論が展開された。その結果、日本基督教団では、教団総会を開くこともできなくなり、多くの「混乱」が生じた*10。

現代社会における教会の機能は?

　このような過程において問われた重要な事柄の一つは、キリスト教会が現代社会で具体的にどのような役割を演じているのかという問題であった。教会は、幻想的・観念的な救済を宣伝しながら、実際には「なぐさめの孤島」として現体制を補完する機能を果たしているのではないか、という問いが厳しく提起された。つまり、福音の本質理解という面と、教会の現実的な機能という面の両方が根本的に問い直され始めたのである。

　この時期に広く読まれた神学の一つは、ユルゲン・モルトマンの『希望の神学——キリスト教的終末論の基礎づけと帰結の研究』(拙訳、新教出版社)であった。これは、イエス・キリストの福音の本質を十字架と復活の使信*11における虚無と死の克服と見、それゆえ最大の罪を「絶望」のなかに見るという思考であり、キリスト教的信仰とは、すべてを将来から見る生きざまだととらえる。死者たちは未解決の諸問題を現代に問いかけ訴え続けるのであり、復活信仰とは、それらの死者の声を聞きつつ、将来から語りかける希望に応えながら、現代的な変革の業に参与していくことにほかならない

---

*10　拙著『神学の苦悶——キリスト教批判の根底』(伝統と現代社)のⅢ「キリスト教会告発闘争——闘いの軌跡と課題」を、拙著『イエスは全共闘をどう見るか』(自由国民社)の「14 神学部闘争」、拙著『キリスト教主義大学の死と再生』(新教出版社)を参照。

*11　「告知」の意味で使われるキリスト教の用語。

というのである。これはいわば「革命の神学」として、多くの者に訴えるところがあった。

「戦うキリスト者」らの出現

このような流れのなかから、多くの「戦うキリスト者」のグループが生じてきた。これは、諸大学における「全共闘」運動に呼応した面も強く持っていて、さまざまな方向性も持ってはいたが、いずれも教会の根本的な変革を迫るという点においては共通していた。そして、ベトナム戦争反対や、靖国神社国家護持法案への反対運動などに多くのキリスト者が活発に参加することが目立つようになった。

こうした変革への試みは、プロテスタントのみではなく、カトリック側にもかなり見られ、実際の活動の場面においては、両者が共同でことに当たることもしばしば見られた。カトリック側でも、第二ヴァチカン公会議の方向に呼応して、社会の問題に目を向ける人々も増え、また「解放の神学」の影響もあったからである。こういう具体的な運動は、教会の指導層からのものではなく、一般信徒の側からの自発的・具体的なエキュメニカル運動*12の出発であった。

反動的気質の台頭と「正常化」の方向

しかし、全体として見れば、教会はやはり本質的に保守的な体質を持っていた。上述したような根本的な批判が展開され始めると、組織防衛的な姿勢が強く出てきて、問題提起者たちへの対応が誠実になされなくなった。そのため問題提起者の側でも追及がますます激しくなり、それに対して教区や個別教会において警察権力を導入するというような局面も生じ、多くの青年が逮捕されるという事態さえ起きて、対話の道が閉ざされてしまうケースが目立ち始めた。

---

*12　世界教会一致運動のこと。全世界を意味するギリシア語「オイクメネー」に由来する語。173頁の注を参照。

日本基督教団の内部では、保守的な人々が「福音主義教会連合」
と称するグループを結成し、社会的諸問題への参与を主張する者た
ちを「社会派」と呼んで非難し、純粋の「福音」を守るというスロ
ーガンのもとに、問題提起者たちを排除しようという方向を打ち出
したりした。こうした姿勢は、「学生や青年たちは、問題にはなる
が、金にはならない」などというある牧師の言葉に象徴されている。
　こうしたことが繰り返されているうちに、多くの有能な青年たち
は「消耗」を感じ、教会に嫌気がさして離れていってしまった。こ
の傾向は特に日本基督教団の諸教会に強く見られ、現在に至るまで
「青年不在」を憂える状態が続いている。

新しい思索の芽生え

日本における独自の思想的展開

　これらの状況を踏まえて、神学やそれをめぐる学問の領域におい
ても、種々の新しい展開が試みられている。以下において、代表的
な人々の思索を紹介したい。彼らは、これまでの欧米の学問を十分

〈明治・大正期の著名なキリスト者〉

植村正久（1858〜1925年）　旗本の家に生まれたが維新後没落。横浜でJ・H・バラに出会って入信
し、一番町一致教会（のちの富士見町教会）の牧師となり、明治学院教授となった。さらに東京神学社
を創設し、その校長となり終生伝道のために尽くした。『福音新報』『日本評論』などを刊行し、堅実な福
音主義に立って深く鋭い論評を展開し、日本基督教会の独立に貢献した。

小崎弘道（1856〜1938年）　熊本藩士の家に生まれたが、熊本洋学校に学び受洗し同志社に学ん
だ。組合教会に属し、東京の霊南坂教会および番町教会を創立した。同志社社長ともなり、日本キリス
ト教の諸機関の長として、また『六合雑誌』『基督教世界』を発行し、のちの東京YMCAをも興し、大き
な影響を与えた。

新島襄（1843〜90年）　安中藩士の家に生まれたが日本を脱出してアメリカに渡り、組合派のアーモ
スト大学などで学び、帰国して同志社英学校を創設。

吸収したうえで、それぞれ独自の思索を展開している。

　だが全体としては日本のキリスト教界は、これらの人々の仕事を正当に評価せず、彼らの豊かな問いかけに本当には応えようとはしていないと思う。そのこと自体が、現在の日本のキリスト教の問題性を反映していると思う。もっとも、欧米の場合も同じようなものであるが。

赤岩栄

　1950年代の最もユニークでラディカルな思想家の1人は、東京代々木上原教会の牧師、赤岩栄（1966年没）であった。彼は、1949年に共産党への入党宣言をしたが、それをめぐって議論が沸騰した。それ以前には彼は、バルト主義者であったが、ブルトマンの非神話化論の影響を受け、次第に伝統的なキリスト論に批判的になり、「イエスの人間性」こそが新約聖書の中心的メッセージであると考えるようになり、1964年に『キリスト教脱出記』という衝撃的な書物を公にした。

　しかしキリスト教会は、赤岩の問いかけには答えようとはせず、無視するか異端視しただけであった。彼をいわば「破門」にすべきだという意見もあったが、真摯に議論することを避けているうちに、幸か不幸か彼が1966年に亡くなってしまい、その後は上述した「大

阪万博闘争」をめぐる議論のなかで、彼自身の問題は論じられなくなってしまった。そのこと自体が、日本のキリスト教会の体質を示しているともいえるし、この問題に真剣に対応しなかったことが、あの「教会闘争」の過程を不毛なものにした原因の一つであったといえよう。

八木誠一

　八木は早くから優れた新約聖書学者として出発し、その初期の著作『新約思想の成立』（新教出版社、1965年）によって有名になった。彼は、新約聖書にはいくつかの思想の類型があり、それらを比較検討することによって、「新約聖書の思想」の発達や問題性を浮き彫りにすることができると主張した。その後、彼は『キリストとイエス――聖書をどう読むか』（講談社現代新書、1969年）や『キリスト教は信じうるか――本質の探究』（同、1970年）、『新約思想の探求――第一論文集』（新教出版社、1972年）などを出版し、問題提起をし続けている。

　八木は、イエスとキリストを区別することを提唱したが、その場合のイエスとは、史的イエスのことであり、「キリスト」とは初代教会の信仰の対象としての「復活した生けるキリスト」である。八木によれば、イエスが宣言した「神の国」は、初代教会が告白した「生ける復活のキリスト」と内容的・本質的には同じであり、「神の国」も「キリスト」も、何か実体的に存在している超自然的な存在ではなく、「統合への規定」とでも表現されうる「原理」の徴表である。

　新約聖書は、それが含む「個人的・実存的レベル」の事柄を扱う類型と、「人格的な対人レベル」の事柄を扱う類型と、さらに「共同体」に関わる事柄を扱う類型を含んでいるが、それらすべてのレベルの諸関係が統合される中軸が「統合への規定」であり、それが「キリスト」なのである。

　そして新約聖書は、その「キリスト」を証言しているのである。

この「統合への規定」は、自然・文化・人格間の各レベルにおいて「検証」可能であり、それゆえあらゆる文化の人間にも原理的に了解可能な「リアリティー」である。

この「統合への規定」を実存的に経験した者が「宗教的実存」なのであり、そのような実存の可能性はいわゆる「キリスト者」に限定されるものではない。伝統的キリスト教の問題性は、イエスが「神の国」として告知し、初代教会が「復活のキリスト」として宣べ伝えた事柄をイエスに関わる「歴史的啓示の事実」（たとえば、十字架のイエスの死を贖罪のための唯一絶対の実体的根拠として、またイエスの復活を人間が神によって義とされるための唯一絶対の実体的根拠として信じこむこと）として、排他的に絶対化し、これらの「歴史的事実」こそが救いの唯一絶対の根拠であると主張する姿勢にあるのである。

とすれば、「統合への規定」は、キリスト教においてのみ作用しているのではなく、人生の根本構造として、考察に値するあらゆる宗教においても、それなりに追求され把握されている人間実存の共通の事柄である。それゆえ、キリスト教と他の諸宗教、とりわけ仏教との対話も可能なのであり必要でもあるのである。そうした思索のなかから八木は、『キリスト教と仏教の接点』（法藏館、1975年）、『パウロ・親鸞・イエス・禅』（法藏館、1983年）などを公刊した。

このような八木の展開に対しては、本来「人格的」であり「出来事的である福音」を抽象化し原理化するものであり、内実をともなわない「形式論理」であるという批判や、社会科学的視点、とりわけ「階級的視点」が欠落しているというような批判も提起されている。しかし彼の問題提起は無視されていいようなものではない。だが、全体としてはキリスト教会からの応答はごく消極的で、その問題提起は無視され続けている。仏教、とりわけ禅関係の人々からの応答のほうがむしろ活発である。そのことも現代日本のキリスト教会の体質を示すものであろう。

八木の仕事は、聖書学と教義学とを媒介させようとの意図を持っ

ているといえようが、イエスの「神の国」の告知と、初代教会の「復活のキリスト」の信仰が「同じ」事柄を証言しているという把握の仕方は、とらえようによっては、形を変えた護教論としても機能しうる面を持っているともいえよう。事実、一定程度「進歩的な」神学者や牧師のなかには、八木の仕事をそのようなものとして受けとめ、現代の聖書学の批判をも、これで乗り越えることができると「安心」している者もいる。わたし自身は、そのような読み方は勝手な誤読であるとは思うが、そのように読ませてしまう要素があることは否めないとも思う。

　いずれにせよ、八木の問題提起は、真剣に対応されるべきものであると思うが、キリスト教にからまって生きている度合いが強ければ強いほど、こういう根本的な問題提起を真剣に受けとめることを避けてしまうようである[*13]。伝統的なキリスト教の崩壊を恐れるからであろう。

滝沢克己

　最初、西田幾多郎の哲学から深い影響を受けた滝沢克己（1909〜83年）は、その西田の強い薦めを受けて、カール・バルトの神学を学び、ついにはバルトを生涯の師と仰ぐようになり、その後さらに独自の思索を深め、多くの著作を公にしてきた。なかでも『カール・バルト研究』（1939年）、『仏教とキリスト教』（法藏館、1964年）、『聖書のイエスと現代の思惟』（新教出版社、1965年）、『現代の事としての宗教』（法藏館、1969年）、『自由の原点・インマヌエル』（新教出版社、1969年）、『キリスト教と日本の現状況』（新教出版社、1972年）、『ドストエフスキーと現代』（三一書房、1972年）などが重要である[*14]。

---

*13　八木誠一が『宗教と言語 宗教の言語』(日本基督教団出版局)で展開している言語哲学的考察は注目に価する。もっとも、わたしとしては、そこでの展開が、ソシュール言語哲学やそれを踏まえた丸山圭三郎の言語哲学の問題提起に十分応えているとは思われないのであるが。拙著『ソシュールで読む聖書物語』(情況出版)を参照。

*14　『滝沢克己著作集』全10巻(法藏館)を参照。

彼の思想の内容は、彼の綱領的表現、「神人の不可分・不可同・不可逆の原事実」に要約される。この「事実」は、「インマヌエルの原事実」とも表現されるが、われわれが人間として立てられている根底的・超越的で同時に普遍的・内在的である根源的事実関係を表現しようとするものであり、聖書が証言しているのも、この事実にほかならない。バルト的表現では、それは「原歴史」ないし「原事実」であるが、聖書で「イエス・キリスト」と表現されているものも、この事実をユニークな仕方で証言しているものにほかならない[*15]。

　だが、滝沢によれば、バルトにも「唯一の不明瞭な点」がある[*16]。バルトの諸表現によると、この「原事実」が、あたかも歴史上のイエスの出来事によって初めて基礎づけられたかのような印象を受けるからである[*17]。そのように受けとめられると、バルト的表現は伝統的な教義の再確認であるかのように聞こえてしまう。

　バルトは、彼の言う「イエス・キリストは歴史のイエスとは何の関係もない」とか、「イエス・キリストはキリスト教会の壁に閉じこめられてはいない」とかと明言している。それゆえバルトが伝統的な教義をただ再確認しているだけだとの印象を受けることは、確かに誤解である。だが、あまりにもしばしばそのように誤解され、バルトの神学が「新正統主義」と呼ばれたり、あまりにも多くの「バルト主義者」たちが生まれてきてしまうのには、バルト自身にも責任があるといえよう。この点を明確にしなければならない、というのが滝沢の主張である。このバルト批判は、本質的に当を得た

---

* *15　滝沢克己は、この神と人との太初より厳然と成立している原関係を「神・人の第一義の接触」と表現する。それに対して、イエス（キリスト）において稀有な透明度で示された神と人との関係は「神・人の第二義の接触」と表現される。伝統的なキリスト教の大いなる間違いは、この「第二義の接触」によって初めて「第一義の接触」が可能になったかのように信じこみ、それゆえ「キリスト教唯一絶対主義」という妄想を生み出したことである。このことのゆえに正統的キリスト教は、他宗教との真の対話ができないのである。
* *16　『バルト神学になお残るただ一つの疑問』（『滝沢克己著作集2』法藏館）。
* *17　滝沢的な表現をすれば、バルトにおいても「第二義の接触」が「第一義の接触」を初めて（そして排他的に）基礎づけるものであるかのように思わせる諸表現があるということである。

批判であると思う。

　さて滝沢は、このような視点から、八木の神学をも批判する。八木は、「根源的リアリティー」を語りながら、宗教的実存の「経験」に比重をかけすぎて、かの「原事実」への凝集が曇らされ、それだけ「観念的」になりがちである、と批判する。両者の表現は、一見したところ相似しているが、その根源志向においてきわめて異なる。

　このことを八木が自覚できないかぎり、八木もまた「近代主義」がおちいった問題性を真に克服することはできないであろう、というのが滝沢の批判である。わたし自身は、滝沢にも問題があるが、この論争自体においては、滝沢の指摘はそれなりに根拠があると思っている。

　とはいえ、滝沢にも批判がなされるべきであるとも思う。後述する田川建三は、滝沢の思想は一種の「原点主義」であり、彼のいう「原点」を語ってさえいれば、人間のあらゆる問題が解決されるかのような幻想を与える、と批判する。滝沢もまた、八木とは違った意味においてではあるが「観念的」である、だから聖書を真に批判的に読むことができず、かの「原事実」を聖書の至るところに「読みこんで」しまい、聖書についての歴史的・批判的研究の成果を十分には評価できないのだ、と言う。

　この批判は根本的に当たっているとわたしも思う。それに滝沢の国家理論や天皇制理解にはなお批判されなければならない点があると思う[18]。ただしわたしは、滝沢が主張する「原事実」という認識は、重要な認識であり、滝沢の表現にいかに多くの問題があるとはいえ、これを「原点主義」として批判し去ってはならないと思っている。それは、原初仏教の根本思想を踏まえて、さらに現代の言語哲学の諸成果を踏まえて発展的に克服すべき重要な視点を提供して

---

[18]　わたしの滝沢への批判としては、拙著『神学の苦悶――キリスト教批判の根底』(伝統と現代社)のⅢの「キリスト教的国家観の問題性」、拙著『宗教幻論――[現代]への批判的接近』(社会評論社)のⅡの「現代国家における天皇(制)の意味」を参照。

いると思うからである。

田川建三

　優れた聖書学者である田川建三（1935年～）は、1968年に『原始キリスト教史の一断面──福音書文学の成立』（勁草書房）を公にしたが、これは従来の福音書理解、とりわけ『マルコによる福音書』の理解を根底から批判するものであり、それはさらに原始キリスト教の理解においても根底的な変革を迫るものであった。つまりそれは、イエスの直弟子たちに由来し、パウロによって展開され、のちに正統教会の信条になった正統的・伝統的キリスト論的イエス理解を批判するという視点であり、彼はそれを『マルコによる福音書』の批判的解読を通して提示したのである。

　田川はさらに『批判的主体の形成』（三一書房、1971年）、『マルコ福音書　上巻』（新教出版社、1972年）、『イエスという男』（三一書房、1980年。のちに増補改訂版、作品社）、『宗教とは何か』（大和書房、1984年）などの著作を発表して、その鋭い批判的作業を展開している。彼が、厳密な聖書学的手続きを経て描き出す「逆説的批判者・抵抗者としてのイエス」という像は、伝統的教義のベールに包まれたイエス像や、近代ヨーロッパ的な人間像を反映しているもろもろのイエス像とは根本的に違ったものであり、きわめて説得的な像である。

　それだけに、キリスト教会はこれに真っ向から取り組むという姿勢を示さず、大いに気にしながら無視するという態度をとっている。田川のような優れた聖書学者を批判するのは、きわめて「しんどい」作業であるし、田川的批判を徹底すれば、伝統的教会のイエス理解は解体させられるほかないという恐怖が根底にあるのである。このような根底的批判に対しては、「自分は信じる」というそのかぎりにおいて「難攻不落な」主観的砦（とりで）に逃げこみ、一切対応しないというのが一番「安全な」方策であろう。もちろんそれは、「知性の犠牲」と「不誠実」に依拠するほかない姿勢なのであるが。

他方、吉本隆明のような人を含めて、この田川建三が描くイエス像を「面白くない」として拒否する人々も少なくないのであるが、そのような評価の裏には、まったく「世俗化」された現代人として、どこかになお「神秘的領域」やら「聖なる領域」を残しておきたいというような「願望」が潜んでいないか、よく吟味されなければならないと思う。

わたしは、少なくとも主観的には、そのような「願望」にもたれかかってはいないつもりであるが、それでもなお、イエスにおける「神」の意識を、彼の時代に即した仕方で、さらに掘り下げなければなるまいと感じている。イエスのその「意識」が、彼の批判的生きざまとどこまで本質的なつながりを持つのか、という問題は、まだ十分に論じ尽くされているとは思えないのである。その意味で、田川が滝沢の思索を「原点主義」として切り捨ててしまうのであれば、そこにはやはり問題があると感じている。われわれが批判を展開する際に、意識的にも無意識的にも前提としているわれわれ自身の「思考枠」そのものも、われわれ自身が絶対化したり、「閉じられた体系」としてしまったりすることがないためである。

そういう視点からわたしは、「神意識」の問題を、現代のたとえば大脳生理学はもちろん、哲学的とりわけ言語哲学的知見を手掛かりにしながら、さらに深く検討してみたいと思う[*19]。それに、原初仏教の自己・世界認識の仕方を、現代諸科学の知見を踏まえて批判的に継承する道がないのかを課題の一つにしたいと考えている。

日本のキリスト教会の反応

わたし自身も、これらの人々の批判的作業に啓発され、それまでの自分の思考の誤りに気づかされ、過去四半世紀以上の間、拙いながら自分自身の思索を重ねてきた。しかし、日本のキリスト教の「主流」を成す人々は、これらの人々の仕事に真に注目しようとせ

---

*19　さしあたりの試みとしては、拙著『ソシュールで読む聖書物語』(情況出版)を参照。

ず、彼らの著作をほとんど「禁書」扱いにしている神学校すらあるほどである。

これらの人々の著作が、キリスト教専門の書店からではなく、一般書店から出されていて、しかもキリスト教界以外の人々から高い評価を得ているという事実も、現代日本のキリスト教会の体質を露（あらわ）にしているといえよう。

日本のキリスト教会は、これらの人々の問いかけを無視し続けるならば、そういう安手の安心や幸福や救済に満足してしまうそれなりの数の人々を取りこむことには一定程度成功するかもしれないが、真に時代を切り開く役割を果たすことはできず、退嬰（たいえい）的で自己保存的なルサンチマン（怨念）や、〈知〉を放棄してしまった不誠実な保身に逃避してしまうことになるであろう。

問題回避的な「進歩性」について

牧師や信徒のなかには、上述したような人々の問いかけには一切応答しようとしないままで、いわゆる「社会的な」諸問題には「進歩的に」関わろうとする人たちがいるが、そのような姿勢の背後に、自らの「存在意義」（レゾン・デートル）をそのような実践によって保持したいという意識的・無意識的な動機がありはしないか真剣に自己吟味がなされる必要があると思う。

ある人が、「現代のキリスト教会は、左翼の下請け機関になっている」と若干の揶揄（やゆ）を含めて批判したことがあるが、単なる皮肉としてではなく、深い批判として耳を傾けたほうがよいとわたしは思う。もし、そのような皮肉が何がしか事の真相を穿（うが）っているならば、それは宗教改革以来の「行為による義認」に関わる問題でありうる。

かつての「大学闘争」以来問われてきた事柄は、具体的な社会的諸問題への誠実な関わりの問題と同時に、長い間われわれが「真理問題」とか「中核的事柄」などと表現してきた「福音」の本質に関わる根本的な問い直しが不可避だからである。さもなければ、「信仰は正しかったが、行為は間違っていた」という有名な神学者の遁（とん）

辞を嘲 笑するわけにいかないであろう。

第
10
章

日
本
の
キ
リ
ス
ト
教

第11章

聖書の成り立ちと構成

聖書の成り立ち

聖書とは？

　「聖書」と訳されているギリシア語は「ヘ・ビブロス」で、英語では The Book になる。「ヘ」は定冠詞（単数）で英語の the と同じであり、「ビブロス」は「書物」の意であり、両方が大文字で書かれた場合には、「唯一の書物」ほどの意味である。キリスト教会では、いわゆる旧約聖書と新約聖書の両方を正典（カノン）としている。「カノン」は、本来ギリシア語で「測り棒」ほどの意味であって、ラテン語の「ノルマ」と同じで、規範・基準の意味であり、それ以上加えることも、それ以下にすることも許されないとされるものである[*1]。

　旧約聖書とか新約聖書とかという表現は、キリスト教のものであり、ユダヤ教においては「聖書」とは、キリスト教徒がいう「旧約聖書」のことである。旧約および新約の「約」は、「約束」「契約」のことであり、キリスト教徒は、神がイスラエルの民に与えた古い約束・契約（「アブラハム契約」ともいう）が、「イエス・キリスト」の出現によって成就され、それゆえ廃棄され、「新しい契約」が与えられたと解釈したので、旧約聖書・新約聖書という考えが生まれたのである。ユダヤ教徒はもちろん新約聖書を認めない。一般的にキリスト教は、カトリック教会であれプロテスタント教会であれ、そのほかの流れであれ、みな旧約聖書と新約聖書の両方を正典としている。

旧約聖書

　旧約聖書は39の文書から成り、ヘブライ語の原典では、第1部の

---

*1　**正典**（カノン）　本書20頁の欄外注参照。

「律法」と呼ばれる五書、第2部の「預言書」と呼ばれる八書、第3部の「諸書」と呼ばれる11の文書から成っている。「律法」は「モーセの五書」とも呼ばれ、『創世記』『出エジプト記』『レビ記』『民数記』『申命記』から成る。「預言書」は、「前預言者」と「後預言者」のものに分かれ、前者は、『ヨシュア記』『士師記』『サムエル記上下』『列王記上下』から成り、後者は、『イザヤ書』『エレミヤ書』『エゼキエル書』および「十二小預言者」から成り、「諸書」は、『詩編』『箴言』『ヨブ記』『雅歌』『ルツ記』『哀歌』『コヘレトの言葉』『エステル記』『ダニエル書』『エズラ記』『ネヘミヤ記』『歴代誌上下』から成る。これらすべてが旧約聖書正典として決定されたのは、紀元後90年頃の「ヤムニア会議」においてであった*2。

　紀元前2世紀頃には、旧約聖書がギリシア語に翻訳された。伝承によれば70人の学者がこの仕事をしたので、「七十人訳聖書」（ギリシア語で『セプトゥアギンタ』）と呼ばれる。のちにキリスト教徒は、このギリシア語訳聖書を多く用いたので、この聖書の区分に従う現行の諸書の配列が一般的となった。

新約聖書

　現行の新約聖書には、27の文書が含まれ、その配列は、まず『マタイ』『マルコ』『ルカ』『ヨハネ』の4つの福音書、次に『使徒言行録』、そしてパウロの手紙から『ヨハネの黙示録』までの文章がくる。ほぼ紀元後50年代から140年頃までに書かれた文書群である*3。

　最初に2世紀半ば頃までに、4福音書とパウロの13の手紙が正典視され、次第に旧約聖書と並ぶ地位を認められていった。だが、『ヘブライ人への手紙』『ユダの手紙』『ペトロの手紙2』『ヨハネの手紙2』『ヨハネの手紙3』『ヨハネの黙示録』は問題とされた。

　最後的に現在の形の正典が定められたのは、カルタゴ会議（397年）

＊2　旧約聖書全体の解説としては、『口語 旧約聖書略解』（日本基督教団出版局）が便利である。
＊3　新約聖書全体の解説としては、『口語 新約聖書略解』（日本基督教団出版局）が便利である。

においてであった。これが東西両教会によって正典と認められたのは、692年であり、カトリック教会の場合には、現在の配列の新約聖書を確認したのは、トリエント公会議（1546年）であった。

正典結集の過程は、本文で述べられている通りである。福音書の場合には、やはり本文で詳論した「共観福音書問題」を踏まえることが重要である。

聖書の内容理解

ここでは、旧約聖書および新約聖書の個々の文書について、その成立や内容に細かく触れることは不可能であるし、必要もないと思うので、キリスト教会の全般的理解について述べておきたい。なお、旧約聖書・新約聖書が、種々の項目（国家・権力、生と死、男と女、労働・生産・富、掟（おきて）と戒（いまし）め、死後の世界、民族・共同体、祭り・聖日）について、どのようなことを語っているかに関しては、拙著『テキストとしての聖書』（社会評論社）の「1 聖書を読み直す」の「旧約聖書を読む」および「新約聖書を読む」を参照されたい。

キリスト教の旧約聖書理解

キリスト教会は、旧約聖書を要するに「イエス・キリスト」において実現した神の福音を預言*4し証（あか）しする文書と受けとるようになった。そういうものとして旧約聖書は、キリスト教会の正典の一部とされたのである。それはもちろん、キリスト教会による独自の解釈によるものであり、ユダヤ教からすれば、そういう解釈はまったく恣（し）意（い）的で誤ったとらえ方なのであるが、キリスト教会のほうは、自分たちの解釈が正しいと主張してきたものである。

---

*4　イスラエル・ユダヤの場合には、普通「預言」と訳し「予言」とは訳さない。そこでは神の言葉を預り、その時代の人々にその神の言葉を語るという現在的要素が重要だからである。

（1）始祖アブラハムへの神の約束の理解

　そもそも旧約聖書の基本的概念として「約束」「契約」というものがあった。それは元来、古代イスラエルの民が半遊牧民であったことに起因するものであろうが、イスラエルにおいてはそれに独特な歴史的意味が付された。神はまず始祖アブラハムに約束を与え、彼を「大いなる国民」とし、「祝福の源」とし、「地上の氏族はすべて、あなたによって祝福に入る」と約束した（『創世記』12：2-3）。

　キリスト教会はこれを、全世界の民を救う「イエス・キリスト」においてのみ実現された約束と見た。この約束は、族長イサク、ヤコブにも繰り返され、のちにはダビデ王にも繰り返されたと理解されている。

（2）亡国後の約束についての理解

　イスラエルの民が、亡国の憂き目に遭ってからは、「イスラエルの回復」（『イザヤ書』2：2-5）、メシアとしての「主の若枝」の出現（『イザヤ書』4：2）が告げられる。特に神自身から与えられるしるしとして、「見よ、おとめが身ごもって、男の子を産み、その名をインマヌエル（「神ともにいます」の意）と呼ぶ」（『イザヤ書』7：14）は、イエス・キリストの預言と受けとられた。

　さらに「新しい契約の預言（『エレミヤ書』31：31-34）も、「正義と公正をもって治める正義の若枝」の預言（同33：15）も、さらに預言者エゼキエルによる「新しい心」「新しい霊」の預言（『エゼキエル書』36：25-26）も、「枯れた骨」の復活という預言（同37章）も、「聖霊の注ぎ」の預言（『ヨエル書』3：1）も、すべてイエス・キリストの預言として解釈した。

（3）キリスト教側の理解

　こういう理解は、とりわけ『使徒言行録』のなかに顕著に見られる。この書が、原初教会の発展をたどる書であるからであろう。まず「イエス・キリスト」の出来事が、アブラハムへの約束の成就

と見る（『使徒言行録』7：5）。さらにダビデ王に与えられた約束の成就と見る（同13：23、32）。「聖霊の注ぎ」の預言は、ペンテコステ（五旬節）の日の「聖霊降臨」において成就されたと見る（同1：4、2：1-21）。イエスの復活は、ダビデへの約束の成就とされる（同13：33-35）。

　パウロもこういう理解を繰り返す。「御子イエス・キリストの福音は、預言者を通して約束されたもの」であり（『ローマ』1：2-4）、「神の約束はことごとくこの方において〈然り〉となった」のであり（『コリント2』1：20）、アブラハムへの約束の成就であり（『ローマ』4：13-16）、アブラハムの「義」の成就であり（同4章、『ガラテヤ』3章）、「イエス・キリストの福音」を信じることは、「約束された聖霊を受けること」である（『ガラテヤ』3：14）。

　パウロの旧約聖書解釈は、現代の聖書学の知見から見れば、ずいぶん恣意的なもので、現代の旧約学の観点からは、とても及第点が与えられるようなものではない。「信仰による解釈」には、そういう面がつきものなのであろう＊5。

「神の約束の成就」を特に強く語るのは、『ヘブライ人への手紙』である。それによれば、旧約聖書の人々は、約束されたものを「はるかに見ていた」だけであるが、キリスト教がその成就である（11：13）。全編にわたって、繰り返し「約束の成就」が語られている。

「聖書的理解」ということの問題性

　キリスト教会では非常にしばしば「聖書的」という言葉が語られ、聖書的理解というものが、あたかも自明なものであるかのように思われている。だが、新約聖書そのものが、それが正典として結集された過程を述べたところで詳述したように、きわめて多様な理解・

＊5　この点については、最近、聖書を贖罪信仰を中軸に読むべきではないという注目すべき視点を展開した青野太潮『どう読むか、聖書』(朝日選書)の「パウロは聖書をどう読んだか」(191頁以下)がたいへん説得的に論じている。

解釈を含みこんだものである。のちに正統派と呼ばれるようになった者たちによって、あたかも「統一的」な理解が読み取れるかのように教えられてきたが、それ自体が独特の解釈による理解である。

　現代の聖書学は、原初教会のうちにはきわめて多様な理解があったことを明らかにしている。このことを絶えず心に留めておくことが必要である。キリスト教という宗教は、それこそ百もの、いや千もの顔を持っている。だからこそ、昔から論争が絶えないし、プロテスタントだけでも、数えようによっては、400もの宗派に分かれているのである。アメリカには「説教者が2人いれば、けっして一致は見られない」（No two preachers can ever agree with each other.）という「ことわざ」すらあるのだ。

歴史的・批判的研究の不可避性

　こういう分裂や論争は克服不可能なものであろうか。歴史を通じてキリスト教内部で模索されてきた道は、一方でローマ・カトリック教会が到達したように、最後的・究極的権威をローマ教皇の「不可謬性」という観念を絶対なものとして立てるか、あるいはプロテスタンティズムの一部が到達したように、聖書そのものを絶対化して逐語霊感説を立てるかであった。

　ローマ・カトリック教会の場合には、教皇の「不可謬性」を保証するものは煎じ詰めれば教会の権威以外には根拠はなく、一種のトートロジー（類語・同義語反復）でしかない。プロテスタント教会の場合には、その解釈の正しさを保証するために、「聖書の内的証示」、つまり聖霊が人間の心のなかに確固たる証を与えてくれるという主張であるが、これは信仰としてしか成り立たない。つまり絶対的な主観性でしかありえない。どちらにしても、解釈の多様性を克服できはしない。最後には、自分は絶対にこう信じるという確信犯的自己絶対化に身をゆだねないかぎり、「揺れ」を除去することはできないであろう。

　こうした場合には、信じる者と信じない者を架橋する道はなくな

る。現実的には、どちらにせよ、何らかの「力」において優越する側が優勢になるだけである。それが端的に軍事力であったり、政治的権力であったり、経済的な実力であったりした場合に応じて、対立・抗争・戦争を繰り返してきた歴史があるだけであった。

わたしは、人間の解釈には絶対に正しいというようなことはないという自覚を絶えず心に留めつつ、信者とか不信者とかという壁を超えて、できるだけ相互に納得できるような冷静な接近しか、この難関（アポリア）に対処する道はないのではないかと思う。その具体的な道は、できるかぎり厳正な歴史的・批判的研究をあらゆるレベルで地道に遂行することであろうと思う。安易な絶対化を絶えず避けつつ、相互に繰り返し深く学び続けるということである。

これは単に専門家によってのみ行われるものである必要はない。もちろん専門家の研究に対しては真摯に、そして謙虚に耳を傾けたほうが個人にとっても集団にとっても事柄のためにも端的に良い。しかし、基本はそういう心構え次第である。専門家も、自己幻想や自己欺瞞や自己絶対化やらの危険に絶えず晒されている。まず専門家と呼ばれる人々が、根本的に真っ当な心がけと姿勢を持ち続けようとしないならば、たちまち歴史のなかで無数に繰り返されてきた過ちにおちいるであろう。むしろそういう過ちを深く感じとり指摘することができるのは、専門家ではない者たちの直観や常識である場合が多くある[6]。

そういう人間としての相互の検証こそが、より深い、より健やかな相互の学び合いを育てる道なのであろう。この道は安易なものではないし、常に楽しいというものでもないであろう。しかしどうもこういう道のみが、相互の非寛容を乗り越え、より真っ当な理解を目指すことを可能にするものと思われるのである[7]。

---

[6]　そういう事柄をいわゆる「素人」が鋭く突きつけた最近の力作としては、長谷川三千子『バベルの謎』（中央公論社）がある。『図書新聞』1996年4月13日の拙評を参照。

[7]　最近の「平信徒」による注目すべき仕事としては、榎十四郎『旧約と新約の矛盾——地上の論理と終末の論理』（ヨルダン社）をぜひお読みいただきたい。

第12章　キリスト教の教え

一口にキリスト教と言っても、その歴史を見ればわかるように実に多様であり、まさに「百もの、いや千もの顔を持っている」とさえ言える。それゆえ、「キリスト教の教え」という一般的標題の下で統一的に述べることはできない。以下では、与えられた諸項目について、ごくごく大まかにその多様な理解の対立点などを述べてみたい。

キリスト教の神

ユダヤ教からの伝承

2世紀の異端者マルキオンのように、旧約聖書を排除し、旧約聖書の神を「偽りの神」、不完全な世界を創造した「二流の神」とするというような考えもあったが、一般的に言って、キリスト教はその神観念をユダヤ教から継承している。だが、ユダヤ教と一口に言っても、長い歴史を持っているので、これまた実に多様な神観念を展開してきた。本当はここでも、その神観念を歴史的にたどっていかなければまっとうな理解は得られない。そのことについてはぜひ、カレン・アームストロングの『神の歴史——ユダヤ・キリスト・イスラーム教全史』（拙訳、柏書房）を参照してもらいたい。以下、ごく概説的なことを述べよう。

（1）唯一なる神

よくユダヤ教は「一神教（唯一神論）」（monotheism）だといわれるが、最初からそういう観念を明確に持っていたわけではない。その過程では、「他の神々の存在を認めはするが、ただひとりの神だけを礼拝する」という意味のmonolatoryというとらえ方もある。それは「一神崇拝」とか「拝一神論」と訳される。また、「他の神々

の存在を認めるが、一家族や一民族がそのなかのひとりの神を一定の間礼拝するもの」という意味の henotheism という場合もある。それは「単一神論」とか「交替神論」とか訳される。それらの区別は微妙である。

とにかく古代イスラエルの民は、次第に唯一神論的観念を持つようになった。「ユダヤ教の信仰告白」とも称される『申命記』6：4-5は、次のように述べている。「聞け、イスラエルよ。我らの神、主は唯一の主である。あなたは心を尽くし、魂を尽くし、力を尽くして、あなたの神、主を愛しなさい」。この「唯一の」という言葉は、数量的な意味ではなく、「かけがえのない」という意味だそうである[*1]。そういう意味を持つ神観念を、キリスト教はユダヤ教から継承したのである。

(2)「主」なる神

日本語で「主」と訳されている旧約聖書の神の名は、本来「ヤハウェ」である。ヘブライ語は、書くときには母音を用いない。だからヘブライ語文字をラテン文字に直して書けば、YHWH となる。これでは発音ができない。モーセの十戒の第三戒によれば、「神の名をみだりに唱えてはならない」ので、ユダヤ教徒はこの名前をけっして口にしなかった。

そのため、この聖四文字は、どういう発音なのかわからなくなってしまった。それで近代の学者たちが慎重に議論したすえに、この名前は Jahweh というふうに母音を入れるべきだという結論に達した。すると日本語では「ヤハウェ」が一番近い音であろう。

[*1] この『申命記』のテキストの「唯一の」という言葉は、ヘブライ語で「エハード」というのだが、それは数量的な意味での単数を意味しているだけではなく、独一・独特なという意味だそうである。それは「もろもろの民のなかで最も小さな民」「とるに足りない民」「無きに等しい民」であったイスラエルを、彼らの神ヤハウェが無条件の真実（エムーナー）をもってエジプトでの奴隷状態から救い出してくれたという彼らの体験に発したきわめて実存的な認識であった。詳しくは拙著『テキストとしての聖書』（社会評論社）の2「伝承解釈試論──イエスの戒め理解をめぐって」の141頁以下を参照されたい。

その意味は、「わたしは（他のすべてを）有らしめる者である」ほどの意味だそうである（他の読みの可能性もあるが）。英語では昔から、I am that I am と訳されてきた。その場合には、日本語では、「わたしは有るという者である」となる。ヤハウェは本源的意味で「有る」者だ、というほどの意味であろう。ユダヤ的発想では、この「有る」ということは、抽象的な概念ではなく、非常に具体的・歴史的なものである[*2]。

だから、この名前が初めてモーセに告げられたくだり（『出エジプト記』3：14以下）では、ヤハウェは「アブラハム、イサク、ヤコブの神」として現れるのであり、さらにモーセにイスラエルの民をエジプトでの奴隷状態から脱出させよという命令をともなうのである。

(3)「救済史」という理念

ヤハウェは、「歴史のなかで行動する神」であるとよくいわれる。ヤハウェは、天地創造から終末に至るまで、人を救うという意志を貫徹させる神であり、歴史はヤハウェの一貫した「救済の歴史」（救済史＝Heilsgeschichte）である、というのがユダヤ的思想の特徴である。

歴史は、神が本源的に支配する場であり、それゆえ人間は、歴史において「神の支配」（神の国）を打ち立てるために努めなければならないとされるのである。しかもその「神の国」（神の支配）の内容は、「正義と公正と憐れみ」であった。それはけっして抽象的な、そして来世的な理念ではなく、この地上にそういう「神の支配」を実現させるという目標を持つものであった[*3]。

[*2]　**神名ヤハウェの意味**　拙著『聖書を読み直す I──旧約からイエスへ』（春秋社）の第1章の1「人生の根本実相」を参照。

[*3]　王国は正義と恵みの業によって
　　　今もそしてとこしえに立てられ支えられる。
　　　万軍の主の熱意がこれを成し遂げる。（『イザヤ書』9:6）

　　　弱い人のために正当な裁きを行い
　　　この地の貧しい人を公平に弁護する。

しかし、ユダヤ教成立後の時代には、次第に終末は同時に「新しい天、新しい地」の出現ともとらえられるようになり、来世的要素が入ってくる。ヘレニズム世界の諸思想や、ペルシア的二元論の影響もあったのであろう。

旧約の神は「怒りの神」、新約の神は「愛の神」という嘘

よく「旧約の神は恐ろしい裁きの神・怒りの神であるが、新約の神は愛の神である」という表現が聞かれるが、それはまったくキリスト教側のプロパガンダである。旧約聖書の時代から聖書の神は、その両面を持っている。「父なる神」という表象も、キリスト教の時代になって初めて生まれたのではない。イエス時代のユダヤ教が、大きく律法主義に傾いたときに、ユダヤ教が「恐れの体系」へと変質してしまったのであり、そのかぎりにおいて神は怒りと裁きの神という要素を強めたのである。

だから、キリスト教の場合でも、律法主義的な傾向や「教義的独善主義」が強くなれば、歴史のなかで繰り返し見られるように、神はやはり「怒りの神」ととらえられるのだ。旧約聖書の神は、預言者ホセアによって次のように叫ぶ。

> ああ、わが民よ
> お前を見捨てることができようか。
> ……
> わたしは激しく心を動かされ
> 憐れみに胸を焼かれる。
> わたしは、もはや怒りに燃えることなく

………
正義をその腰の帯とし
真実をその身に帯びる。(『同』11:4-5)

この国に正義と恵みの業を行う。
………
彼の名は「主は我らの正義」と呼ばれる。(『エレミヤ記』23:5-6)

民を再び滅ぼすことはしない。

わたしは神であり、人間ではない。

……

怒りをもって臨みはしない。(『ホセア書』11：8-9)

わたしは背く彼らをいやし

喜んで彼らを愛する。(同、14：5)

　ところが、新約聖書では、「真理の知識」(イエスが唯一絶対の救い主であるということ)をあえて否定するような者に残されているのは、永遠の断罪だけだと告げられているのだ。

　　ただ残っているのは、審判と敵対する者たちを焼き尽くす激しい火とを、恐れつつ待つことです。モーセの律法を破る者は、二、三人の証言に基づいて、情け容赦なく死刑に処せられます。まして、神の子を足蹴にし、自分が聖なる者とされた契約の地を汚れたものと見なし、その上、恵みの霊を侮辱する者は、どれほど重い刑罰に値すると思いますか。……　生ける神の手に落ちるのは、恐ろしいことです。(『ヘブライ人への手紙』10：27-31)

　　実に、わたしたちの神は、焼き尽くす火です。(同、12：29)

三位一体の神

　イエスが神のことをアラム語で「アッバー」(「父ちゃん」ほどの意)と呼んだこと、そのイエスが次第に「神の子」と呼ばれるようになったこと、さらに彼が「主」と呼ばれるようになり、ついには「子なる神」とされ、父なる神と同じ本質を持つ位格へと高められ、最後には、聖霊なる神とともに、三位一体の神にまで高められていく過程については、歴史の項で詳細に論じた。

　この神観は、確かにキリスト教に独特のものであるが、イエスは夢にだにこういう「展開」を考えたことはなかった。こういう議論は、あの時代特有の文化史的背景のなかで、特定の意味を持っていたものにすぎず、それを実体化・永遠化・形而上学化することは、ほとんど迷信的であろう。

天使と悪魔

天使の起源

　ヘブライ語では「マラーク」といい、「神の影の部分」ほどの意味だといわれる。そのギリシア語訳が「アンゲロス」である。ユダヤ教においては、神は唯一であり見えない存在とされるが、旧約聖書でも神が人間に自分の意志を伝える場合には、「神の人」とか「天の使い」という媒介的存在が現れてくる。唯一神を徹底させれば、まさに「いと高き神」となり、人間にとっては疎遠な存在となる。そこで旧約聖書においては、神が人間に救済や導きの意志を告げるときに、天使的な存在が出現したのである。そのかぎり「マラーク」は「神の分身」とも考えられる。

　それゆえ旧約聖書的信仰においては、天使は、神が人間を救済し導くという根本理念があって、その神の意志が人間に伝えられるという具体的背景から考えられている。これが旧約聖書的天使理解の根本的な特徴である。

　もちろん、イスラエル以前や周囲の古代の諸宗教においてもすでにいろいろな形の天使的存在が想像されていた。多神教の場合には、神々にも位階制度があるので、上級の神々の意志を伝えるのは下級の神々の役割であったので、必ずしも天使を必要としないが、イスラエルの場合には、唯一神を信じるので、他の場合よりも天使的存在が必要となるともいえよう。

　もっとも、イスラエルの場合には、預言者があり、まさに神の言葉を預かる者として機能していたので、必ずしも天使は必要ではない。しかし神を「万軍の主」と呼ぶような観念の背後には、イスラエルにおいてもすでに天上の位階制度が考えられていたであろう。それは異教からの影響だともいえる。

『チェステッロの受胎告知』(ボッティチェリ作、1489年頃)

初期キリスト教の天使

　キリスト教が異教世界のなかで成立したとき、そして異教世界の
なかに広がっていったとき、周囲の多くの神々を取りこんでいくこ
とが避けられない課題となった。多様な神々と、それらの多様な顕
現に親しんできた周囲の異教世界の人々は、イスラエル・ユダヤ的
ないわば孤高の神というイメージだけでは満足できなかったであろ
う。民衆は絶えずもっと具体的な接触を欲するものである。

　そこでキリスト教は、一方ではイスラエル・ユダヤ的な唯一神の
信仰を継承しながら、異教的な多様な神々の顕現様式をも継承し、
それらを天使としてその体系のなかに取りこんでいった。だがその

場合、正統的な神学においては、歴史を貫く神の救済の歴史（救済史）という理念が中心に置かれていた。

このことは、異教の神々を「聖人」として取りこむという流れともからまり、複雑な問題を引き起こすことになった。

宮廷理念との融合

だがローマ帝国をはじめとする古代帝国の宮廷理念は強烈であったのであり、王や皇帝に仕える宮廷のヒエラルキー観念は、神の王国（神の支配）観念にも影響を与え、天上のヒエラルキーという理念を生み出した。天上において、唯一の神に仕える霊的存在という天使観は、ヒエラルキー観念と結びついて壮大なヒエラルキー構造を生み出すことになる。

これは、本来の救済史の理念とは異質のものであり、それは危険な方向を宿すものであった。実際、このような構造においては、唯一神の信仰は一応形式的には保持されながら、実質上多くの神々の存在を信じることと大差ないことになる。事実、民衆は次第に「守護天使」というようないわば個人的な神に親しみを感じるようになり、民衆が欲するそれぞれの機能を果してくれる聖人崇拝とも混同されて、ますます多神教的様相を深めていくことになった。

中世の天使観

中世には、ディオニシウス・アレオパギタの『天上のヒエラルキー』という偽書が現れ、それぞれ3層をなす3群の天使構造が構築された。ここでは9階級の天使が考えられ、セラフィーム（熾天使）、ケルビム（智天使）、座天使、主天使、力天使、能天使、権天使、大天使（このなかにミカエルやガブリエルが入る）、天使という9階級が述べられている。この構造をのちに「教会博士」であるトマス・アクィナスが承認し、ローマ・カトリック教会の正式の天使観となった。

ここには明らかに、神の救済の歴史を中心にする思想は見られな

い。まことに中世的な階層意識の表現である。

プロテスタントの天使観

ルターは、このようなカトリック的な天使観を非聖書的であるとして認めなかった。もっとも彼は、悪魔の存在は認めていたのであるが、カルヴァンは、天使のことを、神の救済の出来事に従属する「崇高な標本」であるとして認めたものの、カトリック的なヒエラルキー構造は認めなかった。

宗教改革時代から生じてきたラディカルな宗派においては、天使観にある異教的な要素を嫌って、次第に天使を否定する傾向が生まれた。

近代以降の天使観

近代以降の合理的精神や人間中心的な思想の台頭とともに、伝統的な天使像は次第に崩れていった。神の死が宣言されるようになれば、当然ながら天使も消滅する。近代人の多くの心においては、比喩としての天使しか残らなくなった。

だが現代になって、自然科学への不信感や、終末意識や神秘思想の復興などにともなって、一種のノスタルジアも荷担して新しい天使への関心が高まっている[4]。

悪魔の由来

悪魔は、悪の起源の問題と不可分な観念であるが、サタンは古代のペルシア的善悪二神という二元論に発したといわれる。それがバビロン捕囚（ほしゅう）を介してユダヤ思想のなかに入り、神に逆らう破壊的・攪乱（かくらん）的原理をサタンととらえるようになったという。しかし古来の

---

[4] フィリップ・フォール『天使とはなにか』（片木智年訳、せりか書房）が天使観念の変遷をたどっている。また『キリスト教の本』下（Gakken）の第4章「天使の世界」も興味深い。現代の天使観については、ヴァルター・ベンヤミンの『新しい天使』誌から始め、「生涯の天使」「歴史の天使」像を扱った野村修の『ベンヤミンの生涯』（平凡社）が興味深い。

あらゆる宗教において、暗い悪の世界を代表するものとして悪魔的な存在は多様な形で想像されており、その意味では人間の歴史にとってかなり普遍的な象徴である[*5]。

ルーシファー

　非常に古い時代から、ルーシファーという観念が存在した。ヘブライ語では「ヘレル・ベン・サハール」で「明るい朝の息子」の意で、「明けの明星」と結びつけられる。これは、天の王である太陽をさしおいて輝くということから、王位を狙う傲慢さとされ、それが悪魔と結びつけられるようになった。旧約聖書の『イザヤ書』14：12では、「ああ、お前は天から落ちた。明けの明星、曙の子よ。お前は地に投げ落とされた。もろもろの国を倒した者よ」と呼ばれている。

　ここから堕天使という観念が生じたのであるが、それは「天から落ちる稲妻」の表象とも関連していた。これは、天から降る蛇あるいは龍とも表象されるが、インドラやゼウスにも見られる雷神のイメージでもある。イエスも、「わたしは、サタンが稲妻のように天から落ちるのを見ていた」（『ルカ』10：18）と言っている。

　新約聖書においても、

ジョン・ミルトン『失楽園』に描かれた堕天使
（ギュスターヴ・ドレ作、1866年）

＊5　最近の包括的な仕事としては、ポール・ケーラス『悪魔の歴史』（船木裕訳、青土社）およびJ・B・ラッセル『悪魔の系譜』（大瀧啓裕訳、青土社）が詳しい。

「自分の領分を守らないで、その住まいを見捨ててしまった天使たちを、大いなる日の裁きのために、永遠の鎖で縛り、暗闇のなかに閉じこめられました」（『ユダの手紙』6）とか、「神は、罪を犯した天使たちを容赦せず、暗闇という縄で縛って地獄に引き渡し、裁きのために閉じこめられました」（『ペトロの手紙二』2：4）という言葉が語られている。だから、こういう観念を簡単に非聖書的と断じてしまうことはできない。

デーモン

　この語は、本来は「ダイモーン」というギリシア語であり、古代以来各人に語りかける霊というような意味であり、たとえば、ソクラテスはしばしば歩いているときにすら自分のダイモーンに語りかけられて、そのときには立ち止まり、じっとその声に耳を傾けたといわれる。それは一種の守護霊のようなものであったであろう。だからけっして暗い悪い存在ではなかった。

　それがキリスト教の発生とともに、異教的な観念として排除され、悪しきものとして取りこまれることになったのであろう。悪魔の頭<ruby>頭<rt>かしら</rt></ruby>はサタンであり、それに仕える下級の悪魔的存在としてヒエラルキー化されていった。

否定的なるもの

　神が実体的に表象されるに応じて、その神に反逆するものの力としての悪魔も実体化される。神観念が、古代的な王のイメージで、その王に仕える天上の宮廷とともに実体化されれば、その神に敵対する存在としての悪魔も超自然的なヒエラルキーを持つ闇の帝王として現実味が増幅される。西欧キリスト教の歴史のなかでは、悪魔観は神の観念と不可分なものであり、並んで実体化されたり象徴化されたりしてきている。そのかぎり、「悪魔を信じることなしに神を信じることはできない」という表現は当を得たものでもある。

　現代の神学者カール・バルトは、悪魔はそれ自体として見つめる

ことは正しくないといい、悪魔を「否定的なるもの」（Das Nichtige）と定義した。それは神観念の影の部分とも理解されうる。

神の影としての悪魔

そういう視点を踏まえると、悪魔はむしろ神という光の面の影の部分を表象するものとも考えられる。現代ではむしろ、人間の心の暗い深層部分を表象するものと考えるほうが理解しやすいであろう。そういう観点からすれば、C・G・ユングが、サタンを人間の心の深層の「心的事実」（psychic fact）として把握する視点は重要であろう*6。

それは、たとえばナチスにおいて噴出したような悪魔的（デモーニッシュ）なものを、さらにスターリンが犯した恐ろしい犯罪、大日本帝国の犯した大きな罪などを真剣に考察し、それを克服する具体的道を探ることにつながることであろう。

キリスト教の人間観

土の塵から創造されたアダム

キリスト教は、人間観においても、ユダヤの伝統を継承している。『創世記（そうせいき）』2章には、天地創造・人間の創造の物語があるが、そこには神が土の塵（アダーマー）から人間（アダーム）を創造し、「命の息を吹きこんだ」とある。ヘブライ語の語呂合わせに基づく説明である。

ヘブライ語では、人間（アダーム）という言葉を語るたびに、「土

---

*6　**ユング**　ユングが名著『ヨブへの答え』（林道義訳、みすず書房）において展開している「心的事実」（psychic fact）と「物理的・肉体的事実」（physical fact）との区別は、神や奇跡や諸教義の理解にも深い示唆を与えてくれる。

の塵」という言葉が響いてくる。人間は土から出て土に帰る存在だということが絶えず想起されるのだ。被造物というとらえ方が絶えず意識される言語構造になっている。

ここには、人間は、自分の存在そのものが自分自身の力に由来するものではない、という思想が土台になっている。人間はまず、神によって創造された被造物なのである。だがそれは、単に創られたというだけではなく、そのことを深く意識し、その事実に応じて生きるべき責任を負った存在である、ということである。

「神の似像」としての人間

『創世記』1：26-27には、神が人間を「われわれに似せて」、また「御自分にかたどって」創造したとある。それで「神の似像」（imago Dei）が語られることになった。ユダヤの伝統的理解においては、神は形を持たないのであるから、この「似像」が何を意味するのかについて、種々の議論がされてきた。ここでは詳論できないが、その理解いかんによって、それぞれ違った人間観が生じるわけである。だから一概に論じるわけにはいかない。いずれにせよ、人間には「神の似像」なるものが宿っているという考えである。

『創世記』1：27では、人間がこの「神にかたどって」創られたという表現の直後に「男と女に創造された」と述べられている。神は形を持たないのであるから、この表現は「関係概念」として把握されるべきだといわれてきた。つまり、相互に主体的で責任を負い合う関係ということが、「神の似像」の意味だというのである[7]。このユダヤ教的理解を、キリスト教も基本的に継承しているといえよう。

神と契約を結ぶ存在としての人間

旧約聖書の『創世記』では、神ヤハウェは始祖アブラハムと契約を結び、彼の子孫に祝福を与えると約束する。さらにヤハウェは、

---

[7]　拙著『聖書を読み直す　Ⅰ──旧約からイエスへ』（春秋社）の第1章の2「神のかたち」を参照。

モーセを起こして、彼を通じてイスラエルの民に律法を与え、彼らの神となることを約束し、彼らは「神の民」となるという契約を結んだ。それゆえ彼らにとっては「契約」という概念が再重要なものの一つになったのである。

だがこれらの背後には、常にイスラエルの民が、まず最初に神ヤハウェから無条件でエジプトの奴隷状態から救い出されたという記憶があり、それゆえ律法も、神から祝福を受ける条件としてではなく、そのヤハウェの無条件の祝福のうちに留まるようにという促しととらえられていた。しかし、亡国の運命に遭（あ）ってから、その理由が律法をきちんと守らなかったからだととらえるようになり、律法を守ることが祝福の条件と考えられるようになった。

そうなると、律法はひたすら厳密に守るべき禁止条項の集まりのようになり、そのためかえって民を縛り恐れさせるものに変わってしまった。こうして民にとって神との契約が喜びを与えるものではなくなってしまった。つまり、律法主義におちいったのである[8]。

新しい契約としての福音という理解

ところが初代の教会は、イエスの死が人々の罪を贖（あがな）うためのものであると受けとめ、それを確証するために神はイエスを死人のなかから復活させたのだという信仰を持つようになった。それが、律法主義におちいってしまったユダヤ教的理解に対する新しい契約（新約）であるとの信仰である。

そして、旧約聖書を古い契約の書とし、イエス・キリストへの信仰による福音を新しい契約と呼ぶようになった。このようにして、イエスをキリスト・メシアとして信じるというキリスト教が生まれたのであろうが、この新しい契約によって信仰と希望と愛のなかに

---

[8]　イスラエル・ユダヤにおける律法の本来的意味と、それがのちに「律法主義」に変質してしまったことの内容については、拙著『神学の苦悶』（伝統と現代社）のⅠの「古代イスラエルの律法と国家」、『聖書を読み直すⅡ──イエスからキリスト教へ』（春秋社）の第2章の2「律法の本義」、『イエスとは誰か』（NHKブックス）の31頁以下、Ⅰの4「罪人と義人」、7「安息日の癒し」を参照されたい。

生きるのが、新しいイスラエル*⁹、本当のイスラエルとしてのキリスト教会という意識を生み出したのである。

隣人愛と愛敵

「隣人を愛せ」と「敵を愛せ」というのは、特別にキリスト教的教えだとほとんどの人々が言うが、これは非常に問題のある表現である。こういう「教え」の典拠として普通挙げられるのは、次のイエスの言葉とされているものである。

> あなたがたも聞いているとおり、「隣人を愛し、敵を憎め」と命じられている。しかし、わたしは言っておく。あなたがたの敵を愛し、自分を迫害する者のために祈りなさい。(『マタイ』5：43-44)

まず隣人愛というのは、イエスが初めて唱えたことではなく、「自分自身を愛するように、自分の隣人を愛しなさい」(『レビ記』19：18) とあるように、旧約聖書で昔からいわれていたことである。しかし、「敵を憎め」という教えは旧約聖書にはない。それはマタイがユダヤ教徒を攻撃するために用いた表現であろう。しかし、イスラエルの場合には、せんじ詰めると、「隣人」とは「同胞」のことであり、すべての人間ということにはならない。要するに同じ民族、同じ信仰を持つ共同体のメンバーのことである。それ以外の者たちは結局「敵」になるほかない。

だから、こういう「隣人愛」は必然的に「敵を憎む」という姿勢を生み出してしまう。実際、イスラエルの民は昔から他の民族を皆殺しにしたり、彼らの土地を奪ったりしてきたのである。結局、同胞への愛は、その敵への憎しみに終わってしまうのだ。

---

*9　**新しいイスラエル**　『旧い契約』(旧約聖書)に対して、イエス・キリストのうちに「新しい契約」が成就されたという考えが新約聖書のあちこちに見られる(『ガラテア』3：3-5、15以下、『コリント2』3：3以下、特に『ヘブライ人への手紙』)。パウロは、民族としてのイスラエルが本当の神の約束に基づくイスラエルではなく、イエス・キリストへの信仰に生きる者が本当のイスラエルだと論じている(『ローマ』9：6以下)。こういう考えから出発したキリスト教会こそが本当の「新しいイスラエル」なのだというとらえ方が発展させられたのである。

イエスの訴え

　現代の聖書学者の大半が、このテキストのなかでのイエスの真正な言葉であろうとするのは「あなたがたの敵を愛せ」という表現だけである。あとの「迫害する者のために祈れ」というのは、のちの教会がつけ加えたものとされている。そうであろう。

　イエスの真意は何であったであろうか。キリスト教会は伝統的に、これを、有名な「だれかがあなたの右の頬を打つなら、左の頬をも向けなさい。下着を取ろうとする者には、上着をも取らせなさい。……」(『マタイ』5：39-41) と関連させて、すべての敵をも無差別に愛せというふうに理解して、人々にそれを訴えてきた。だが、イエスはそういうことを命じたのであろうか。

　そういう解釈は不可能なことを要求するものであろう。もしそういう態度が純粋に実行されたら、厳密な意味では「敵」など消えてしまう。だから「敵を愛せ」という表現は自己矛盾を含んでいる。せいぜい意味を持つとすれば、「罪を憎んでも、人は憎まない」ということであろう。

　もし抽象的にすべての敵を愛せ、というふうに受けとり、しかも絶対的な非暴力主義と結びつけるなら、この種の「愛敵」思想は、「泣き寝入り」ということになり、権力者にとっては最も都合のよい教えになるか、さもなければ本当には実践できないので偽善者を生み出すか、それが実践できない自分に対する自己嫌悪の情を生み出すしかないであろう。イエスの本来の意味はそういうことではないであろう*10。

　権力者・支配者は、自分たちにとって都合の悪い者たちを「敵」にでっち上げる。イエス時代の権力者・支配者にとっては、まずイエスや彼のような人々は「敵」であったであろう。そして自分たちが支配している社会の「平和や秩序」を乱す者を「敵」だと宣伝す

*10　「愛敵」については、拙著『イエスとは誰か』(NHKブックス)のⅡの1「敵を愛せ」を参照。

る。第二次世界大戦中に、大日本帝国の支配者たちが、米英などを「鬼畜米英」と呼んで、敵愾心（てきがいしん）を煽（あお）ったようにである[*11]。

ローマ帝国にとっては、その支配に反対するユダヤ教徒は「敵」であった。だからイエスが、「あなたがたの敵」と言ったときには、本当に「あなたがたの敵」とはだれであるか、よく吟味せよという訴えであったかもしれない。そのほうが真っ当な解釈であろう。われわれがよほど批判的な目を持っていないと、支配者や権力者や国家権力が、「あなたがたの敵」だと教えこむものを、本当に「われわれの敵」だと思いこんでしまいやすいのだ。

イエスが訴えたのは、感傷的な「愛」などではなかったのだと思う。いわゆる「善きサマリア人のたとえ」（『ルカ』10：25-37）も、こういった文脈で理解されるべきではないかと思う。さもないと、このたとえですら、たちまちセンチメンタルな「愛」の教訓に堕してしまうであろう[*12]。

「兄弟姉妹」への愛

「教会」という言葉はギリシア語で「エクレーシア」という。それは「呼び出された者たちの集まり」という意味である。それに元来は、キリスト教とは無関係で、古代ギリシア以来、具体的な共同体の成員を鐘を鳴らして呼び出して集めた集会のことであった[*13]。

それをキリスト教会が自分たちのために使い始めたのである。キ

[*11]　わたしは第二次世界大戦中、長野県立諏訪中学に在学したが、同校に配属されていた軍事教官が、ある冬の寒い日の軍事教練の時間に、『ジェーン・エア』や『緋文字』（ひもんじ）など英米の有名な小説をもってきて、それぞれ感動的な部分を読んできかせ、「米英人みな鬼畜だと思うか」と質問した。われわれが「そうは思えない」と答えると、彼は「そうだ。それでいいのだ。どの国民にも善い者も悪い者もいる。みな大差はないのだ。そのことを忘れるな」と喩（さと）してくれた。あの時代にそのような思想を公言することは命を賭けなければできなかった。戦後になって、この教官が軍部によって殺されたらしいということを知った。こういう行為こそ、敵を愛するということの実践だと思う。

[*12]　このたとえの解釈については、拙著『テキストとしての聖書』の2「伝承解釈試論――イエスの戒め理解をめぐって」を参照されたい。

[*13]　**教会**　それゆえ教会は本来建物のことではない。ドイツ語では普通「ゲマインデ」と訳されるが、それは「共同体」のことである。英語でもしばしばcongregationといわれるが、それは「会衆」という意味である。日本には「無教会派」という運動があるが、これは組織や建物としての「教会」を持たないという意味であって、本来のエクレシアを否定するということではない。

リスト教徒は、自分たちが神によってこの世から呼び出された者だと理解したからである（聖徒の集い）。それが次第にイエス・キリストを信じる者たちの共同体という意味になったのだ。そういう信徒同士が「兄弟姉妹」と呼び合ったのである。結局彼らも、自分と同じ信仰を持つ者たちだけが兄弟姉妹であり、本当に隣人であるということになってしまった。

キリスト教会も「自分の敵を憎め」という実態におちいった

　だから、抽象的なレベルで「敵を愛せ」などと教え続けたキリスト教会も、結局、最初はユダヤ教徒やその他の異教徒に対して、のちには異端者に対して深い憎しみを持つようになり、ユダヤ教徒狩り、異端狩り、異教徒狩り、魔女狩り、異端審問、宗教裁判、十字軍、宗教戦争などなどを起こしてきたのである。実際、キリスト教ほど血を流した宗教はない。皮肉なことである。なぜそうなるかを深く考えなければならない。

平等性

　この場合にも、イエスの理解と、パウロの理解、のちの教会の理解などの違いを見ながら考えねばならない。

（1）イエスの場合

　イエスは、絶対無差別平等と受け取れるような言葉を語ったらしい。イエスは神のことを「アッバー」（お父ちゃん）と呼んだらしい。その「アッバーは、悪人にも善人にも太陽を昇らせ、正しい者にも正しくない者にも雨を降らせてくださる」（『マタイ』5：45）、というようなことを語ったらしい。しかし、こういう言葉も抽象的・一般的に、そしてセンチメンタルに受け取っては彼の真意を歪めることになるであろう。

　パレスティナ的風土では、太陽は恵みよりもむしろ災難や裁きを意味しているかもしれない。それにここでは一般的な道徳的な善悪

を前提にしているのではないであろう。後期ユダヤ教的な「律法を守る者＝義人・善人、律法を守れぬ者＝罪人・悪人」という通念に異議申し立てをしていたのかもしれない。

　自分を義人だとして胸を張って神に感謝したファリサイ派の者（義人）よりも、顔を上げることもできず、「自分のような罪人を憐れんでください」と祈った徴税人（ちょうぜいにん）のほうが神の前により多く「義とされる」と言ったらしいイエス（『ルカ』18：9-14）や、「先の者は後になる、後の者が先になる」と言ったイエスに照らして考えれば、抽象的な平等などが意味されているのではないことは明らかである。

　大方の学者がイエスの真正な言葉と認める「ぶどう園の労働者」のたとえというのがある（『マタイ』20：1-16）。この園の主人が朝早くに労働者を雇いに出かけ、1日1デナリオンの労働者を雇ってきた。その後、9時、12時、3時、5時にも出かけて人を雇ってきた。そして1日の終わりに、最後に雇った者から始めて全員に1デナリオンの賃金を支払った。そこで朝から来て働いていたものが不平を言うと、主人は、最初からその約束であったし、そうしたいのだ、と言ったという物語である。この主人の行為は一般的な意味からすれば不公平ともいえる。ここにあるのは逆説的な平等観である。世間が当惑してしまうような姿勢である*14。

　どういう人々が幸いになるべきかについても、イエスは逆説的なことを言う。

　「幸いだ、貧しい人々は！　神の支配はあなたがたのものだ。幸いだ、今飢えている人々は！　満たされるようになる。幸いだ！　今泣いている人々は！　笑うようになる」（『ルカ』6：20-21）。

　ここでは、世間の今の状態が逆転されるべきことを熱っぽく訴え

*14　拙著『イエスとは誰か』のⅡの3「平等とは?」を参照。
　　絶対無差別平等というような考えを、直接的に日常の倫理の世界に持ちこむことは不可能であろう。その場合には事実上は無内容で無責任な感傷的ユートピア主義になってしまうか、絶望感や挫折感におちいるだけであろう。そもそもユートピアという言葉は、ギリシア語の「ウー・トポス」（無い場所）に由来するのだ。こういうイエスの言葉は、われわれの日常の生きざまを根底から問い直し変革させる逆説的な促しとして迫るものであろう。

ているのだ。そこにはイエスの怒りがたぎっている[*15]。

(2) マタイによる歪曲（わいきょく）

『ルカ』6：20以下のイエスの言葉は、『マタイ』の平行記事（5：3-9）のいわゆる「七つの至福」の箇所では、巧みに内面化・宗教化されている。「心の貧しい人々は幸いである。……柔和な人々は幸いである。……義に飢え渇く人々は幸いである。……心の清い人々は幸いである。……」というふうにである。ここには、本来のイエスの言葉にはなかったであろう「心の」「柔和な人々」「義に」「心の清い」などが書き加えられている。

こうして『ルカ』6：20-21の怒りのこもったイエスの逆説的な言葉は、穏健な優しい慰めの言葉に変えられてしまっている。巧みな歪曲である。だから、安易に「福音書によれば」などとは言えないのだ。共観福音書を比べて、よく吟味しながらでなければ、簡単にイエスの真意など語れないのである。

(3) パウロの場合

パウロは、イエスの直弟子の由来する「イエス・キリストの福音」を継承したが、それを「信仰によって義とされる」（信仰義認）という教理に発展させた。それはイエス・キリストの血による贖（しょく）罪（ざい）であり、それを信じるものすべてに無償で与えられる「神の義」である（『ローマ』3：21以下）。

そのような信仰に立てば万人は律法の重荷から解放され、すべて平等になる、と彼は教えた。

「そこではもはや、ユダヤ人もギリシア人もなく、奴隷も自由な身分の者もなく、男も女もありません。あなたがたは皆、キリスト・イエスにおいて一つだからです」（『ガラテヤ』3：28）。

この思想は、イエス・キリストを信じるということに基づいてい

---

*15　拙著『イエスとは誰か』のⅡの2「幸いになるべき者たち」を参照。

るかぎり、絶対的に無条件というわけではなく、そのかぎりにおいて観念的なものではあるが、2000年の昔に、たとえ観念のレベルにおいてではあれ、こういう民族・階級・男女の差を超えた平等という思想を展開した意義は大きい[*16]。

パウロの「愛の賛歌」と称される『コリント1』13章の言葉は、確かに愛についての最も美しく深い洞察を宿したものの一つであるといえよう。とはいえ、パウロの場合には、国家には従えとか、王を貴べとかいう姿勢もあったし（『ローマ』13章）、奴隷の身分にある者は、むしろそのままの状態に留まるがよい（『コリント1』7：20-21）と勧めたり、「男は女の頭であり栄光である」（同、11：2-16）というような女性差別を認めるような面も残しているのであるが[*17]。

性愛と結婚

イエスの場合

イエスは結婚しなかったらしいが、それは彼が結婚を忌避していたからではないであろう[*18]。最古の福音書である『マルコ』では、イエスは離婚を端的に否定している。「妻を離縁して他の女を妻にする者は、妻に対して姦通の罪を犯すことになる」（10：11）と。

当時のユダヤ社会では、女性は無権利の状態に置かれていた。妻

---

*16　拙著『聖書を読み直す Ⅱ——イエスからキリスト教へ』（春秋社）の第2章の3「観念の力」を参照。またパウロ的なキリスト教の「普遍性」の問題性については、拙著『テキストとしての聖書』の2「キリスト教の普遍性について——竹内芳郎の宗教論をめぐって」を参照。

*17　パウロにおける現実と観念の逆転の問題については、『聖書を読み直す Ⅱ——イエスからキリスト教へ』（拙著、春秋社）の第2章の5「転倒」を参照。

*18　グノーシス派の『トマスの福音書』によれば、イエスはマグダラのマリアを妻にしていたとある。バーバラ・スィーリング『イエスのミステリー——死海文書で謎を解く』（NHK出版）によれば、イエスはやはりマグダラのマリアを妻としており、子どもたちをもうけたとされる。『トマス福音書』の記事が軽視されるべきでないとすれば、こういう伝承は簡単に無視すべきではないかもしれない。

が夫に対して「恥ずべきこと」をした場合には、一方的に「離縁状」を渡されて離婚された。その場合、女性は異議申し立てをすることができなかった。しかもその「恥ずべきこと」とは、極端な場合には、朝御飯を焦がしたということですら、離婚が認められたという*19。

ユダヤ社会は、一夫多妻制が認められていた男性支配の社会であった。そういう社会のなかで、端的に離婚を否定するイエスの姿勢は、男性を驚かせるものであった。だから『マタイ』の平行記事*20のなかでは、弟子たちですら驚愕して叫んでいる。「夫婦の間柄がそんなものなら、妻を迎えない方がましです」（19：10）と！

イエスの言葉と伝承されるものには、次の有名なものがある。

「みだらな思いで他人の妻を見る者は、既に心の中でその女を犯したのである」（『マタイ』5：28）

これは当時のユダヤ法に照らして理解されるべきである。当時では、男性が既婚の女性と通じれば姦淫の罪とされ、石打ちの刑によって殺されたが、男性が（既婚であれ未婚であれ）、未婚の女性と通じた場合、その女性を妻とすれば合法的であった。一夫多妻制であったから、原理的には妻が何人いても構わなかった。そこで、金持ちや宗教的な指導者で、美しい他人妻を「みだらな思いで」見るというようなこともあったであろう。

イエスの言葉は、上層部のそういう二重倫理的な在り方を批判したものかもしれない。いずれにせよ、これを普遍的な倫理として抽象的に妥当するものとして理解してはならないであろう。さもなければそれは、幻想的なものとなり、むしろ偽善を生み出すものにな

---

*19　『聖書を読み直す I──旧約からイエスへ』（春秋社）の第2章の7「男と女」、『聖書を読み直す II──イエスからキリスト教へ』の第3章の3「エロスと性」、『イエスとは誰か』（NHKブックス）のI の22「女性の権利」を参照。

*20　**平行記事**　『マタイ』『マルコ』『ルカ』は「共観福音書」と呼ばれる。『マルコ』が最初に書かれたものであり、他の2書は『マルコ』を下敷きとし、「イエスの語録集」（Q資料）を用いて書かれたので、これら3書には同じような記事が多く見られる。これらを「平行記事」と呼ぶ。詳しくは本書の「イエスの出現とその生涯」（17頁以下）を参照。

ってしまうであろう*21。

　姦淫の現場で捕らえられた女を、イエスが断罪しなかったという物語は有名である（『ヨハネ』8：1-11）。ここには、イエスが罪を犯した者を、教条主義的に断罪するという姿勢を持っていなかったことが反映されている。

パウロの場合

　パウロは、原理的には男女の平等を教えてはいるが、実際問題になると、ユダヤ的な差別主義の面を示している。

　「男は女に触れない方がよい。しかし、みだらな行いを避けるために、男はめいめい自分の妻を持ち、また、女はめいめい自分の夫を持ちなさい。夫は妻に、その務めを果たし、同様に妻も夫にその務めを果たしなさい。……わたしとしては、皆がわたしのように独りでいてほしい。……しかし、自分を抑制できなければ結婚しなさい。情欲に身を焦がすよりは、結婚した方がましだからです」（『コリント1』7：1、7、9）。

　「しかし、あなたが結婚しても、罪を犯すわけではなく、未婚の女が結婚しても、罪を犯したわけではありません。ただ、結婚する人たちはその身に苦労を負うことになるでしょう」（同、28節）。

　彼は結婚には積極的ではなかったのだ*22。

　パウロは、男は女の栄光であり、頭であると言っている（同、

----

*21　古代の有名な神学者オリゲネス（254年頃没）は、『マタイ』5：28の言葉を「およそ男にして、およそ女をみだらな思いで見る者は……」というふうに受けとり、性を恐怖し、また『マタイ』19：12の宦官（去勢された者）を勧めるイエスの言葉を字義通りに受けとり、完全な禁欲を実行しようとして自ら去勢したという。
　　しかし人間のセックスは単純に肉体的なものではなく観念と結びついているので、こういう極端な行為も根本的な解決にはならなかったであろう。このことについては、カレン・アームストロングの『キリスト教とセックス戦争──西洋における女性観念の構造』（柏書房）の「序論1　問題はセックス」の項を参照。

*22　最近では日本でもキリスト教式の結婚式が流行しているが、もしパウロのこれらの言葉が式で読まれたら、みな困ってしまうであろう。ヨーロッパでもいわゆる教会で行う結婚式という形は、ごく近世になってから始められたものであり、それまでずっと結婚は世俗の世界の事柄とされてきたのである。

11：3以下）。さらに彼は次のように諭す。

「婦人たちは、教会では黙っていなさい。婦人たちには語ることが許されていません。……何か知りたいことがあったら、家で自分の夫に聞きなさい。婦人にとって教会の中で発言するのは、恥ずべきことです」（同、14：35以下）。

パウロがのちに、女性差別者の先駆者だといわれても仕方がないような表現である＊23。

のちのパウロ主義者の女性差別

こういう方向は、のちにパウロの名前を用いて書いたパウロ主義者になると、もっとひどくなる。「婦人は、まったく従順に学ぶべきです。婦人が教えたり、男の上に立ったりするのを、わたしは許しません。むしろ静かにしているべきです。なぜならば、アダムが最初に造られ、それからエバが造られたからです。しかも、アダムはだまされませんでしたが、女はだまされて、罪を犯してしまいました。しかし婦人は、信仰と愛と清さを保ち続け、貞淑であるならば、子を産むことによって救われます」（『テモテ1』2：11-15）と＊24！

ここには、女性は男性よりも劣ったものであり、弱く罪におちいりやすい存在だというような女性差別主義的傾向がはっきりと見られる。こういう方向が、2世紀以降になると、ヒエロニムス、テルトゥリアヌスとかの教会教父たちによって唱えられるようになったのである。

257

性
愛
と
結
婚

＊23　もっともこれらの言葉は、「自由」ということを放縦と混同し、慎しみを失ってしまったとされるコリント教会の女性に対する忠告であって、いつの時代にもあてはまる一般倫理としてパウロは語っているのではないのであるが。

＊24　こういう発想から、アダムの妻エバが原罪の原因だったのだというようなとらえ方がなされるようになった。そしてすべての女性は結局エバであり、だから生まれつき罪深いものだというような歪んだ考えが生まれてきたのだ。

禁欲主義的傾向の増大

　キリスト教がローマ帝国の宗教になっていくなかで、紀元前後の頃のエッセネ派などに見られる極端な禁欲主義や、ヘレニズム世界の密儀宗教などの禁欲主義の影響も受けて、セックスに否定的な考えを次第に強くしていった。2世紀中葉のマルキオン派やモンタノス主義などの大異端も、強く禁欲主義的な主張をしていた。しかし異端を断罪した教会教父たちも、禁欲主義的傾向においては、異端者らと共通していた。

　正統派は、結婚は神が定めた制度であると主張したのであるが、禁欲主義的生活のほうがより聖なる生き方であるというとらえ方をしていった。それは次第に、結婚は確かに神の計画のなかで認められた制度ではあるが、セックスは邪悪なものだという二重思考に導いていった*25。

　一つには、本来のユダヤ的な「肉」という概念を、ラテン的な教父たちが誤解したことが原因であった。ユダヤの場合には、「肉」とは肉体だけのことではなく、神に反逆して生きる生き方全体のことを「心」も含めて「肉」と呼んだのであるが、ラテン世界の教父たちは、上記の禁欲主義的傾向と関連して、それを肉体、とりわけ性欲を中心とする衝動と理解してしまったのである。

教会教父たちの「女嫌い」

　教父テルトゥリアヌス（150頃〜220年以降）は、女性は神の似像である男性を堕落させた者で「悪魔が入りこむ門」だと叫び、ついには神の子イエス・キリストの死にも責任があるという「女嫌い*26」の傾向を強く示していた。彼は、結婚している者たちは「豚

---

*25　カレン・アームストロングは、こういう二重思考が、セックスに関する西欧独特の神経症（ノイローゼ）を生み出したのだと批判している。この指摘は重要である。

*26　**女嫌い**（nisogyny）「ミソ」は「嫌悪」、ジニーは「女性」を意味するギリシア語。こういう言葉は西欧において創り出されたものである。

や非理性的な動物と同じだ」と言った。彼がのちに女性を敵視する者たちの守護聖人になったのも当然である。

　すでにセックス抜きの「霊的な結婚」が推奨され、イエスの両親がそうであったとされ、「ヨセフの結婚^{＊27}」とも呼ばれていた。3世紀のはじめまでには、婚外交渉をした者は殺人や不信仰と同罪だとされ、追放されるようになった。また聖職者も按手を受けた者は結婚しないように勧められるようになった。

　アンブロシウス（397年没）になると、肉体の否定こそがキリスト教に入る道だと主張するようになり、女性は処女であるべきだと説いた。彼は「処女性の博士」と呼ばれるようになった。聖書をラテン語に翻訳したヒエロニムスは、「女は悪魔の門、悪意の道、サソリの棘」と言った。

　こういう方向を徹底化したのが、アンブロシウスの弟子のアウグスティヌス（354〜430年）であった。彼は、結婚も売春婦との性交も同じだと言い、アダムとエバのとき以来、性交を通じて全人類に継承される「原罪」という思想を展開し、その内容を性欲を中心とする「情欲」（コンクピスケンティア）と定義したが、これが現在までローマ・カトリック教会の正式の教義となった。

聖職者の結婚禁止

　こうした傾向のなかで、信者全体もセックスの邪悪さについて警告されるようになり、夫婦は、日曜日、水曜日、金曜日には性交を禁じられ、さらに復活祭、クリスマス前後の40日間、また聖餐を受ける前後の3日間なども禁じられた。性交をする場合には、一切快感を感じてはならないと戒められた。

＊27　**ヨセフの結婚**　ヨセフとマリアはイエス誕生以前にも、そしてイエス誕生後はもちろん、けっして性行為を行わなかったする解釈。しかし『マタイ』1：24-25にはヨセフが妻（マリア）を迎え入れ、「男の子（イエス）が生まれるまでマリアと関係することはなかった」とあるのであるから、2人はイエスの誕生後当然性行為をしたのであり、事実イエスには多くの弟や妹がいたと伝えられている。このことに当惑したカトリック教会は、イエスの兄妹とされているのは、いとこたちだという解釈を主張してきた。無理なうえにつまらぬ正当化の試みである。

こうしてセックスと聖なる生活とは両立しないという感情が強められていき、ついに教皇グレゴリウス7世によって、1074年に聖職者の独身制が義務的なものとして決定された。また第四ラテラノ会議（1215年）には、こういう性交の禁止についての罪を全信者が告解において告白すべきことが義務となった。

こういうことは、根本的に自然そのものへの反逆を含んでいたのであるから、もともと守れるはずのない規定であった。それは一般庶民にとって不可能であっただけではなく、聖職者たち自身にも不可能なものであった。その結果、聖職者たちの道徳的堕落が逆説的に促進され、いわゆる「二重道徳」と呼ばれるものまで出現することになってしまった。つまり、司教や司祭たちが、一定の額の税金を払えば、売春婦をかこうことも、さらに私生児を産ませたことさえ黙認されたのである[28]。10世紀などは、教皇による「売春統治」とまで呼ばれた。

女性への恐怖と憎悪の増大

セックスの否定という思想は、女性への恐怖と憎悪の感情を生み出し増大させてきた。それは女性への恐ろしい敵意となって爆発した。教会では、非常に早い時期から、たとえば、女性（ラテン語ではfeminus）は、信仰（fe）が欠けている（minus）のだから、女性は生来不信仰なものだなどという議論が大まじめでなされていたし、6世紀のマコンの教会会議では、女性が人間であるか否かが真剣に討議されたりしたのである。

中世最高の神学を築き「天使的博士」とさえ呼ばれたトマス・アクィナスは、女性を「道を誤った男」と蔑んだし、社会においても教会においても男性と同権と認めるべきではないと説いた。彼はまた、女性は男性を助けるためにだけ創造されたが、それも出産によ

---

*28　私生児1人につき4グルデンの支払いと定められたが、1人で何百グルデンも支払った神父まで存在したと伝えられている。ヨアヒム・カール『キリスト教の悲惨』（拙訳、法政大学出版局）の「性に対する呪詛と女性への中傷」の項を参照。

ってだけであると教えた。

宗教改革者たちの女性観

　ルターやカルヴァンは、救済などの教義については、ローマ・カトリック教会の教義を否定したが、女性については、根本的には古い思想を継承していた。もっとも、ルターは聖職者の独身制を否定し、自らも結婚したが、それは女性への尊敬から発した思想ではなく、セックスは自然の衝動であって、それを統御することが難しいので、飲食などの生理的必要と同じもので、制御すれば信仰生活に対する邪魔になるからという考えからであった。だから彼は、結婚を「罪の薬」と呼んだのだし、結婚は罪なしにはありえないと言い、「女は家庭にいるべきだ」と主張し、多くの子どもを産むためにだけ存在すると説いたのである。彼は実に粗暴（そぼう）な言葉を遣した。「たとえ女が出産で疲れ果てて死んでも、構わない。死んでも子どもを産むべきだ。女はそのためにいるのだ」と！

　カルヴァンは、ある意味では女性の信仰を評価したが、ルターほどではないにしても、女性の平等などは認めず、男性よりも罪深い存在であるとしていた。宗教改革者たちは、人間観においては、カトリックよりも厳しく、人間を全体的に堕落している者ととらえていたので、女性に対しては、ある意味で、カトリックよりも厳しい見方さえ生み出してしまったともいえよう[*29]。

魔女狩り

　こういう女性観の結果が、西欧キリスト教にのみ特徴的な恐ろしい魔女妄想を生み出したのであり、西欧が全体として最大の社会不安に直面したときに、あの悪名高い魔女狩りを引き起こしてしまったのである。ここでは、魔女狩りの実態などについて詳論はできないが、この忌（い）まわしい妄想がヨーロッパ社会において、2世紀以上

---

*29　カレン・アームストロング『キリスト教とセックス戦争──西洋における女性観念の構造』（柏書房）のⅧ「プロテスタントの解決──妻と母」の項を参照。

15世紀に描かれた魔女の図像
（『女性の擁護者』の写本、1451年頃）

にもわたって猛威を振るったことは、あまりにもよく知られたことである*30。

ただ、魔女狩りがローマ・カトリックの世界でのみ起こったような誤解がまだあるが、プロテスタントの世界でも同様に激しかったのだということが忘れられてはならない。さらに、ある人々は、魔女狩りは女性に限ったことではなく、多くの男性も魔女として殺されたと主張するのであるが、魔女として殺された男性の数は女性の数の比ではなく、いわば「お印」的に、女性への憎悪を隠蔽するためとしか考えられないもので、派生的なものであることを忘れてはならないと思う。いずれにせよ、こういう事実は、キリスト教が「愛の宗教」であるなどという理解が、いかに浅薄なものであるかを認識させるものであろう。

西欧キリスト教が女性に押しつけたいくつもの顔

西欧のキリスト教は、女性に対して深い恐怖と憎悪を持ち続け、

---

*30　**魔女裁判**では、拷問と自告と密告がセットで行われたので、知人や家族の関係までズタズタにされてしまった。それに神判というものも復活された。つまり水につけたり、火のなかに投げ入れて有罪や無罪を決めたり、針を刺す審問、秤にかける審問、水による審問などが行われた。それに魔女はその魔力を体毛のなかにかくすとされていたので、拷問が加えられる前に全身の毛が剃り落とされたし魔女は涙を流さないとされていたのでそれも調べられた。

悲しみと苦痛のあまりに涙も出なければ魔女とされたし、逆に涙を流せば魔力で偽っているとされたので逃れる道はなかった。あまりに頭のよい女性も、あまりにも頭の悪い女性も、あまりにも美しい女性も醜い女性も、太りすぎの女性も痩せすぎの女性もすべて魔女とされた。上山安敏『魔女とキリスト教──ヨーロッパ学再考』（講談社学術文庫）、森島恒雄『魔女狩り』（岩波新書）を参照。

女性はまず男性を誘惑するエバ的存在であり、貪欲な性欲を持つ危険な存在であるとされ、それゆえ、女性が男性支配の世界のなかで少しでも自立や自律を認められるためには、女性は処女でなければならず、殉教者として生きねばならないとされた。

しかし、セックスの不自然な抑圧は、女性に対する憎悪感と恐怖心を増大させ、女性は本質的に魔女であるという妄想を生み出した。さらに女性は、男性にとっては得体の知れない存在と考えられ、怪しい神秘主義におちいる者としての神秘家であるとされるようにもなった。こうして、西欧キリスト教世界においては、セックス・罪・女性を常に一体として考えるという三位一体論を形成させてしまった。

こうして女性は、エバ・処女・殉教者・神秘家・魔女といういくつもの顔を持つ存在とされてしまったのである＊31。このように、西欧やアメリカのキリスト教世界においては、女性・セックス・結婚について、他の文化には見られない深い神経症的傾向が広がってしまったのである。

処女マリア崇拝の問題性

聖母マリアを崇拝するというカルトは、キリスト教の歴史のかなり早いときから生じたものであるが、それはそもそも偉人は尋常な産まれ方はしないという神話的な偉人譚の古代以来の形に沿ったものとして発生したのであろうが、同時に、古代中近東において、いろいろな形で崇拝されてきた女神信仰を継承したものである。とりわけエジプトで「神の母」として崇められていたイシス＊32を継承した要素が強い。しかし、前述した女性への敵視や、女性への恐怖

＊31　カレン・アームストロング『キリスト教とセックス戦争──西洋における女性観念の構造』（柏書房）のⅦ「エバの四つの顔」を参照。

＊32　**イシス**　エジプト古来の大女神で、オシリス、ホルスとともに三神一座をつくりあげていた。万物の母であり、知恵の源でもあった。イシスのカルトはローマ世界に広がっていた。イシスがまとっていたマントの内側には、多くの三日月が織りこまれていたが、のちに「神の母」とされたマリアも同じマントを着るようになった。

と憎悪、そしてセックスの拒否という特別にキリスト教的背景のなかでは、このカルトは、女性を男性と平等とするような方向に本当には貢献するものではなかった。

特に処女マリアという観念は、神の子イエスを男性の介入なしに産んだという面の強調と、イエス誕生後にはマリアは性交したことはなく、ずっと処女であったという純潔性と、母性との矛盾した観念とともに発展させられたので、本来不可能な役割を女性に担わせるものであり、不合理な女性像を生み出す源の一つになった。マリア崇拝は、父・息子というみな男性神中心の思想のなかで、女性原理を補完する役割を持つという面はあったが、女性解放の思想に貢献することはなかった[33]。

ヴィクトリア朝時代の歪んだ女性像

ピューリタンの時代までも含んで、キリスト教は久しく女性のことを淫乱なもので魔女的要素を持つ者だと見てきたのだが、ヴィクトリア女王（1819〜1901年）の時代までには、それまでとまったく違った女性観が築かれるようになっていった。近代プロテスタントの流れのなかでは、近代市民社会の形成にともなって、結婚についても「聖なる婚姻」という理解が次第に広まってきて、相互の愛に基づく結婚が理想とされるようになってきた。ヴィクトリア朝時代には、女性は性欲など持ってはならず、純情で無垢な幼児や天使のような存在であるべきだという理解が広まってきた。

妻は家庭にいて、夫を助け、家庭を夫のための憩いの場にするべきであり、すべてにおいて夫に従順で清らかで慎ましい女性であるべきだという理想が形成されていった。これはきわめて幻想的で非現実的な理想であり、それ以前の女性観とはまるで逆のもので、キリスト教世界の女性観の極端から極端への交替という特徴を典型的

---

*33　キリスト教における男性原理の優越の問題性と、それに対する女性原理による補償の機能の問題に関して、特にマリア崇拝の持つ意味については、C・G・ユングの『ヨブへの答え』（林道義訳、みすず書房）を参照。

に示すものであった。

　こうした不可能な要求を前にしては、現実の女性は挫折感を持つか、強く反発するか、あるいはそれに可能なかぎり従おうとするかであったが、いずれの場合にも現実的な安らぎや喜びをもたらすものではなく、深い敵意や憎悪を内に蔵することになった。表面上の上品さに対して、裏面での堕落現象がこの時代の特徴になった[*34]。

　現代の極端とさえ思われる性の解放の要求は、このヴィクトリア朝期への強い反発の要素が見られる。フロイトの無意識の葛藤という把握の仕方も、ヴィクトリア朝期のキリスト教的偽善性への強い反発を含んだものであろう。いずれにせよ、一つの極端から他の極端への激しい変遷という現象は、西欧キリスト教文化の特徴といえよう。

現代の状況

　カトリック教会では、現代でも妊娠中絶は原理的には絶対に禁止されているし、女性は聖職者にはなれない。プロテスタントは、そういう立場はとらなくなったが、アメリカの宗教右翼などは、やはり伝統的な差別主義に固執している。キリスト教が長い間培ってきた「女嫌い」の神経症的傾向は、そう簡単には乗り越えられないであろう。

　アメリカなどでも、建て前としては「女尊男卑」などといわれながらもやはり女性は差別され続けている。結婚は、男性にとっては人生の墓場だというようなとらえかたは、ごく普通に見られるし、「女」（woman）とは本来「男にとっては呪い」（woe to man）だというような冗談は、男性の好むものである。女性ドライバーをからかったり、妻を虐待する夫などは、西欧やアメリカでは大きな問題であり続けている[*35]。

---

*34　ヴィクトリア朝期の光と影の面については特にカレン・アームストロングの『キリスト教とセックス戦争──西洋における女性観念の構造』のⅧ「プロテスタントの解決──妻と母」を参照。

*35　**女性差別**　建て前での女尊というスタンスとは裏腹に、本音での女性差別は今でも続いてい

キリスト教と社会生活

職業について

(1) 原初教会の場合

　原初教会においては、信徒の多くは貧しい階層の者たちであったし、ヘレニズム世界のなかに広がっていったときにも、奴隷や下層階級の者たちや下級兵士、没落した中産階級の人々などが主であったし、イエス・キリストの再臨が間もなくやって来て、世界は終わるのだという終末思想のなかで生きていたので、持続する社会のなかでの職業についてなど関心がなかった*36。そういう差し迫った終末意識のなかでは、民族・階級・性別すら相対化されたのであり、どういう職業が望ましいかなどという関心は見られなかった。

(2) ローマ帝国の国教とされた以後の変化

　イエス・キリストの再臨もなく、世界は長く持続するものだと認識され、キリスト教そのものが、「永遠のローマ帝国」の国教とされるようになると、結局のところ、それ以前の既成のヘレニズム社会での民族・階級・性別に基づく諸職業の上下観が立ち戻ってきて、以前の社会と本質的にそう違わないものに変質していった。

　　る。たとえば、女性の前では起立するとか、ドアを開けて女性を先に通すとか、車から降りるときに助けるとか、男性が荷物を運ぶとかという慣習も、女性は「弱い性」とされる考えと結びついている。
　　家計簿は主として男性が管理するというのも本来女性差別に結びつくものであろう。女性は室内でも帽子をかぶったままでよいという慣習も、本来は女の頭（かしら）である男性の下にある女性が従順のしるしとして常に頭（あたま）にかぶりものをかぶるべきだというパウロの教え（『コリント1』11：3-9）に由来するものであった。

*36　こういう終末待望時の生き方としては、「あたかもの倫理」として有名な以下のようなパウロの姿勢がある。
　　「兄弟たち……定められた時は迫っています。今からは、妻のある人はない人のように、泣く人は泣かない人のように、喜ぶ人は喜ばない人のように、物を買う人は持たない人のように、世の事にかかわっている人は、かかわりのない人のようにすべきです。この世の有り様は過ぎ去るからです」（『コリント1』7：29-31）。

むしろ、キリスト教における聖職者の社会的地位が高く評価されるようになったので、教会のヒエラルキー化も進み、それ自体が立身出世の新しい機会を提供することになった。

(3) 中世の場合
　基本的には封建主義の社会になった中世西洋においては、身分が固定化され、それに応じて職業も固定化されていった。聖職者、王家、貴族、騎士、商人、職人、農民という階層制は厳しいものとなり、そのヒエラルキーが社会を支えていた。貴族は、諸国の国境を超えてヨーロッパ全体に君臨するものであって、貴族の血は、平民の血とは色まで違うとさえ広く信じられていたほど、ヒエラルキーが徹底していったのである＊37。

(4) 宗教改革がもたらした変化
　ルターが、キリスト教徒は原理的にすべて祭司であるという説（いわゆる「万人祭司説」）を提唱したことはよく知られているが、「万人」とはキリスト教徒のことを指すわけで、現代的な意味での万人を意味していたわけではない。
　ルターの場合には、「召命＊38」という観念の再解釈が重要なのであった。その時代まで、この召命という言葉は、聖職者という身分に叙せられる場合にのみ用いられていたものであったが、ルターは、ローマ・カトリック的な意味での聖職者という観念は、聖書に基づくものではないことに気づき、この観念を非聖書的として廃棄した。
　そして、「信仰のみによる義認」という彼の把握に基づいて、す

＊37　こういう階級意識は現代でもヨーロッパには根強く残っている。とりわけイギリスにおいてはこの意識は日常生活においてもかなり強く残っている。共産主義的平等が前提とされていたポーランドなどでも、たとえば貴族出身の教授とそうでない教授の間には歴然と差があったといわれる。こういう貴種観念というものの根強さは軽視されてはならない。拙著『宗教幻論──[現代]への批判的接近』の「貴種観念と民衆意識」の項（243頁以下）を参照。

＊38　**召命**　これはラテン語ではvocatioで「召し出される」の意であった。ドイツ語のベルーフ（Beruf）も同じであった。現在の英語ではvocationは職業という意味になったし、ドイツ語の場合もそうである。拙著『テキストとしての聖書』の2「〈働く喜び〉について」を参照。

べてのキリスト教徒は、神に召された聖なる者であり、そこには身分的な上下などないと主張し、その意味ですべてのキリスト教徒は本来「司祭」であると述べたのである。ユダヤ教徒や異教徒のことなど、まったく思考の外にあった。この考えが次第に世俗化されて、今日ドイツ語のベルーフが、一般に職業を意味するような方向に変えられていったのである。

(5) カルヴァンの場合

カルヴァンは、「すべてを神の栄光のために」という視点からとらえたが、その帰結の一つは予定説であった。だれが救われ永遠の祝福に招かれるのかは、永遠の神の予定によって定められているという考えである。その救いの確かさは結局、各人が身を謹んで勤勉に働き財を成し、それをさらに良き仕事に投資し財を築き、そのすべてを神の栄光のために捧げるか否かに懸かるという考えに至った。

こういう宗教倫理が、新興の勤勉なブルジョワ階級の生活理念に合致したので、カルヴァン主義は資本主義の精神を鼓舞することになったのだ、というマックス・ウェーバーの理解は有名である（『プロテスタンティズムの倫理と資本主義の精神』）。こうした生活態度が、宗教的な枠づけにもはや依存しなくなったときに（世俗化）、近・現代的な職業観が生じてくるのは必然であった。

奉仕について

キリスト教においては、初期の時代から「奉仕」ということは信仰者の重要な証の一環として強調されてきた。イエス自身が、他者に仕えることを勧めていた（『マルコ』10：42-45）。イエスはまた、「最も小さい者の一人」のために尽くすことは、イエス自身に尽くすことだと諭したと伝承されている（『マタイ』25：31以下）。だがのちの教会では、第一の奉仕は礼拝であり、そして隣人に仕えること

であるとされていく＊39。そして教会内の執事の仕事がまずディアコニア（奉仕）と呼ばれたのであり、隣人は根本的には教会員とされ、外部への奉仕は、施しと慈善が一般的となっていった。

　ドイツに始まった「ディアコニッセ」（奉仕女）運動や、イギリスの「救世軍＊40」などが有名である。だが、結局はこういう「上から下へ」式の発想が批判され、社会倫理への開眼が迫られている。「隣人」概念をどこまで広げられるのか、社会の構造的な諸問題をどうとらえ、どう克服しようとするのかが大きな問題であり、「ディアコニッセ」や「救世軍」的なものを本当に乗り越えられるかが問われている。

労働について

　旧約聖書には、労働は罪への罰として課せられたものだという思想もあるが（『創世記』3：1以下）、怠け者にならず勤め働くことを勧める伝統もある（『箴言』13：4）。それに旧約聖書の場合には、預言者たちが、正義と公正を絶えず訴えるという伝統があったので、権力や富を持つ者が、貧者や弱者を不当に扱うことに対して常に厳しい批判を加えるという伝統があった。

　イエスは、根本のところでは、人間が何を食べ、何を着、どんな家に住むかと思いわずらうことを諫めたし、富者を好まなかったらしいし、終末が近いとの発想もあったようなので、ラディカルな思想が見られる。有名なぶどう園の労働者の譬え（『マタイ』20：1-16）では、労働・生産・分配について常識を突き破った考えを示している。あるぶどう園の主人が、1日1デナリオンの賃金の約束で労働者を、朝早くと、9時、12時と、午後3時と5時に雇い、夕

＊39　**礼拝**という言葉には本来「奉仕」という意味が含まれている。ドイツ語では「ゴッテスディーンスト」といい、文字通り「神への奉仕」の意であり、英語でも「サーヴィス」と呼ばれる。

＊40　**救世軍**（Selvation Army）　イギリスのW・ブース（1829〜1912年）によって始められたメソジスト派の運動。軍隊的階級制度を導入して社会正義のための現実的運動を展開し、特に貧民救済のために尽くす。86ヵ国に広がった。日本では山室軍平が指導者となり多くの同調者を得た。現在でもクリスマス近くの頃に見られる「社会鍋」は有名である。

方にすべての労働者に同じ賃金を支払うという話である。ここには常識的な社会での平等観をくつがえす根源的な平等意識が閃<ruby>閃<rt>ひら</rt></ruby>いている。ここには「能力に従って働き、必要に応じて受けとる」という思想に通じる発想が見られる[41]。イエスはまた、神と富に兼ね仕えることはできないという思想も、持っていたようである[42]。

　パウロや初代教会は、主の再臨が近いという終末意識が強かったので、持続的な労働の問題については、ほとんど論じていない。

　中世において、労働を評価する方向を促したのは、修道院の修道士らが労働によって自分たちの生活を支えるという実践を始めたことであった。しかし、労働そのものに価値があるという見方は発展させられなかった。貧乏と無知にとどめられていた農民大衆などにとっては、労働は端的に苦しみそのものであった。そして王侯貴族は、農民らを収奪していたのである。

　労働を救済に直接関わる重大なものと見たのは、職業の項で述べたカルヴァン主義以来のことであった。

政治と経済

(1) イエスの場合

「カイサルのものはカイサルへ、神のものは神へ」という有名なイエスの言葉（『マルコ』12：13-17）は、ほぼ2000年間誤解されてきて、キリスト教徒は政治に関与すべきではないというふうに教えられてきた。そこでのイエスの意図は、ローマ帝国への税金支払いには反感を示しながら、同じように重い神殿税を民衆から平然と取り立てていたユダヤ指導層への批判であったかもしれない[43]。イエスは、

---

*41　拙著『イエスとは誰か』（NHKブックス）のⅡの3「平等とは?」を参照。
*42　「だれも2人の主人に仕えることはできない。一方を憎んで他方を愛するか、一方に親しんで他方を軽んじるか、どちらかである。あなたがたは、神と富とに仕えることはできない」（『マタイ』6：24）。
*43　このテキストは、イエスに敵対していたサドカイ派とファリサイ派が野合してイエスをおとしいれようとたくらみ、ユダヤ民衆が憎んでいたローマ皇帝への税金を払うべきか否かという難問をつきつけたときのイエスの答えである。ローマへの税金を払えといえば裏切り者と呼ばれるであろうし、払うなといえばローマに敵対する者とされるという難題であった。皇帝<ruby>皇帝<rt>カエサル</rt></ruby>のものとはローマへの税金、神のものとはユダヤ教の神殿税ととるのが最も正しいであろう。

ローマ帝国的な暴力的支配の原理に反対であった（『マルコ』10：42）。

イエスは、政治的革命主義者ではなかったが、圧政には断然反対であったし、抑圧され疎外されていた貧しい者、弱い者の視点から権力者や富者を鋭く批判したことは確かであろう。

(2) パウロの場合

パウロは、イエス・キリストにおける絶対平等ととれる観念を原理としては持っていたが（『ガラテヤ』3：28）、現実的には、奴隷はその身分に留まるように勧め（『コリント1』7：20-21）、ローマ帝国への従順を勧めていた（『ローマ』13章）。終末が近いと信じていた彼にとっては、政治や経済の問題は、根本的な問題ではなかったのであろう*44。

(3) 国教としてのキリスト教の場合

この場合には、民衆に対しては政治に関与するなと説きながら、教会自体は権力と合体し、きわめて政治的になっていった。中世では、教皇権が皇帝権にまさるとして争ったことは周知のことである。

キリスト教は、総体としては政教一致の現実*45に依拠して栄えてきたのであり、ローマ帝国の時代から、宗教改革を超えて近代近くに至るまで、「領主の宗教が、領民の宗教」という原理に基づいていたのである。

サドカイ派は貴族で神殿の祭司職の者たちであったので、イエスにそう言われて困ってしまったのであろう。実に巧みなイエスの答えであった。拙著『イエスとは誰か』（NHKブックス）のIの25「皇帝のものと神のもの」を参照。

*44　パウロはそのため結局は現状維持を正当化する論理を支える機能を果たさせられてしまった。

*45　キリスト教は、コンスタンティヌス大帝のローマ帝国に公認され、ついには国教にされたときから、近代に至るまで政治権力と争ったり補完する機能を果たしてきた。そういう意味で現実的には政治と宗教が結びついてきた。

（4）大航海時代の場合

　この時代のポルトガルやスペインの教会は、世界制覇という国家的事業に、意識的・無意識的に荷担してしまい、ヨーロッパ人によるアフリカやアジアや「新大陸」への侵略の先兵の役割を担い、かつヨーロッパ諸国による「原住民」虐殺などの蛮行を正当化するために「異教徒撲滅」という神学的論理を展開したりした。個々の良心的部分による批判はあったにせよ、総体としてはそういうものになってしまった[46]。

（5）近・現代の場合

　ごくごく近代になって、政教分離が唱えられるようになって以来、宗教は私的な選択の問題であり、信教の自由が当然のことのようにいわれるようになったが、近代におけるこのとらえ方は、宗教を国家の下で庇護されるべきものというような考え方に変えられていった。産業社会成立後には、教会は総体としては国家を補完する機能と、産業社会で疎外された者たちへの「慰めの孤島」というような役割を担うことになってしまった。

　そういう方向に対して、キリスト教徒の一部、特にプロテスタントは、社会倫理の重要性を訴え、進歩的な者たちは、「キリスト教社会主義[47]」をさえ訴えたりした。

[46]　南米諸国（インディアス）に対するスペイン人の大侵略では、南米だけでも5000万人にも及ぶインディオたちが殺害された。最初の征服運動に参加したが、のちにインディオのためにスペインを批判したバルトロメー・デ・ラス・カサス（1474～1566年）の報告は貴重である。『インディアスの破壊についての簡潔な報告』（染田秀藤訳、岩波書店）参照。彼の生涯については、染田秀藤『ラス・カサス伝──新世界征服の審問者』（岩波書店）を参照。最近の反ナチ抵抗文学者ラインホルト・シュナイダーの歴史小説『カール五世の前に立つラス・カサス──南米征服者時代の諸情景』（下村喜八訳、未来社）は感動的である。

　教皇アレクサンデル6世（1503年没）が、世界地図上の大西洋に北極から南極まで線を引いて、東側をポルトガルに、西側をスペインに与えた回勅は悪名高いもので、「アレクサンデル6世の境界線」と呼ばれた（1493～94年）。この教皇は、ムーア人に対する十字軍をも送った（1499～1500年）。

　北米大陸におけるいわゆるインディアンに対する残虐な征服も悪名高いものである。

[47]　宗教社会主義の歴史と展望については、拙論「神の死の神学──宗教社会主義の新たな可能性」（『情況』1995年2・3月号、情況出版）参照。

(6) 第二次世界大戦後の場合

　ドイツでは、ナチへの荷担の罪責問題をめぐって「戦争責任の告白」がなされたが、ヨーロッパ諸国の心あるキリスト教徒は、その責任は単にドイツ人だけのものではなく、総体としてのキリスト教会の姿勢の問題であるとの認識が高まり、それまで個人倫理のみに留まっていたキリスト教倫理が、もっと社会倫理に目覚めねばならないという機運が高まった。

　近代においても、プロテスタントのほうが比較的早くからそういう方向を持ってはいたのであるが、カトリック教会も、第二ヴァチカン公会議を契機にして、これまでの「上からの神学」の姿勢を改め、「下からの神学」を提唱し、社会正義に目を向けるようになった。

(7) 解放の神学

　20世紀半ば以降、ラテン・アメリカを中心に、カトリック教会の進歩的司祭たちの間から、構造的不正義や暴力に対する積極的抵抗を支持し、現実的な解放を志向するという「解放の神学*48」運動が展開されるようになった。ある司祭などは、武器を手にして抑圧者と戦うというところまでラディカル化した。ヴァチカンは、そこまで行くのは「マルクス主義的」行き過ぎだと批判したが、こういう方向は、とにかくローマ・カトリック教会の新しい動きの現れである。

　ただ、この神学は、教義理解という観点から見た場合には、まだきわめて保守的であり、この流れが評価されるのは、その現実的運動という面であり、その神学としての面ではないと思う（拙著『宗教幻論』〈社会評論社〉の「人間の解放と宗教」「解放の神学」および拙著『テキストとしての聖書』の2「現代キリスト教の輝きと曇り──『解放の神学』の一ケース」を参照）。

---

*48　詳しくは、本書「第8章　現代のキリスト教」のなかの「ローマ・カトリック教会の新しい展開」の項を参照。

（8）新興独立国の場合

　特にアフリカなどの第二次世界大戦以後独立した国々においては、経済的状態はますます深刻であり、直接的搾取（さくしゅ）の時代は去ったとはいえ、依然として経済の領域では旧宗主国の欧米白人の支配が維持されたり強化されたりしているのであり、その現実についてキリスト教会は本質的な吟味をしているとは思えない。むしろ、新植民地主義的支配よりも、もっと隠微な仕方で欧米白人による経済支配が、キリスト教会の協力の下に維持されていると思わざるをえない[49]。この巧妙なやり方と、それを支える思考こそ徹底的に批判されるべきものである（田川建三『歴史的類比の思想』〈勁草書房〉を参照）。

戦争と平和

　原初教会は、暴力一般に対しては否定的であったが、国家による戦争というような事柄には基本的に関心を示さなかった。最初は、職業として軍人になることを禁じたりしていたが、迫害のなかで次第にローマ帝国の平安を祈る組織に変質していき、次第に軍人という職業も認めるようになり、ついには「聖戦」という観念をも生み出すことになった。ローマ帝国の国教となってからは、当然のことながら、そういう方向をますます明瞭にたどっていった。そもそもキリスト教は、ローマ帝国の世界統治にとって都合のよいイデオロギー構造を最初から持っていたのである。

　国教という意識と構造、そして「領主の宗教が領民の宗教」という原理が支配していたかぎり、国家暴力を原理的に認める方向しかありえなかった。中世における十字軍の派遣などは、まさに聖戦意

---

[49]　たとえば学校と病院はほとんどすべて白人のキリスト教の宣教師を介して行われている。残念ながら白人によってしかできないという状態があったのだ。これらの宣教師は、直接に経済的に搾取するような白人たちとは別な人格であるし、特に独立後は形式上は「対等」になっているのであるから、かつての植民地時代よりも民族的誇りを傷つけられることなく結びつくことができる。それゆえ資本のほうは伝道事業に資金を投入する。それに「エホバの証人」のような強烈な根本主義とそれに基づく来世の救いは、とりわけ貧困な庶民にはなぐさめと救いをもたらす。こういう構造のなかで「教育」を受ける者には社会的上昇が約束される。こうした循環構造がキリスト教の普及につながるのである。

識の最たるものであり、宗教戦争、とりわけ三十年戦争などにおいては、教会自体が戦争の推進者ですらあった。近代国民国家の場合にも、国家に従属するものとして、教会は戦争を肯定し支持していた。事実、どの国でも教会は従軍司祭や牧師を養成し派遣したのであり、ヨーロッパのキリスト教国同士で、互いの勝利を教会が祈りあったのである＊50。

　この状態は、本質的には現代でも変わってはいない。世界教会会議やヴァチカンは、世界平和をしきりに訴えはするが、それぞれの国の軍備を基本的には必要悪としてでも肯定しているし、協力もしている。世界宗教者会議なども持たれているが、国家問題を根底的に吟味しないかぎり、一般論的な訴え以上のことには本当にはならないであろう。

罪と罰と赦し

　一般に、どういうことが罪とされるかは、その文化や共同体のなかで、究極的に何が一番重要なこととされているかに関連し、そのことを否定したり妨げたりすることが最大の罪とされる。そういう視点から考えてみたい。

旧約聖書における罪

　旧約聖書には、罪を表す言葉がいくつかある。「ハッタート」（過ち）、「アヴォーン」（不義、不正）、「アマル」（不誠実）、「ペシャー」（神への反逆）などである。旧約聖書およびユダヤ教においては、最重要なことは、神ヤハウェ、および神から与えられた律法への忠誠であるので、「ペシャー」（神への反逆）が最大で中心的な罪とされ

＊50　こういう観点から見れば、キリスト教という宗教が本来的に「平和の宗教」であるなどというのは、タメにする議論か幻想でしかないことが明らかになろう。

てきた。

　それゆえ、その他のもろもろの罪は、その根底に神への反逆が意図されているかどうかで、意味が違ってくる。もちろん、過ち、不義・不正、不誠実なども、結果としては神への反逆ではあるが、人間の弱さから犯してしまう場合には、悔い改めて、「砕けたる心」を持つ場合には豊かに赦される（『詩編』32、51＊51）。逆に、根本的なところで神に逆らい、反逆し傲り高ぶる者には、裁きと滅びが宣告される（『詩編』1）。そのことに応じて、ユダヤ的な裁判の目的も、加罰ではなく和解である＊52。

罪と悪の起源

（1）イエスの場合

　イエスは次のように言ったと伝承されている。「すべて外から人の体に入るものは、人を汚すことができない。……人から出て来るものこそ、人を汚す。つまり人間の心から、悪い思いが出て来るからである」（『マルコ』7：18、20-21）。つまりイエスは、一定の食物だとか、他人とか、悪魔とか外からのものが罪を犯させるのではなく、自分の心のなかから悪や罪が生じるのだと言うのである。

　彼は、この一言で、ユダヤ教のすべての繁雑な食物規定や、神殿での清浄儀礼などをすべて破棄してしまったと言えよう。実にラディカルな理解である。しかもイエスは、その底には反逆の心がないかぎり、赦されない罪などはないという思想を持っていたようである。「人の子らが犯す罪やどんな冒瀆の言葉も、すべて赦される」（同、3：28）。これもきわめてラディカルな考えである。

＊51　ユダヤ教では厳しい神の裁きが主で赦しがないなどというのは、キリスト教の側の悪意に発する偏見である。『詩篇』32、42、51、103、130、『イザヤ』53、『ホセア』6:6、11:8-9、14:5、『エレミヤ』3:22、4:1、31:3などには深い赦しとなぐさめが語られている。

＊52　理念型的にいえば、ユダヤの裁判の目標は、罪を犯した者に罰を加えることではなく、共同体の和解が目的である。だから罪の償いをした者に対して、前科者呼ばわりをすることが逆に罰せられるし、裁判過程の終わりでは、全員が「われらの罪を赦したまえ」と祈るのである。詳しくは『世界の宗教と経典総解説』（自由国民社）の拙論「ユダヤ教」の項を参照。

(2) 初代教会の場合

　初代教会になると、このイエスの言葉（『マルコ』3：28）に続けて、「しかし、聖霊を冒瀆するものは永遠に赦されず、永遠に罪の責めを負う」（同、29節）とイエスに語らせている。「聖霊を冒瀆する」とは、イエス・キリストの福音を否定することを指すようになったのである。初代教会では、イエスを唯一絶対で最後的な救い主キリストを信じることが最重要な事柄であるとされたので、そのことを否定することが最大の罪とされたのである。

　パウロも結局、自分が宣べ伝えた福音とは違う福音を宣伝する者こそ「呪われるがよい」と断罪している（『ガラテヤ』1：6以下）。もっともパウロは、実際の生活においては、度外れて不道徳な生活をしていた者については、「そんなことをした者を既に裁いてしまっています」（『コリント1』5：3）と宣言しているし、「みだらな者、偶像を礼拝する者、姦通する者、男娼、男色をする者、泥棒、強欲な者、酒におぼれる者、人を悪く言う者、人のものを奪う者は、決して神の国を受け継ぐことができません」（同、6：9-10）と断罪しているのであるが。こういう断罪は、彼の「信仰による義認」というラディカルな教えから見ると、きわめて陳腐な徳目主義に響くといわざるをえない。これは信仰と倫理の問題の難しさに関わる[*53]。

　イエス・キリストの福音を否定する者を断罪するという姿勢は、新約聖書の後期の文書になると、きわめて激烈なものになる。いったん福音を受け入れたが、のちにそれを否定するようになった者については、特に激しい憎悪が告げられている。
「一度光に照らされ、天からの賜物を味わい、聖霊にあずかるようになり、神の素晴らしい言葉と来るべき世の力とを体験しながら、そのあとに堕落した者の場合には、再び悔い改めに立ち返らせることはできません。神の子を自分の手で改めて十字架につけ、侮辱す

---

*53　**信仰と倫理**　ラディカルな信仰と日常的な倫理の関係の難しさは、浄土真宗の場合にも見られる。親鸞は「悪人正機」説を唱えたが、そこから出てくる「造悪無礙」という考えに悩まされた。

る者だからです」（『ヘブライ人への手紙』6：4-6 [*54]）。

（3）パウロの場合

　ユダヤ教においては、罪や悪の起源としては、旧約聖書の『創世記』のなかの三つの箇所が考えられていた [*55]。

A　「ネフィリム説」（『創世記』6：1-4）

　ここには、「神の息子たち」が人間の娘たちが美しいのを見て、彼女たちを妻として「ネフィリム」と呼ばれる巨人を産ませたという伝説が述べられている。この巨人たちは、「大昔の名高い英雄たちであった」と述べられていて、罪人扱いされているわけではないが、その直後にノアの洪水の伝説が語られているので、罪や悪の起源の物語として読まれてきたのであろう。この巨人たちは、人間に技術を教え鉄器時代へと進化させたと解釈されているので、むしろ文明そのもののなかに潜む罪とか悪の要素という面から理解されるべきものかもしれない。

B　「イェツェル説」（『創世記』1：31）

　ここでは、神が天地創造の業を終えたときに、「見よ、それは極めて良かった」と語られているのであるが、この「極めて」という表現のうちに「過剰な衝動」（イェツェル）が潜んでおり、これが罪や悪の起源となったとされる説である。しかし同時に、この「衝動」がなければ、人間は文明を生み出すこともなかったのであり、それゆえ罪はただ悪ではなく、その過剰さが問題なのだと理解されている。

---

*54　一度福音を受け入れてのちにそれを捨てることは「背信・棄教」（apostasy）といわれる。それは元来「離れて立つこと、手を引くこと」の意であったが、キリスト教にあってはこの罪は特に重いものとされ決して赦されないものにされていった。

*55　以下の三つの説については、カレン・アームストロング『キリスト教とセックス戦争──西洋における女性観念の構造』（柏書房）の「序論1　問題はセックス」の項を参照。

C 「アダム・エバ説」（『創世記』3章）

　これは、アダムがエデンの園で、妻のエバにそそのかされて禁断の木の実を食べたという有名な物語であるが、ここには罪という言葉は全然見られない。これを堕罪[*56]の物語として読むというのは、ユダヤ教の歴史においては、むしろ後期に展開されるようになったものである。パウロは、この説を受け入れていたようである（『ローマの信徒への手紙』5：12-14）。彼は、「1人の人（アダム）によって罪

楽園を追われるアダムとエバ
（ギュスターヴ・ドレ作、1865年）

が世界に入り、罪によって死が入りこんだように、死はすべての人に及んだのである」と言っている。

　しかしパウロは、エバには言及していないし、罪がどのように伝わるのかについては触れていない。セックスが原罪を伝える媒体だというような理解はないのである。しかし、このパウロの理解が、のちの教会教父たちの原罪という説の典拠とされていったのである。

（4）教会教父の場合

　キリスト教が誕生した頃には、ユダヤ教の世界でも、エッセネ派に見られるような強い禁欲主義的傾向が現れていたし、ギリシア・ローマ世界でも禁欲主義的傾向が強くなっていて、セックスそのものを悪と見るという風潮が増大していた。そのことについては、本

---

*56　**堕罪**　この言葉は、『創世記』3章においてアダムとエバが罪に堕ちたことを指すキリスト教の用語である。堕落という言葉よりは宗教的な意味合いを強く含めた表現である。

書の「性愛と結婚」の項目（254頁）を参照して欲しいが、罪や悪の起源についての理解も、そういう傾向と深く関連していた。

　テルトゥリアヌスやヒエロニムスのような教父たちは、アダム・エバ説をますます中心に置くようになり、セックスそのものが罪の根源であるような理解に傾いていった。そしてアウグスティヌスに至って、性行為によって代々伝えられる原罪（the original sin）という観念が確立されてしまったのである。

罪の赦し

（1）イエスの場合

　イエスが罪について語るときには、一般的・抽象的にではなく、当時のユダヤ社会における律法主義のゆえに、613箇条にも達する繁雑な規定を守れず、そのためとりわけ貧しい民衆が汚れているとか罪人とかいわれていた状況に対して、彼がアッバー（父ちゃん）と呼んだ神の無差別・無条件の祝福を告げて、そのように不当に疎外され抑圧されている者たちこそ赦されているのだし、現実的に解放されるべきであるという宣言をしたと思われる。

（2）最初期の直弟子・使徒の場合

　直弟子・使徒らは、イエスの死を贖罪の死と受け止め、彼が3日目に復活したと信じ、そういう「信仰」が救いの唯一の根拠であるととらえた。パウロはそれを「信仰による義認」という思想に発展させた。それゆえ、十字架と復活の事実を神の祝福の出来事として受けとるという信仰のみが救済に必要なこととされた。それを彼らは「イエス・キリストの福音」と呼び、その宣教を使命とした。その贖罪の出来事は、ただ1回起きたことであり、それで永遠に有効で十分なものととらえられていた。

（3）古カトリック教会の場合

　しかし教会が次第に制度化されていくに従って、ただ1回のイエ

ス・キリストの死を記念するという聖餐式の意味が変化させられ、カトリック教会独特のミサ*57の概念が生じてきて、そのイエスの贖罪の行為が教会によって繰り返し捧げられねばならないという考えが強くなった。そうなると、ミサを執行する資格を持つ聖職者という観念が生まれ、司教がイエス・キリストの代理人として救済をゆだねられたという考えを持つようになり、教会が唯一の救済の機関とされていった。そこから「教会の外に救いはない」との宣言がなされ、ミサや告解の制度を通じてのみ罪の赦しが保証されるということになっていった。

　こうして、カトリック教会は、現世における救済のみならず、来世での救済まで保証する唯一の制度として、天国の鍵を握る者となり、地獄や天国を、そしてその中間地帯である煉獄を管理する機関とされていったのである。

(4) 中世カトリック教会の場合

　ミサ概念のなかには、神の恵みがパンとぶどう酒という物質のなかに具体的に存在するという考えがあったので、信心深くミサによって繰り返し神の恵みを受け、善行を重ねると、その功徳の多さによって救いが保証されるという考えが生まれてきた。

　そこから必要にして十分な功徳という概念が生まれ、聖人などの功徳は他者にも分け与えられるほど豊かなものだとの考えが生じ、いわば彼らの余った功徳が他者にも分配されるということになり、ついにはその功徳が金銭で得られるということになり、免罪という観念が生まれた。唯一の救済の機関・制度である教会が保証する免罪という観念が、あの悪名高い免罪符の売買という悪弊まで生み出すことになったのである*58。

---

*57　本書70頁「秘跡の発展」と89頁「秘跡の機能」の項を参照。

*58　**功徳・免罪**　カトリック教会においては、神の恵みがミサにおけるパンとぶどう酒の本質変化（化体）という観念によって実体的にとらえられたため、量的にも考えられるようになり「功徳」（merit）という考えを生み出した。これは「獲得する」という意味のラテン語merereに由来し、「獲得されたもの＝賞賛に価する行為」を意味するようになった。それがカトリック教会の「義と成る＝成

（5）プロテスタントの場合

　そのようなカトリックの救済理解の弊害^{へいがい}が深刻になっていったとき、ルターが再度原初キリスト教のパウロ的理解に戻るという宗教改革を起こし、プロテスタント教会が生まれた。宗教改革の精神は、要するに初代教会の立場、とりわけパウロの「信仰のみによる義認*59」という理解に立ち返るということであった。そのため、教皇を頂点とする聖職者も、ミサも告解も、修道院もすべて非聖書的であるとされ、それらが廃止されることになったのである。

地獄・天国の観念

　地獄に相当するヘブライ語は「シェオール」と「ゲヘナ」であるが、シェオールは「よみ」（黄泉・陰府）とか「墓」と訳される。ゲヘナは本来「ゲー・ヒンノム」（ヒンノムの谷）で、死体を焼却する谷のことであった。それが次第に死後、不信者や罪人が送られる場所とされていった。それは死と苦しみの場、神との交わりを絶たれた場の意味であった。『ヨハネの黙示録』になると、「硫黄^{いおう}の燃えている火の池」（19：20など）という表象と結びつけられるようになった。英語の Hell は、ドイツ語の Hölle と同根で、元来は「覆いかくす」を意味するギリシア語・ラテン語に由来するものである。

　天国は本来は『マタイ』における「天の国」のことで、他の福音書の「神の国」と同義であった。そのかぎりでは来世的な観念ではなく、「神の支配」を意味するものであった。しかし、イエスが復

　義」(justification)という考えと結びつき、神によって義とされるに十分な功績（功徳）となった。善行や聖なる業を積んだ人々の功徳は、自分のため以上の功徳と解釈され、いわば他者にも分け与えられるという考えに変わった。それが免罪・贖罪(indulgence)という観念を生み出した。それは「大いに与える、寛大である」を意味するラテン語indulgereに由来した。そのように実体化・物質化された観念から、金銭でも獲得できる功徳という悪名高い慣習がつくり出されたのである。本書の「中世のキリスト教」の「秘跡の機能」「秘跡の実体概念の危ない方向」を参照。

*59　**義認**（Justification）　前述したカトリック教会の「成義」（これも同じjustification）という観念に反対したルターは、人間は自分が獲得した功徳によって「義と成る」のではなく、人間はあくまで罪人にすぎないのだが神の恵みによってのみ「義と認められる」というのが新約聖書の本来の福音理解なのだと主張した。「成義」も「義認」も日本語でのみの区別であり、原語はどちらも同じである。本書第5章「宗教改革とその余波」の項を参照。

活したあと、天に昇り「神の右」に座したという観念が生まれるようになり、さらに信徒もそこに迎え入れられる場所として表象されるようになっていった。そしてカトリック教会においては次第に「パラダイス」という観念が生まれ、死後に祝福された永遠の生命を与えられるというものに変わっていった。「パラダイス」は元来ペルシア語の「パイリ・ダェーザ」で「囲まれた庭あるいは楽園」の意で、『七十人訳聖書』ではエデンの園がそう訳された。それが後代、上述した天国観念と結びついていったのである。新約聖書では、イエスとともにある所というほどの意味であった。

煉獄

カトリック教会では煉獄という観念を発展させたが、これは罪を大罪・中罪・小罪に分けるという観念と関わるもので、小罪を犯した者が天国に昇る前に清められるというとらえ方に由来した。アウグスティヌスやトマス・アクィナスなどはこの説を支持したが、『コリント1』3：1-15などを典拠とした。英語では purgatory であり、「清める」を意味するラテン語 purgare に由来する。プロテスタント教会では、この観念は非聖書的であるとして認めない。聖公会では中間状態として認める。天国と地獄の中間の場所という考えは、「リンボ」(limbo) という観念も生み出した。それは「地獄の縁」を意味するラテン語に由来した。20世紀のすえになって、カトリック教会はこの煉獄という観念を放棄した。天国と地獄という場所化された実体観念は、どうなるのであろうか。

第 13 章

祭りと通過儀礼

祭り・祭日

イエスの場合

イエスは、ユダヤ教の古い安息日[*1]の制度を守ることを無視し、それについて断固として次のように宣言した。「安息日は、人のために定められた。人が安息日のためにあるのではない」(『マルコ』2：27) と。イエスの時代には、安息日は律法主義的に解釈され、戦々恐々として遵守（じゅんしゅ）すべき恐れの体系の最たるものに変質してしまい、とりわけ貧しい者たちには重荷以外のなにものでもなくなってしまっていた。

イエスは、そういうような祭りや特別だと称される日を断固否定したようである。彼はまた、ユダヤ教で重要視されていた断食の諸規定をもすべて無視したようである（同、2：18-20）。

原初教会の場合

原初教会においては、イエスが唯一絶対の主キリストであると信じられるようになり、旧約聖書の古い契約は破棄され、今や新しい契約の時代になったのだと確信されるようになったので、その絶対観念のゆえに、また前述のようなイエスの姿勢もまだ記憶されていたので、ユダヤ教の古くからの諸規定や種々の祭りもすべて破棄されてしまった。

そういう姿勢は次のような言葉に反映されている。「ある日を他の日よりも尊ぶ人もいれば、すべての日を同じように考える人もいます。それは、各自が自分の心の確信に基づいて決めるべきことです」(『ローマ』14：5-6)。「だから、あなたがたは食べ物や飲み物の

---

*1　**安息日**（Sabeth）　ヘブライ語の「シャバート」に由来。1週の第7日（土曜日＝現在の金曜日の日没から土曜の日没まで）に一切の労働をやめ、神との交わりを中心とする日。天地創造あるいはエジプト脱出と結びつけられて、ユダヤ教で最重要の祭日とされた。

こと、また、祭りや新月や安息日のことでだれにも批評されてはなりません。これらは、やがて来るものの影にすぎず、実体はキリストにあります」（『コロサイ』2：16-17）。

しかし、すでにパウロの段階で、イエスの体と血になぞらえられたパンとぶどう酒を共食する愛餐（あいさん）（そこから聖餐式やミサが生まれた）に際して、それに心して参加するように警告が語られるが（『コリント1』11：23以下）、「自分をわきまえないで」飲食する者は、「裁きを飲み食いするのだ」と告げられ、さらには「そのためにあなたがたの間に弱い者や病人がたくさんおり、多くの者が死んだのです」（30節）などと語られている。これはもうすでに呪術化（じゅじゅつ）の始まりである。

原初教会の信徒は、「週の最初の日」（日曜日）を「主の日」と呼び、特別な礼拝をするようになった。日曜日にイエスが復活したと信じられたからである。こうしてユダヤ教の安息日（土曜日）が廃棄され、日曜日が「聖日」あるいは「主の日」と呼ばれるようになっていった*2。

原初教会では、すぐにイエス・キリストの再臨のときが到来し、終末がやって来ると信じられていたので、共同体の持続に結びつく祭日などを祝うという考えは、中心的なものにはならなかった。だが、その再臨が来ず、教会が社会の共同の信仰となり、その社会が長く持続されるようになると、祭りが次第に行われるようになった。

復活祭

イエスの復活にちなんで、日曜日が「主の日」と呼ばれるようになったが、次第に年に一度、復活祭なるものが祝われるようになった。この祭りは、ギリシア語では「パスカ」と呼ばれる（フランス語では、この語に由来してパクと呼ばれる）が、それはユダヤ教の過越（すぎこし）

---

*2　キリスト教会の一部では、今なおユダヤ教の安息日である土曜日を厳しく守るべきことを主張している（セブンスデー・アドヴェンティストや、セブンスデー・バプテスト）。これらはみな18、19世紀のファンダメンタルな教派であり、硬直化したプロテスタントの律法主義的考え方の表れである。

イースターエッグ

に由来していて、初期にはユダヤ教の過越祭と同じニサンの月の14日に行われていた。

英語では「イースター」、ドイツ語では「オーステルン」と呼ばれるが、それはゲルマンの春の女神「アウストロ」に由来するという。それは「夜明け」および「東方」とも関係し、太陽の輝きが増す春に由来するものであったようである。彩色された卵の習わしも、豊 饒（ほうじょう）を願う異教の祭りに由来するものである。ニカイア会議（325年）で、ユダヤ教との違いを明確にするために、春分の次の次の日曜日と定められた[3]。

聖霊降臨日（ペンテコステ）

原初教会の信徒たちが、ユダヤ教の五旬節の日にエルサレムの神殿に集まって祈っていたときに、彼らの上に聖霊が降り、彼らが世界中のあらゆる言語で福音を語り始めたという伝承に基づく祭日である（『使徒言行録』2章）。のちには、復活日から50日目、イエス昇天日の10日後の日曜日と定められた。次第に1週間にわたって祝われる大祭日になった[4]。

---

[3]　**イースター**には、イースター・エッグとともに、イースター・バニー（復活祭のウサギ）という慣習も欧米では盛んである。この日に子どもたちに贈り物を持ってくると信じられているウサギである。春になって穴から跳び出してくるウサギが、新しい生命のよみがえりを連想させた民衆感覚が生み出したほほえましい慣習であろう。

[4]　現代最も急速に伸展しているペンテコステ派のキリスト教は、この伝承に基づいて現在でも直接に降ってくる聖霊の働きによって活性化させられるという強烈な信仰を持って全世界に広がっている。20世紀初頭にアメリカのロスアンジェルスで始まった小さな集会が、現在では世界中に広がり、信徒数4億人にも達しているという。アメリカのハーヴァード大学のハーヴィー・コックスの最近の書『天からの火──21世紀におけるペンテコステ派の霊性の興隆』（未邦訳）を参照。

降誕祭（クリスマス）

　イエス・キリストの誕生を毎年祝うという慣習は、4世紀後半になって広く見られるようになったものである。3世紀のはじめに、アレクサンドリアのクレメンスが、降誕日を5月20日と推定している。12月25日に祝われた最初の記録は、4世紀の半ばであるが、西方教会でこの日を確定したのは、7世紀の終わりであった。東方教会では、1月6日が降誕日とされ、それがずっと続けられている。そもそも、イエスが何年に生まれたのか確定できないのであるから、何日に生まれたのかなどわかるわけがない。12月25日とされたことの背後には、キリスト教とミトラス教とのライバル関係があったといえよう。

　キリスト教がローマ帝国によって公認された頃に、ローマ帝国において広く信奉され、何度か国教とさえされかけたミトラス教が栄えていた。この宗教は、太陽を神の象徴として崇拝し、冬至を「太陽の誕生の日」としていて、その日が多くの人々に盛大に祝われていた。ペルシアに由来するこの古い宗教は、キリスト教の最大のライバルであった。それで教会は、この日をイエス・キリストの誕生日として、この祭りを横取りしたのである[*5]（詳しくは、拙著『聖書を読み直す Ⅱ──イエスからキリスト教へ』（春秋社）の、第3章「体制の宗教としてのキリスト教」の1「あの星は？」を参照）。

　クリスマス・ツリーは、宗教改革時代に、古いゲルマン民族の樹木崇拝から採り入れられたものである。古代以来ゲルマン人は、冬至の頃に、常緑樹を家に祭ることによって、樹木の精を受け取ろうとしたのである。また、サンタクロースは、旅人や子どもの守護聖人の伝説から発展したものであったし、トナカイなどはやはり冬至に関係した古い北欧の伝説に由来したものらしい。

　これらのいろいろな異教的な要素がオランダの水夫を介してアメ

---

*5　**ミトラス教**　詳しくは本書50頁の「ミトラス教」の項を参照。

リカに伝えられ、近代になって商業主義に乗って盛んになったのが、現代流のクリスマスである。いろいろな文化の、いろいろな要素を上手に取りこんだもので、長い冬に苦しみ春を待ちこがれる北方諸民族のいろいろな願望やしきたりを横取りした巧みな祭りである。おめでたい日本人の多くが乗せられるのも無理はない。聖書だけを根拠とする超保守的なファンダメンタリストの教会などでは、クリスマスはまったく非聖書的で異教的なものだと言い、完全に否定するが、それなりの根拠があるのである[6]。

教会暦

キリスト教がローマ帝国の国教とされ、長い年月が経つうちに、体制の宗教としてはとりわけ当然であるが、民衆の願望の利用や教化のために、無数の祭りが生み出され、次第に「教会暦」という年中行事表が形成されることになった。キリスト教は、古代世界のいろいろな異教の神々を「聖人」という形で取りこんだし、イエスの生涯が教会の歴史などと結びついたいろいろな日を次から次へと「聖なる日」として、ありとあらゆる祭日をつくり出していった。

前述したいくつかの大きな祭りをはじめとして、毎週水曜日と金曜日の断食日、諸聖人の祭日、殉教者の祭日、イエスの受難を記念する祭日、大小の斎日、さらに使徒や聖母マリアや、洗礼者ヨハネの祭日までつくられた。365日では足りないほどである。多くは農耕儀礼などをキリスト教化して取りこんだもので、民衆支配のためには絶大な力を発揮した。

宗教改革以来、多くのプロテスタント教会は、これらの祭日の多くを否定したが、現代では、これらのローマ・カトリック教会や東方教会の荘厳な祭儀などを、伝道のために採り入れている教会も増えている。民衆史の一環としては、興味ある主題ではあるが、本質的な観点からは、あきれるほどの迷信や通俗性に満ちたものである。

---

*6　クリスマスについては、拙著『イエスとは誰か』（NHKブックス）のⅠの1「福音の初め」を参照。

キリスト教の通過儀礼

洗礼（バプテスマ）

　イエス自身は、洗礼者ヨハネから悔い改めと罪の赦しのための洗礼を受けたのだが、それは「水に浸す」（バプティゾー）に由来するものであった。しかし、イエス自身が洗礼を授けたという伝承はない。

灌漑による洗礼を描いたフレスコ画
（マサッチオ作、1425～26年）

（1）初代教会の場合

　キリスト教に先立つエッセネ派において、すでに罪の赦しと入会のための清めの洗礼が行われていたが、キリスト教会がこれから影響を受けたとも考えられる。原初の教会は、イエスの死を贖罪のためのものと受けとったので、次第に洗礼は、このイエスの死に与り、またイエスの復活にも与るものと受けとられるようになった（『ローマの信徒への手紙』6：3-5[*7]）。これは、単なる入会儀礼ではなく、罪の赦しと救いに関わるものと理解されていた。

---

*7　「キリスト・イエスに結ばれるために洗礼（バプテスマ）を受けるわたしたちは皆、またその死にあずかるために洗礼を受けたのです。わたしたちは洗礼によってキリストと共に葬られ、その死にあずかるものとなりました。それは、キリストが御父の栄光によって死者の中から復活させられたように、わたしたちも新しい命に生きるためなのです。もしわたしたちがキリストと一体となってその死の姿にあやかるならば、その復活の姿にもあやかれるでしょう」。

（2）幼児洗礼の誕生

原初の教会が待望していたような喜ばしい終末がやって来ず、教会が次第に組織化されていくにつれて、成人が回心して洗礼を受けるというだけではなく、キリスト教徒の子どもとして生まれた幼児に洗礼を施すという習慣が始まった。その形は最初すべて「浸礼」（全身を流れている水に浸すというもの）であったが、次第に簡素化され、かなり早くから「滴礼」（頭に少量の水をかけるというもの）が始まったらしい[*8]。

これは、異教世界にあってキリスト教的家庭を築くためには有効な方法であった。異教世界から新しい救いに入れられ、生まれ変わったという意識から、洗礼名をつけるという風習が次第に始まった。正式に定められたのは、256年のカルタゴ会議においてであった。

（3）宗教改革後の議論

ルターやカルヴァンは、幼児洗礼を認めたが、急進派は、無自覚な幼児への洗礼は非聖書的であるとして、自覚的に再度行う洗礼を主張したので、アナバプテスト（再洗礼派）と呼ばれるようになった。大多数のプロテスタント教会は、幼児洗礼を認めるが、ファンダメンタルな教派では認めない。典型的なのは、「バプテスト教会」およびそこから派生した諸教派である。なお、洗礼名をつけるのは、カトリックの場合であり、大多数のプロテスタント教会は認めない。

堅信礼

これは本来、カトリック教会において、幼児洗礼を受けた者が、

[*8]　しかしプロテスタントの流れからは、こういう幼児洗礼などは聖書的でないというアナバプテスト（再洗礼派）の反対も生まれてきたし、さらに滴礼も聖書的でないといい全身を水に浸す「浸礼」だけが正しいとするバプテスト派も生まれてきた。
　　　さらに極端な教派では、浸礼も「流れる水」でなければ有効でないと主張される。字義通り主義の律法主義の典型的なものである。現代でも、アメリカの南部などでは、こういう問題をめぐって激しい論争が続けられている（特にチャーチ・オブ・クライスト系の教会で）。

一定の年齢に達したときに、信仰を確かなものとして再確認し、教会の正式の会員として認めるというところから生まれたものである。本来は、いろいろな文化のなかでなされる成人式のようなものである。だが、幼児洗礼を認めないプロテスタントの多くの教会では、この習慣はない。

叙階・按手礼
<ruby>叙<rt>じょ</rt></ruby><ruby>階<rt>かい</rt></ruby>・<ruby>按<rt>あん</rt></ruby><ruby>手<rt>しゅ</rt></ruby><ruby>礼<rt>れい</rt></ruby>

　聖職者という概念は、カトリックのものであり、それは一般の平信徒とは身分が違うものであるが、プロテスタントではその意味では聖職者という概念はない。それゆえ、司教とか司祭とか神父というのは、カトリックの概念であり、プロテスタントでは牧師という。前者は身分の違いを含むが、後者は機能の違いにすぎない。

　それゆえ、プロテスタントでは正式には「教師」というだけのことである。もっとも、聖餐式の執行の資格などの問題とからんで、多くのプロテスタント教会の場合には、概念と役割が中途半端で明確ではない。本来のラテン語では、ordinatio であり、教会の秩序に入れるという儀式であり、上級聖職者が手を志願者の頭に置くというもので、プロテスタントではもっぱら按手礼という言葉を用いる*9。

臨終の際の終油

　これは、カトリック教会における7つの秘跡（サクラメント）の一つで、人の臨終に際して香油で体を清めるという儀式であるが、プロテスタントでは行わない。これは本来、ユダヤ教の伝統に由来す

---

*9　日本で最大のプロテスタント系の日本基督教団では、教師を「補教師」と「正教師」に分け、後者になるためには「正教師検定試験」に合格し、所属する教区の教区長から按手礼を受けなければならない。正教師のみが聖礼典（洗礼と聖餐式）を執行する権限を持つとされる。こういう解釈は、なおカトリック的な「身分」観念を残すものであり、機能主義に徹しきれない中途半端なものである。
　プロテスタントでもクェーカー派や無教会派や、ファンダメンタルな「チャーチ・オブ・クライスト」系の教派では、「牧師」という概念を認めない。

るものであろうが、この儀式を行わなければ天国に行かれないなど
という教えや俗信をも生み出したものである。

葬式

　一般に、キリスト教においては、死は永遠の生命への出立である
とされるので、ひたすら悲しむ儀式ではない。葬式においても、む
しろ出席者自身が、自分も死ぬべきものであることを覚え、いかに
生き、いかに死ぬかを問うという要素も重要とされる。だから礼拝
を行い、説教がなされ、説教では、イエス・キリストが人間のため
に贖罪の業をなし、復活したという福音が語られ、会衆がそのこ
との意義を考えることが促される*10。そして遺族への神の祝福と加
護が祈られる。

---

*10　そういう考えがあるため、明治期には一部において、「キリスト教では死者が出るとお祝いをして
　　喜ぶ」といううわさが広められたりした。修道院などでは、年老いた修道女が亡くなると、現代でも
　　お祝いをする慣習が残っているという(カレン・アームストロング『狭き門を通って──「神」からの
　　離脱』たかもりゆか訳、柏書房、342頁以下を参照)。

第 **14** 章 キリスト教と西洋文化

西洋文化の基礎の一つ

　キリスト教は西洋文化の基礎とは、よくいわれることである[*1]。そうには違いないが、その根本的理由は、ローマ帝国のコンスタンティヌス大帝が、キリスト教を帝国統一のためのイデオロギーとして国教としたという政治的事件であった。それは、キリスト教自身が主張するように、キリスト教が「真理」だったからではない。あの時代のローマ帝国の状況のなかでは、帝国を統一するための普遍的イデオロギーとしてはキリスト教が一番有効であるという、一皇帝の政治的直観によるものであったし、幸か不幸か彼が戦闘に勝利したからである。

　もちろん、そうしたコンスタンティヌス大帝の直観の背後には、キリスト教がその時代までに育んでいた普遍性というものがあって、ローマ帝国が支配していた諸民族・諸文化を統合するための当時としては最も有効な観念を育てていたからである。その端的な表現は、パウロの次のような言葉に見られる。「あなたがたは皆、信仰により、キリスト・イエスに結ばれて神の子なのです。……そこではもはや、ユダヤ人もギリシア人もなく、奴隷も自由な身分の者もなく、男も女もありません」（『ガラテヤ』3：26-28）。

　この時代以前に、ギリシアの哲学などには、高度の普遍性[*2]を宿した思想も存在していたのであるが、それは当時のローマ帝国支配下の全民族や文化を、大衆レベルにおいても、また人間の知性のレベルだけではなく、感情や道徳のレベルにおいても、統合できるよ

---

*1　そのキリスト教の背後には、長いイスラエル・ユダヤのヘブライズムと呼ばれる文化と、ギリシア・ローマのヘレニズムと呼ばれる文化があり、それらがキリスト教の伸展に際して競合したり融合したりしたことが、世界史上稀に見る多様性と深さ・豊かさを生み出したといえよう。その意味では、キリスト教があの時代にあの地域に出現したことを、キリスト教徒たちが神の摂理によるものだと受け取ることも無理からぬことであろう。

*2　拙著『テキストとしての聖書』（社会評論社）の2「キリスト教の普遍性について——竹内芳郎の宗教論をめぐって」を参照。

うなものではなかった。そういう幅広い、そして底深い機能を果たすものとしては、当時としては（ひょっとしたら現代でも？）、宗教しかありえなかったのである。

　それに、キリスト教がひとたび帝国の国教として国権をもって布告されてからは、他の宗教やイデオロギーは国家権力をもって暴力的に弾圧され排除されたのであり、紆余曲折はあったにしても、その政策が貫徹されたのである。こういう状態が何世紀も続けば、国教として命令された宗教が、その社会の基礎をなすイデオロギーとして深く広く浸透し根づくのは当然である。そうしたなかでは次第に、ギリシア・ローマの知的伝統を持つ多くの知識人が、彼らの古典的な思想を、それとは本来異質なユダヤ的背景を持つキリスト教と何とか調停・融合させようという努力をするのは当然であった[*3]。

　そのことは、多くの人々の思考を刺激し、よくいわれるように、ヘレニズムとヘブライズムの融合という西洋独特の思想・文化を生み出すように促したのである。この「融合」が、本当に成功したかどうかは疑問である。実際、当時の一級の知識人たちのなかで、多くの者たちが、キリスト教に対する深く鋭い批判を展開していたのであるが（代表的な者は、ケルソス[*4]）、彼らは内容的に論破されたというよりは、結局のところ、国家権力やそれと結びついた教会権力に抑圧されたのであり、キリスト教に帰依した者たちも、つまるところ国家と教会の権威に立ち返るという神学的な思考に平伏したのである（たとえば、アウグスティヌス）。

---

*3　そういう観点からいえば、これらの競合・融合の過程については、思想・宗教の面からだけではなく、当時の社会の政治的・経済的・軍事的などの諸側面からの全体的・総合的な理解を深めることが大切である。

*4　**ケルソス**　2世紀半ばのプラトン主義の哲学者で、古代の最も優れたキリスト教批判者。彼は、キリスト教はギリシア哲学（特にプラトンのそれ）を歪めたものであり、その神のロゴスの受肉・十字架の血による贖罪・死人からの復活などの教義は不合理で迷信的なものであると主張した。主著は『真正な教え』（178年頃）。のちに「背教者」と呼ばれ、伝統的なローマの宗教を復興させようとしたユリアヌス帝の思想的先駆者であった。キリスト教側からはオリゲネスが『ケルソス駁論』において激しい非難をあびせた。

古典的ギリシア・ローマ文化の担い手としての教会

　ゲルマン蛮族らの侵入を契機にして、爛熟したローマ帝国が崩壊してしまい、ギリシア・ローマの文化的伝統の光が消滅してしまった古代末期から中世にかけて、キリスト教会が「唯一の文化の継承者」になった、とはよくいわれることである。結果的にはそうであるが、そのローマ帝国の崩壊が、深いところでキリスト教が国教とされたことに関係がないかどうかは疑問である。歴史には「もし……ならば」という仮定は結局成立しないから、仮定に仮定を重ねることは意味がないが、ローマ帝国崩壊の歴史的理由については、私はもっと深く再吟味をすべきであると考えている。

　ヨーロッパ中世が、キリスト教のゆえに、ギリシア・ローマ文化の光の面を見失い、いわゆる「暗黒時代」を生み出したというのも歴史的事実である。事実、ヨーロッパ中世に比べれば、ギリシア・ローマの文化を豊かに継承したイスラーム文化のほうが、はるかに豊かで優れた文化を築いていたのである[5]。中世ヨーロッパ最高の神学を築いたトマス・アクィナスさえ、イスラーム哲学を学ぶことによってアリストテレスに触れたのである[6]。

近世西洋思想とキリスト教[7]

　近代になって次第に、「哲学は神学のはしため」というような認

---

*5　ヨーロッパ人が無視したいこの事実の詳細な展開については、ジクリト・フンケ『アラビア文化の遺産』（拙訳、みすず書房。原題は『ヨーロッパの上に輝くアッラーの太陽』）を参照。

*6　詳しくは本書第4章76頁の「イスラームの興隆とそのインパクト」を参照。

*7　本書第6章「近代のキリスト教」を参照。キリスト教の世界ではともするとキリスト教の歴史を直接的にキリスト教の枠のなかだけで語りつくせるかのような描き方をするが、現実には一般社会のすべての出来事や思潮と常にからみ合って展開されたものであることが忘れられてはならない。当たり前のことであるが、しばしば見落とされる事柄であるので強調しておきたい。

識が揺らぎ始め、人間理性に基づく思考が自律的になるにつれて、中心的な問題として「啓示と理性」の関係がさらに重要性を増してきた。トマス・アクィナスにおいてもすでにこのことが問題であったが、彼はこの問題を「神の恵みは自然を破壊するのではなく完成させる」という命題で乗り越えようとしたが、最終的には教会の権威に依存するという思考であった。

だが、デカルトは、精神と肉体・物質の領域を方法的に分割し、後者は延長の領域で計量化されうるもので、厳密な自然科学的方法で観察・実験できるが、前者は軽量されえない各個人に独特な唯一回的なもので、自然科学の対象にはなりえないという認識を明確にし、近代的思考の基礎を築いた。

パスカルは、哲学者の神と、アブラハム、イサク、ヤコブに自分を啓示した神とは本質的に違うのであり、前者は理性的認識の領域に留まるが、後者は信仰によってのみ与えられるものであり、そこにはいわば実存的賭(か)けの要素があることを解明した。

カントは、スコラ学的な神の存在の証明の論理的問題性を指摘し、神は純粋理性の対象になりえないことを論証し、認識における「コペルニクス的展開」を提示した。彼の『学部論争』にも見られるように、学問の世界における神学の絶対優位という伝統は次第に揺らいできた。

他方、ルソーの「自然に帰れ」のスローガンは、単純に原始時代に戻ることを主張したものではなく、キリスト教的な啓示に基づく思考から解放された本来の自由の未来への志向を説いたものであった。

さらに、ヘーゲルを経てニーチェや、そして現代のハイデガーやヤスパース、またサルトルに至るまで、広い意味ではみな、この「啓示と理性」の問題をめぐって思考したともいえるのである。肯定的であれ否定的であれ、キリスト教との取組みを抜きにしては西

欧思想はありえなかったといえよう*8。

文学とキリスト教

　宗教が人間生活のあらゆる面に関係するものである以上、文学の領域においても、いやおいてこそ重大な関係を示すのは当然である。生を全面的に表現する業としては、文学の右に出るものはないともいえる。新約聖書の福音書も、ある意味では文学作品ともいえる。

　しかし、いわゆる文学といわれるものが、大きな役割を占めるようになるのは、西洋においても、自律的な人間の出現を待たねばならなかった。ダンテは『神曲』（1304〜21年）において、理想化された処女という人間のうちに、神の英知に至る導きを見ているという意味で新しい人間観を示しているし、『デカメロン』（1348〜53年）を書いたボッカチオも、解放された人間の理性への信頼を歌っていたし、『カンタベリー物語』（1400年）を書いたチョーサーも、人間の善や悪も肯定するという新しい寛容と人間愛を描いていた。

　プロテスタント的神・人間観を詩に託したミルトンの『失楽園』（1667年）や、ピューリタン的信仰を描いたバニアンの『天路歴程』（1685年）が、キリスト教と不可分であることは言うに及ばないが、こういう直接的にキリスト教的なものは、私見では、第一級の文学とは言い難いのではないかと思う。

　シェイクスピアは、宗教改革を経て、次第に啓蒙の時代に移行するヨーロッパ人の内的不安や葛藤や狂気を描くものとして、たとえ表面に常に現れていないとしても、キリスト教的な信仰と生き方が揺れ始めた時代を深く反映するものでもある。それは、天動説から

---

*8　現代でもいわゆる無神論者と呼ばれるサルトルでも、『実存主義とは何か』のなかで、自分のことを「神と血みどろになって戦っている者」であると規定し、「自分が血みどろになって戦っている相手が存在しないなどという愚か者はいない」という考えを述べている。興味あるとらえ方である。

地動説へと大転換する世界・人間観の揺れのなかでの恐れや孤独、疑いや希望などを深く多様な形で反映しているといえよう*9。

　また、ゲーテの文学は、とりわけ『詩と真実』（1831年）および『ファウスト』（1808〜31年）は、西洋人の知が、啓蒙や変革の疾風怒濤の時代に至って揺らぎ広がるなかで、伝統的キリスト教の枠を破ろうとする息吹の雄大さや苦闘、崇高なるものへ向かう精神的高揚と同時に、卑俗なものへも堕する醜悪さをも示す近代的人間の偉大さや葛藤を映し出している。

　聖俗、善悪、美醜、深浅などそれぞれの面や切りこみにおいて、カトリック教会とのからまりを介して人間を深刻に描くフランス文学は、スタンダールの『赤と黒』（1830年）や『パルムの僧院』（1838年）、ユゴーの『レ・ミゼラブル』（1862年）、ロマン・ロランの『ジャン・クリストフ』（1904〜12年）、ジイドの『狭き門』（1909年）などにおいてその豊かさと広さを示している。トルストイやドストエフスキー*10の文学が、深くキリスト教と関連していることは周知のことである。

　また、ホーソーンの『緋文字』（1850年）や、スタインベックの『怒りのぶどう』（1939年）などのアメリカ文学も、キリスト教文化、とりわけプロテスタント社会の問題性を抉り出すものとして深みのある作品である。

　現代の文学も、顕にではなくとも、直接間接にキリスト教への反発や期待、それからの離反やそれへの回帰などなど、多様な仕方で描き続けられている。それらをここで詳述することはできないが、これらすべてにおいてキリスト教とのからまりの強さを思わせられる。

---

*9　『リア王』の孤独は、単純に個人的なさびしさというだけの次元のものではなく、人間中心の世界観（天動説）が崩壊していくなかでの人間の不安と孤独という面を含みこんだものであろうと感じられる。

*10　わたしの文学批評の一例としては、拙論「ドストエフスキーの宗教性　イワン・カラマーゾフをめぐって」（『ピエロタ』、1972年17号）を参照。

キリスト教音楽

　ときには深い、ときには激しい感情をともなう宗教には、あらゆる文化において、音楽は重要な要素である。ユダヤ教では古くから、『詩篇』を交唱*11する伝統があったが、これがキリスト教会にも継承され、さらにギリシア・ローマの音楽も交錯して次第に独特の音楽を形成していった。キリスト教がローマ帝国の国教になってからは、礼典も統一化を迫られ、この方向が修道院などを介して助長された。こういう流れを、6世紀に教皇グレゴリウス1世が整理収集した単旋律の歌唱が、グレゴリアン・チャントと呼ばれ、有名になった。

　宗教改革時代には、ルターが音楽的才能に恵まれていたこともあって、ドイツ的な重厚なコラールが盛んになった。ルターが創作した「神はわが櫓」などは、剣よりも多くの人を殺したといわれるほど、人々の情動に訴えるものがあった。

　16世紀の最大の教会音楽作曲家、パレストリーナは、膨大な数のミサ用の合唱曲を作曲し、「ローマ楽派」を生み出した。さらに、複合唱やオルガン音楽、管弦楽をともなうオラトリオなども発展し、ドイツでは、J・S・バッハやヘンデルが現れ、優れた教会音楽を生み出した。バッハの音楽は、現代に至るまで多くの人々によって最高の音楽とさえ呼ばれている。特に彼の、教会カンタータ、ロ単調ミサ曲、マタイ受難曲、ヨハネ受難曲などは有名であり、現代でも至るところで演奏され続けている。

　のちの、モーツァルトやベートーヴェンやシューベルトなどの著名な音楽家たちも、ミサ曲やレクイエムなど、優れた教会音楽を作曲している。

　また、教会において会衆がともに歌う賛美歌は、特に近世におい

---

*11　司会者と会衆が交互に歌うという形式。

て多様な発展を遂げ、とりわけプロテスタント教会においては、民衆の間で歌い継がれ、非キリスト教文化圏でも広く知られるようになった。

　近代から現代にかけては、他の諸分野と同様に、音楽の領域でも、教会からの独立や自由な発展が目覚ましいが、特に西洋における音楽の発展において、キリスト教が果たした役割は実に大きい。これは、まずユダヤ文化が深く音楽的であったことが主たる原因であると思うが、さらにキリスト教において、ギリシア・ローマの文化が融合したことが、そして非常に多様な文化を吸収していったことが、その発展を促したのであろうと思う。

　音楽においても、近代以降は、キリスト教からの独立が見られていくのであるが、音楽における言葉の役割の問題は一考に値するであろう。たとえば、バッハの音楽は、キリスト教的言語と本質的に不可分なものであるかどうかは、大いに議論されるところである。キリスト教の信仰や知識なしにも、またドイツ語やラテン語の歌詞などまったくわからなくても、バッハの音楽は多くの人々に感動や安らぎを与えるのであり、たとえば彼の「コーヒー・カンタータ」などは、本質的に彼の他の作品と音楽的には違わないものであり、題名が本質を決定するのではないとも論じられる。キリスト教徒でなければ、バッハの音楽は本当には理解できないというような主張は、根本的に偏見に基づくものではなかろうか*12。

---

*12　わたし自身、正統的・伝統的なキリスト教の硬直化した教義などをどれほど批判しても、たとえばバッハの音楽（言葉をともなう必要はない）など絶えず聴いているし、自分でも拙いながら常にピアノやオルガンで楽しんでいる。あえて述べておきたい。

キリスト教美術と建築

（1）古代キリスト教美術

　ユダヤ教においては、偶像崇拝が厳しく否定されていたので、造型美術は発達しなかった。それに原初キリスト教では、終末意識が強烈であったし、信徒には貧しい者、身分の低い者たちが多かったので、美術は発達しなかった。しかし再臨が遅延し、終末感が稀薄（きはく）になり、キリスト教がローマ帝国の国教にまでなると、教会の典礼も整えられるようになり、信仰内容も平和や秩序を願い、来世の平安を願うものへと変化していった。それにつれて、葬儀や埋葬の荘厳化や美化が進み、ギリシア・ローマの諸伝統も受け継がれて華美なものになっていった。また、文字を解さない大衆への伝道や教化のために、絵画や演劇が重要な手段となり、画像の作成が促された。

（2）ロマネスク芸術

　キリスト教の伝播（でんぱ）を通じて、ローマ的文化が北ヨーロッパにまで伝わる過程で、フランク、ゲルマン、ケルト、ゴートなどの諸文化との融合が起こり、また十字軍や巡礼や修道院運動などを通じて、ビザンツやイスラーム文化の影響をも含めて幅広い交流が起こり、11〜12世紀にロマネスク美術と呼ばれるものが盛んになった。特徴としては、フレスコによる壁画の発達であった。もちろんこれには、特徴的なロマネスクの建築が同時に展開された。その方式は、堅実で図式的である。

（3）ゴシック芸術

　ゴシックとは、イタリア人が北方の中世芸術を、蛮族ゴート人によるものと呼んだことに由来するらしいが、この建築様式の特徴は、アーチとヴォールトによって支えられ天空に高くそびえる尖塔（せんとう）である。そしてイスラーム建築から影響を受けたステンドグラスが大き

な特徴となった。

　こういう教会堂は、その下層部には、異教的な彫像なども組みこまれ、それらが天使や聖人の下に抑えこまれ、ついには5色に輝く光に包まれ、高く上昇するという構造を持っていて、中世の神学思想を豊かに反映している。フランスでは、パリのノートルダムの大寺院、シャルトルやランスの大寺院が、ドイツではケルンやストラスブール、そしてウルムの大寺院、イギリスでは、ヨーク、カンタベリー、ソールスベリーの大寺院などが有名である。

　中世世界の全体的貧しさを考えると、これらの教会建設に費やされた費用と労力は途方もないものであると思う。そこには、現代とはまるで違う価値観が支配していたであろう。自分たちの生活

ランス大聖堂（フランス）

カンタベリー大聖堂（イギリス）

全体の統合の象徴としての教会には、不釣合なほどの華麗さを惜しげもなく注ぎこんだ民衆にとっても、これは人生を結局のところ来世のための準備期間ととらえるように導かれた時代の敬虔な蕩尽で

あったといえるであろう*13。

東西教会建築様式の違い

（1）西方教会

　ローマ・カトリック教会においては、中心的な贖罪観は、イエスが十字架の上で神の怒りに対する犠牲として捧げられたという償いの論理に基づいていた。それは、傷つけられた神の威光に対する補償という基本的には法的概念に発するものであった。

　そのため、西方教会では、十字架にかけられたイエスの血なまぐさい無残な姿をリアルに描くことが必要であった。会堂内部の他のすべての華麗さに対比して、中心の十字架上のイエスの受難のさまは、黒々としてリアルに描き出されている（たとえば、システィナ・チャペル）。これが西方教会の構造上の特徴である。

（2）東方教会

　ギリシア正教や、それを受け継いだロシア正教の会堂では、中心は復活して栄光に輝く主としてのイエス・キリストの姿である。それは、イエスの十字架で自分が勝利したと傲り高ぶった悪魔が、イエスの復活に打ち負かされたという贖罪神学に発していた。それゆえ、東方教会の会堂も礼拝も、この「勝利者キリスト」との神秘的な結合を祝うという内容を中軸にするのである。

---

*13　こうした面への批判的解明としても、ジョルジュ・バタイユの『呪われた部分〈ジョルジュ・バタイユ著作集〉』（生田耕作訳、二見書房）は独特であり鋭いと思う。

ルネサンス期の美術

　聖書のなかの諸人物の彫像などを刻んだり描いたりする美術が栄えたのは、ギリシア・ローマ文化の再生が見られたルネサンス以後のことである。ダ・ヴィンチ、ミケランジェロ、ラファエロなどの巨匠の登場は、こういう時代精神と関連していた。これらの芸術家については、ここで詳述する必要はなかろう。ただ、この期をはじめとして、たとえば天使像が中世とは対照的に変化していくという現象には触れておきたい。

　古代から中世の天使像は、多くの場合瘦せこけた男性の老人で、頭と目だけが大きく描かれていた。女性は罪深い者であり、肉体は卑しいものであり、大切なのは信仰であり、天上の事柄のみであるという思想を反映していたのである。

　それがルネサンス以後、人間の肉体の美しさが賛美されるようになり、最初はおずおずと幼児イエスに乳を飲ませる聖母マリアなどの胸が露に描かれるようになり、ついには若い女性の裸体までが描かれるようになり、天使像も豊潤な女性として描かれ始めたりしたのであるが、やはり女性への偏見のなかでは、ついに天使は羽の生えた幼い男児の姿とされていったのである（それには、西欧における「子ども*14」の観念の変化もからまっている）。

　天使などが、それぞれの時代の観念といかに結びついたものであるかを示す好例である。ついでに述べれば、神の姿も、そして悪魔のイメージもそれぞれの時代できわめて別様に描かれるものであることを記憶いただきたい。

---

*14　フィリップ・アリエス『〈子供〉の誕生──アンシァン・レジーム期の子供と家族生活』（杉山光信・杉山恵美子訳、みすず書房）を参照。

キリスト教演劇

　キリスト教演劇は、大多数の民衆が読み書きができなかった中世において、特に12〜15世紀にかけて盛んであった。同業組合などが費用を持ち合って、聖書のいろいろな物語を中心に、娯楽的な要素も入れながら演じたものが多く、神秘劇とか奇跡劇とか呼ばれた。イギリスでは、ページェントと呼ばれる六輪車が用いられたが、この呼び名は演劇そのものを意味するようにさえなって、クリスマス・ページェントは有名であり、現代まで続けられている。

　ドイツでは、謝肉祭劇が盛んに行われたが、これは古いゲルマンの春祭りに由来するもので、現代にまでつながり、2月のファッシング祭として盛んである。16世紀のハンス・ザックスが書いた多くの喜劇は特に有名だ。現在でも、10年ごとにオーベルアマルガウで行われる受難劇は世界的に知られている。

　本来、イエス降誕劇や復活劇を中心とした典礼劇も盛んに行われたが、フランスでは特に聖母マリアによる奇跡劇が盛んに行われ、マリア崇拝を民衆的なものにするのに貢献した。他方プロテスタントのスイス人マーヌエル（1530年没）は、免罪符売買を風刺する演劇を書いて成功した。

　中世においては、娯楽などもすべて教会を中心に行われたので、これらの教会演劇が盛んであったが、次第に演劇も教会から独立していき、16世紀以降は急激に衰えた。

歴史の転換点に立って

冷戦構造の崩壊

　現在われわれは、歴史の一大転換点に立っているといえよう。1989年からソ連・東欧に始まった未曽有の大変換のなかで、1世紀以上にわたった「社会主義」という壮大な実験が根本的に崩壊し、米ソを中軸とした東西の対立・冷戦構造が、あっけないほど急速に消滅してしまった。冷戦構造の消滅ということ自体は歓迎すべき変化であったが、他方きわめて強固であったと思われていた諸国家や体制の崩壊というものが、これほど脆いものであったのかという感慨は、底深い不安感と一種の空虚感をも生み出し、けっして新しい希望につながるものだけとは感じられていない。実際、湾岸戦争を経て、新しい覇権の構造が形成されつつあり、軍事力への依存や、その賛美の姿勢が強められつつあるとも見える。

新たな不安の増大

　中東和平の先行きの不透明さや、カンボジアでの和平の見通しの曖昧さや、ミャンマー情勢をめぐる紛争状態は、きわめて微妙なものであるし、旧ユーゴスラビアで続いた悲惨な戦闘は、民族や宗教にからむ問題の根深さと暗さをわれわれに思い知らせている。また800年を超える北アイルランドをめぐるプロテスタントとカトリック間の紛争も、宗教的平和観念の空しさを感じさせ続けている。さらにはアフリカでの諸紛争の悲惨さは、国連の機能への不信感をますます増大させるように見えるものであるし、ラテン・アメリカの情勢も、およそ明るいというものではない。最近なぜかあまり報道されないが、フィリピン情勢もけっして平穏などといえるものではない。

環境破壊と社会の崩壊現象

　旧「社会主義」諸国において、現在自由化や市場経済への移行が模索され続けているが、ロシアや東欧諸国、中国、アフリカ諸国、ラテン・アメリカの諸国が、いわゆる先進国並みの「発展」を志向し追求していくならば、世界的な規模での環境破壊は、ますます深刻な状況におちいるであろうことは明らかである。また地球規模での天然資源の枯渇は、少しもペースを落としているとは思えない。「社会主義」の敗北が宣言され、一時は「資本主義の勝利」などと浮かれていたが、資本主義の旗頭であるアメリカ合衆国では、農民の離散、ホームレス・ピープルやチルドレンの増大、エイズなど病の脅威の増大、麻薬と暴力の恐るべき蔓延、失業者の増加などの不安要因が深刻化している。

　日本でも、モータリゼーションに代表されるような大量生産・大量消費型の経済構造は、しょせん「高度成長」を支えうるものではなく、環境破壊を深めるほかないものであることは明らかであり、それにとって代わるといわれた情報化産業の未来もきわめて不安定であり、現にバブル経済は崩壊し、新興のアジア諸国の急激な膨脹の波のなかで先行きの不透明感が増大している。円高構造の長期化のなかで、日本経済の空洞化はますます進むであろうし、かつての雇用の安定性や格差の僅少さの神話も崩壊しつつある。それにやはり、エイズの蔓延や、不気味なウイルスなどによる奇病の増加現象や、社会総体の暴力化や無秩序化、金融業界や政界の腐敗堕落構造のひどさ、教育の荒廃や「イジメ現象*15」の深刻化の度合いもますます憂慮すべき状態である。

　このような現実を見ると、「資本主義の勝利」などという宣伝は空しく響くし、経済の世界的構造を根底的に変革しないかぎり、人類には総体として未来がないとさえ感じられるのである。

---

*15　この問題へのわたしの応答としては、『喜びはいじめを超える——ホリスティックとアドラーの合流』(春秋社)の序章「人はなぜ人をいじめるのか——アドラー的視点から」を参照されたい。

終末感の増大と宗教ブーム

　こうした風潮のなかでは、終末感が増幅され、いろいろな宗教の終末観に安易に依拠した宗教ブームが生み出されたりしている。事実現在は「第三次宗教ブーム」の時代などとも呼ばれているのである。表面的には「豊かさ」や「平和」が溢（あふ）れているように見える日常の底に、ますます巧妙化する管理の構造への憎悪感が増幅されつつあり、深い虚無感や退廃感が浸透し、暴力や刹那（せつな）的快楽への傾向が強まり、現実逃避と無気力化が進行しているように思われる。原子力戦争の危機は回避されたとはいえ、原発事故の多発や奇病の流行や環境破壊の現実のなかで、自然科学や技術への不信感が増大している[*16]。

　そうした雰囲気のなかで、合理的思考への疑問が強まり、オカルトや神秘主義的傾向が受け入れられやすくなっている。思想の面でも、ポスト・モダンが叫ばれ、その安易な受け売りは、地道で真っ当な合理的思考を軽視する傾向を増幅させつつある。こうしたなかで、新・新宗教と呼ばれるようなオカルト的な諸宗教が蔓延（まんえん）するのも無理からぬことであるとも思う[*17]。

新しい目覚めの求め

　だが他方、旧来の諸思想を根本から再検討しようという流れのなかから、新しい目覚めを求める道も現れ始めている。代表的なものは、トランス・パーソナル心理学[*18]である。ここでは、旧来の東西の思想的対立を超えて新しい総合・統合が模索されており、それ

---

*16　拙論「世界の激動と宗教」（『現代と展望』30号、稲妻社）を参照。

*17　拙著『宗教幻論──[現代]への批判的接近』（社会評論社）のⅡの「社会・宗教・新しいパラダイム」を参照。

*18　岡野守也『トランス・パーソナル心理学』（青土社）、吉福伸逸『トランス・パーソナルとは何か』（春秋社）、ケン・ウィルバー『意識のスペクトル』（全2巻、吉福伸逸・菅靖彦訳、春秋社）、同『エデンから──超意識への道』（講談社）、同『眼には眼を──三つの眼による知の様式と対象域の地平』（吉福伸逸ほか訳、青土社）、吉福伸逸・岡野守也『テーマは意識の変容　吉福伸逸＋岡野守也徹底討論』（春秋社）などを参照。

が健全に受容・発展させられるならば、「意識の変容」がもたらされ、ニヒリズムやエゴイズムの克服への道が深め広められ、東西の諸宗教を止揚して新しい総合・統合に至る可能性が秘められているようにも思われる。

　だがその訴えは、現在までのところ上述したような経済や政治や軍事の諸問題を含みこんだ全社会的な変容をもたらしうるような構造を十分含んでいるとは思えない。また、そのような「意識の変容」を全人類的規模で深めるような有効な手段がありうるのか疑問であるし、そのための時間が残されているのかも定かではない。それにこの流れは、マックス・ウェーバーがいう、古代の原初仏教やグノーシス主義以来の「達人の宗教」的要素を克服し、現実的な意味で民衆全体の運動になりうるかという構造上の問題性を含んでおり、それを具体的に乗り越える展望を持ちえているかどうか疑問である[19]。

キリスト教の限界性

　このような世界全体の諸情勢を見ると、キリスト教という当然ながら一つの相対的な観念体系にすぎないものをもって全世界を包みこみ救済しようなぞという考え（キリスト教唯一絶対主義）は、まったく時代錯誤的・誇大妄想的であり、本来「大いなる無理」というものであろう。その意味では、人類の歴史は全体として新しい多元化の時代に入っているのであり、まさに「ポスト・キリスト教の時代」になってしまっている。実際、内容的にいっても、伝統的キリスト教が、世界統合のための唯一の原理になりうるほどの内実的な普遍性を持っているとはとうてい思えないのである。このことを深く正しく認識することは、人類にとってきわめて重要なことであると思う[20]。

---

*19　拙論「大衆と宗教」（『情況』、1996年5月号）を参照。
*20　拙著『テキストとしての聖書』（社会評論社）の2「キリスト教の普遍性について――竹内芳郎の宗教論をめぐって」を参照。

なお見られるキリスト教の伸展

だが他方、欧州共同体（ＥＣ。欧州連合〈ＥＵ〉の前身）の統合の場合では、ヨーロッパをまとめるものはやはりキリスト教しかない、というような考えが浮上しつつあることも事実である。特に旧社会主義諸国などでは、カトリック教会の比重は高くなっているといえよう。また東欧では、東方正教会が民衆の心をつかむ度合いを高めている。

それにカトリックの影響が今なお強い第三世界の解放という面では、「解放の神学」への期待はまだまだ高い。アジアでも、韓国などではキリスト教の発展は目をみはるほどであり、韓国はすでにまさに「キリスト教国」といえる状態である。同じ東アジアにありながら、日本などとは本質的に違う状況である。その理由についての深い検討は避けられない課題である[*21]。

フィリピンでの「民衆革命」へのカトリック教会の貢献はきわめて高かった。アフリカなどでも、キリスト教の伸展は驚嘆すべきものである。

日本における新・新宗教においても、「エホバの証人」（ものみの塔）や統一教会などに見られるように、キリスト教的宗教の占める比重は小さくない。幸福の科学やオウム真理教の場合でも、その教義の内容は多元的で、モーセやイエスまでも含みこんでいる。特に、オウム真理教における「ハルマゲドン」や「キリストの血のイニシエーション」などという「教義」に、エリートと称される多くの若者が魅せられていったことは衝撃的な事実として熟考を要するもの

---

*21　柳東植『韓国のキリスト教』（東京大学出版会）の第1章「キリスト教の需要と土着化」の項を参照。韓国ではキリスト教が近代以来急激に伸展したことの理由については、ここでは詳論はできないが、韓国の場合には、儒教の受容の仕方が日本の場合とは本質的に違っていたこと、日本帝国主義の天皇制の強制に対抗する強力な観念体系が刺激されたこと、仏教の民衆レベルへの浸透の度合いと仕方が日本とは非常に違っていたこと、民衆宗教としてのシャーマニズム的要素との融合、などの点が考察されなければならないと思う。なお、本書177頁以下を参照。

であることが明らかになった[*22]。

キリスト教を知ることの重要性

こうしてみると、いずれにしても、キリスト教についての的確な知識を持ち、その問題性をもきちんと理解することは、現代においてこそきわめて緊急な課題であるといえよう。ユダヤ・キリスト教の思考の枠組みは、罪責意識・死の恐怖・虚無感や苦難などの人間の「限界状況的」な諸問題に対して、歴史の試練を経てきたそれなりに有効な解決を提供できる観念体系である。いったんその観念体系に身をゆだねてしまえば（信じこんでしまえば）、あらゆる疑問や矛盾が、少なくとも個人的には、それも一挙的に「解決」されてしまうように思えるのである。それは諸問題や諸矛盾の真の解決ではなく、結局はそれらについての幻想的で一時的な解消にすぎないのだが、とにかく「信じる者は救われる」のである[*23]。

しかもキリスト教は、芸術や思想や倫理の面でも、多くの優れた足跡を残してきている。それゆえ、キリスト教を批判的にとらえ直すということも簡単なことではない。特にプロテスタンティズムの場合には、近代が突きつけてきた諸問題と真剣に取り組んできた長い歴史を持っている[*24]。それらすべての過程を真剣に踏まえなければ、安易な批判などはできない相手である。

日本人にとっての課題

そうした諸状況を踏まえてみると、現代というときに東洋の一角にあって近代化に「成功」したといわれ、東西の諸思想に深く触れ

---

*22 新・新宗教についての拙論としては、「オウム真理教問題の問いかけるもの──〈宗教だから〉という視点の大切さ」（『状況と主体』、1995年9月号）、「新興宗教と終末思想」（『情況』、1995年6月号）、「オウム事件と宗教の根本問題」（『カオスとロゴス』、1996年2月号、ロゴス社）を参照。

*23 拙著『聖書を読み直す Ⅱ──イエスからキリスト教へ』（春秋社）の第2章の3「観念の力」を参照。

*24 ピーター・L・バーガー『異端の時代──現代における宗教の可能性』（薗田稔訳、新曜社）を参照。

てきたわれわれにとって、特に仏教の長い深い伝統を持っているわれわれにとって、キリスト教と深いレベルで対峙するということは、ひょっとしたら課せられた世界史的課題であるかもしれない。その課題の遂行は、葬式仏教などといわれ本来の目覚めから頽落してしまっている日本仏教の真の覚醒をも促す機縁になりうるかもしれない。

　また、明治以来、欧米を手本にして近代化を追い求めてきて、十五年戦争の過程において、同胞たるアジアの民衆にいわれのない「優越感」を持ち、それに発する途方もない悲惨をもたらしたし、今なお新しい形で支配や悲惨をもたらしつつあるわれわれ日本人には、特別に重い責任が課せられている。そのアジアが全体としてみるとキリスト教の影響を大きく受けているという面からしても、その課題はなお深く重いものであると感じられる。

キリスト教の影の系譜

　かつてローマ帝国の国教となったキリスト教は、支配権力と結びついて強権的な支配のイデオロギーとして久しく機能してきた。そのことは、王権神授説、異端狩り、ユダヤ教徒狩り、十字軍、宗教裁判、宗教戦争、魔女狩りなどに端的に現されてきた。それゆえ、キリスト教を「愛の宗教」とか「平和の宗教」というふうにだけ見るのは、まことに安直な見方であり、事実誤認であるばかりか、きわめて危険な偏見と無知に基づくものである。

　とりわけ欧米近代の精神的支柱となってきたキリスト教は、その強烈な観念性のゆえに、独善的・排他的な優越意識を育て支えつつ、欧米の帝国主義的・植民地主義的覇権追求を宗教的に裁可（sanction）し、補完するイデオロギー的機能を果たしてきた。だからキリスト教は、きわめてしばしば、欧米列強のそういう本質を隠蔽してしまう欺瞞的な機能をも担ってきた。

　またキリスト教は、民衆には、現実遊離的な、そして個人主義的・私的ななぐさめを与えるという「アヘン的」機能をも果たして

きた。キリスト教会は、それが標榜する預言者的な見張りの役割よりも、非常にしばしば現実逃避的な「なぐさめの孤島」（ユルゲン・モルトマン*25）の役割を担ってきたのである。このような面は、徹底的に吟味・追及されなければならない。そのような批判的作業抜きで、キリスト教の現代的意義などを語ることはゆるされないであろう。そうした批判・吟味を踏まえてのみ、キリスト教を継承するという作業も、初めてなにがしかの積極的意味を持ちうるであろう。

今、キリスト教の長い複雑な歴史や現実をたどってきてみて、歴史のこの大きな転換点に立ちながら、そのような思いをますます深くするものである。

*25　ユルゲン・モルトマン『希望の神学──キリスト教的終末論の基礎づけと帰結の研究』（拙訳、新教出版社）を参照。

おわりに

　2000年に及ぶキリスト教の歴史や内容について、大著とはいえない一書にまとめることは、ほとんど無謀というべき企てである。その試みを一応終わってみて、その感をいよいよ深くするものである。それと同時に、結局キリスト教とは何であるのか、今後どのような道をたどるのか、キリスト教に本当に未来があるのか、などといった思いに強くとらえられる。ナザレのイエスの姿からは、あまりにも遠く離れてしまったキリスト教の実に多様な歩みをたどってみて、これらの複雑多岐にわたる展開のうちのどれほどのものが本当に必然的なものであったのか、また現代および将来の人間の生活にどれほどのレレヴァンス（内容関連）を持ちうるのか、という思いに浸されざるをえない。それはまさしく歴史が決着をつけてくれる問題であろう。

　わたし自身としては、キリスト教の歴史全体が、観念の壮大なる自己肥大の歴史であり、したがってそれを人間の意識総体の展開のなかで吟味していけば、つまるところ、キリスト教の相対比、ひいてはその止揚に至らざるをえない道程であろうと、とみに思わせられている。歴史のなかに登場した偉大な思想や運動は、広い意味では批判的に継承すべきものである。キリスト教の場合でも、同じことがいえる。

　欧米などで「ポスト・キリスト教の時代」ということが語られてすでに久しい。20世紀のはじめには、ニーチェが早くも神の死を宣言していた。第二次世界大戦の末期にはボンヘッファーが「神という後見人を必要としない成人した世界」について書いていた。アメリカでは、ハーヴィ・コックスが『世俗都市——神学的展望における世俗化と都市化』（塩月賢太郎訳、新教出版社）を書いてからすでに長い年月が経っているし、アルタイザー・ハミルトンの『神の死の神学』（小原信訳、同）が書かれたときからも長い時間が経っている。現代では、ジョン・ヒックの『神は多くの名前を持つ——新し

い宗教的多元論』（間瀬啓允訳、岩波書店）や『もうひとつのキリスト教——多元主義的宗教理解』（間瀬啓允・渡部信訳、日本基督教団出版局）などが、キリスト教唯一絶対主義というような考えを否定しきっている。そのような状況においては、本書の「日本のキリスト教」の最後の部分で述べたような新しい思考を避けて通ることはもはやできないであろう。

　既成の宗教のどれか一つが全世界を制覇（せいは）するなどという考えは、もはや妄想（もうそう）とでもいうべきものであろう。その意味では、自己止揚（しよう）を迫られているのはキリスト教だけではなく、イスラームの場合でも不可避の課題になるであろうし、仏教の場合でも同じ問いが問われるであろう[*1]。

　これまでも「諸宗教の対話」が試みられてきたが、今後は、それぞれの立場を保身的に保持しながら、互いに取り入れうる面だけを取り入れるというような相互温存的な「対話」ではなく、端的に自己止揚を引き受けるという覚悟をともなった自己変容の姿勢が不可避になるであろう[*2]。

　もちろん、このような自己変容は、宗教にのみ要求されるような事柄ではなく、あらゆる主義や体系にも要求される姿勢である。現代では、社会主義やマルクス主義もまた、そしてもちろん資本主義やその他のもろもろの思想や運動も、そのような試練に立たされている。だが宗教は、しばしば「自己放棄」「捨身」とかを語ってきた。ところが、自らは化石化したり硬直化したりした伝統的なドグマに立てこもって、逆に他の場合よりも赤裸々な自己保身に身をやつすという姿勢があまりにも多く見られてきた[*3]。「大死一番」とか

[*1]　拙著『聖書を読み直す Ⅱ——イエスからキリスト教へ』（春秋社）の「あとがきに代えて——現代の一つの課題——ユダヤ教とキリスト教とイスラム教と」を参照されたい。
　　　袴谷憲昭『本覚思想批判』、同『批判仏教』、松本史朗『縁起と空——如来蔵思想批判』（いずれも大蔵出版）を参照。
[*2]　拙著『ソシュールで読む聖書物語』（情況出版）の5「自我と時間」、ジョン・ヒック、ポール・F・ニッター編『キリスト教の絶対性を越えて——宗教的多元主義の神学』（八木誠一訳、春秋社）を参照。
[*3]　前掲書の8「ドグマのロゴスと解放のロゴス」を参照。

「己を捨てる」とか「一粒の麦死なずば」という事柄は、まさにまず宗教、とりわけ組織化した宗教教団そのものに向けられねばならないものであろう。実践的にも学問的にも、そのような生きざまが求められているのだと思う。

　現代の宗教研究の課題としては、もし遡及（そきゅう）するということが徹底的な意味で求められるとするならば、ユダヤ教やキリスト教やイスラームをも突き抜けて、たとえば、リアン・アイスラーが『聖杯と剣——われらの歴史、われらの未来*4』（野島秀勝訳、法政大学出版局）で試みているように、クレタ文明のはるか以前の「古ヨーロッパ」の「女性・男性協調型の文明」まで立ち返りつつ、これまでの歴史を根本から吟味し、同時に歴史から継承すべきものを正しく継承しつつ、しかも、これまでの普遍宗教と呼ばれるものでさえ自ら脱皮できなかった男性支配型の文化を止揚して、未来のユートピアではなく「現実可能なプラグマトピア」に向けて、新しい総合的な自己変容を試みることが迫られているのだといえよう。

　そのような歴史の吟味の一環として、キリスト教の自己止揚を訴える本書のような作業が、人類史の根本的自己変容にいくらかでも貢献することができるならば幸いである。

　宗教にそのような要求を突きつけるということは、当然なことであるが、自分自身にも同じ要求を突きつけるということでなければならない。とすればたとえば、キリスト教を探るということは、単なる教養主義で終わってしまうことはできない。それを試みる者自身が、自らの在り方、生きざまを根本的に問うということなしには済まされないからである。自分の生き方と関わらないような学問などは、深いところで欺瞞（ぎまん）的なものにすぎない。本書がそのような関わりへのささやかな刺激にでもなれば幸甚である。

---

*4　著者は、オーストリア出身でアメリカに亡命した気鋭の女性人類学者。この書は、ダーウィンの『種の起源』以来最も重要な著作とさえ評されている。もっと検討の対象にされるべき仕事であると思う。

「はじめに」にも述べたが、本書は東京堂の福島光行氏のお勧めがなければ刊行されることはなかったであろう。氏の忍耐強いご支援と校正の作業と、そして種々のご意見ご忠告に、この場を借りて深い感謝の意を表したいと思う。

　　1996年6月　横浜戸塚にて

著者

参考文献

●全体に関連するもの

アームストロング、カレン『神の歴史──ユダヤ・キリスト・イスラーム教全史』（高尾利数訳、柏書房）
同『キリスト教とセックス戦争──西洋における女性観念の構造』（高尾利数訳、柏書房）
石原謙『キリスト教思想史』（角川書店）
ガスコイン、バンバー『ザ・クリスチャンズ──キリスト教が歩んだ2000年』（徳岡孝夫監訳、ＮＨＫ出版）
金子晴勇『キリスト教思想史入門』（日本基督教団出版局）
園部不二夫『図説　キリスト教史』（創元社）
竹内寛『教理史』上下（日本ＹＭＣＡ同盟出版部）
高柳伊三郎『基督教思想史概説』（新教出版社）
バラクラフ、ジェフリー編『図説 キリスト教文化史』Ⅰ～Ⅲ（別宮貞徳訳、原書房）
半田元夫『キリスト教小史』（清水弘文堂書房）
半田元夫・今野國雄『キリスト教史Ⅰ──宗教改革以前』（世界宗教史叢書、山川出版社）
同『キリスト教史Ⅱ──宗教改革以降』（世界宗教史叢書、山川出版社）
ホイシ、カール『教会史概説』（荒井献・加賀美久夫訳、新教出版社）
堀光男『西洋思想史とキリスト教』（創元社）
ラトゥレット、Ｋ・Ｓ『キリスト教の歩みⅠ──宗教改革前夜まで』（小黒薫訳、新教出版社）
同『キリスト教の歩みⅡ──宗教改革から1950年まで』（小黒薫訳、新教出版社）
ルソー、エルヴェ『キリスト教思想』（中島公子訳、白水社文庫クセジュ）
レーヴェニヒ、Ｗ・Ｖ『教会史概論』（赤木善光訳、日本基督教団出版局）

●イスラエルとユダヤ

ウェーバー、マックス『古代ユダヤ教Ⅰ』（内田芳明訳、みすず書房）
エプスタイン、イジドー『ユダヤ思想の発展と系譜』（安積鋭二・小泉仰訳、紀伊國屋書店）
木田献一『イスラエルの信仰と倫理』（日本基督教団出版局）
ケーラー、ルートヴィヒ『ヘブライ的人間』（池田裕訳、日本基督教団出版局）
滝川義人『ユダヤを知る事典』（東京堂出版）
トレモンタン、Ｃ『ヘブル思想の特質』（西村俊明訳、創元社）
ノート、マルティン『契約の民　その法と歴史』（柏井宣夫訳、日本基督教団出版局）
長谷川三千子『バベルの謎──ヤハウィストの冒険』（中公文庫）
ブーバー、マルティン『ブーバー著作集』6（高橋虔訳、みすず書房）
プレガー、デニス／テルシュキン、ジョーゼフ『現代人のためのユダヤ教入門』（松宮克昌・松江伊佐子訳、
　ミルトス）
ボーマン、トーレイフ『ヘブライ人とギリシア人の思惟』（植田重雄訳、新教出版社）
マイレンバーグ、ジェイムズ『イスラエルの道──聖書の信仰と倫理』（木田献一・池田裕訳、日本基督教団
　出版局）
マッカーター・ジュニア、Ｐ・Ｋ他『最新・古代イスラエル史』（池田裕・有馬七郎訳、ミルトス）

●イエスと原始教会

荒井献『イエスとその時代』（岩波書店）
同『原始キリスト教とグノーシス主義』（岩波書店）
同編『パウロをどうとらえるか』（新教出版社）
石原謙『キリスト教の源流──ヨーロッパ・キリスト教史』（上下）（岩波書店）
岡野守也『美しき菩薩、イエス』（青土社）
小河陽『イエスの言葉──その編集史的考察』（教文館）
カウツキー、カール『キリスト教の起源──歴史的研究』（栗原佑訳、法政大学出版局）
ケーゼマン、Ｅ『新約神学の起源』（渡辺英俊訳、日本基督教団出版局）
コンツェルマン、ハンス『原始キリスト教史』（田中勇二訳、日本基督教団出版局）
同『時の中心──ルカ神学の研究』（田川建三訳、新教出版社）
佐竹明『使徒パウロ──伝道にかけた生涯』（ＮＨＫブックス）
柴田有『グノーシスと古代宇宙論』（勁草書房）

シュヴァイツァー、E『新約聖書における教会像』（佐竹明訳、新教出版社）
スィーリング、バーバラ『イエスのミステリー――死海文書で謎を解く』（高尾利数訳、ＮＨＫ出版）
タイセン、G『イエスの影を追って』（南吉衛訳、ヨルダン社）
チャドウィック、H『初期キリスト教とギリシア思想』（中村坦・井谷嘉男訳、日本基督教団出版局）
ツァールト、H『史的イエスの探究』（安積鋭二訳、新教出版社）
ディベリウス、M『イエス』（神田盾夫訳、新教出版社）
土井正興『イエス・キリスト』（三一書房）
ドッド、C・H『イエス――キリスト教起源の探究』（八田正光訳、ヨルダン社）
同『使徒的宣教とその展開』（平井清訳、新教出版社）
トロクメ、エチエンヌ『使徒行伝と歴史』（田川建三訳、新教出版社）
同『ナザレのイエス――その生涯の諸証言から』（小林恵一・尾崎正明訳、ヨルダン社）
半田元夫『キリスト教の成立』（世界史研究双書①、近藤出版社）
同『原始キリスト教史論考』（清水弘文堂）
同『イエスの死――信仰と政治のはざまで』（潮出版社）
フィルソン、F・V『聖書正典の研究――その歴史的・現代的理解』（茂泉昭男訳、日本基督教団出版局）
フェルマースレン、M・J『ミトラス教』（小川英雄訳、山本書店）
ブラウン、ヘルベルト『イエス――ナザレの人とその時代　現代神学の焦点１』（川島貞雄訳、新教出版社）
ブラウン、ヘルベルト／コンツェルマン、ハンス他『イエスの時代』（佐藤研訳、教文館）
ブルース、F・F『イエスについての聖書外資料』（川島貞雄訳、教文館）
フルッサル・D、ショーレム・G『ユダヤ人から見たキリスト教』（手島勲矢訳、山本書店）
ブルトマン、ルドルフ『イエス』（川端純四郎・八木誠一訳、未来社）
同『共観福音書伝承史』（「ブルトマン著作集」１・２、加山宏路訳、新教出版社）
同『古代諸宗教の圏内における　原始религ教』（米倉充訳、新教出版社）
ブルトマン、ルドルフ／クンズィン、カール『聖書の伝承と様式――キリスト教の起源』（山形孝夫訳、未来社）
ペイゲルス、エレーヌ『ナグ・ハマディ写本――初期キリスト教の正統と異端』（荒井献・湯本和子訳、白水社）
ヘンゲル、マルティン『神の子――キリスト成立の課程』（小河陽訳、山本書店）
ボールスドン、J編『ローマ人』（長谷川博隆訳、岩波書店）
ボルンカム、ギュンター『ナザレのイエス』（善野碩之助訳、新教出版社）
同『パウロ――その生涯と使信』（佐竹明訳、新教出版社）
マック、バートン・L『失われた福音書――Ｑ資料と新しいイエス像』（秦剛平訳、青土社）
八木誠一『パウロ』（清水書院）
山形孝夫『治癒神イエスの誕生』（ちくま学芸文庫）
ユング、C・G『ヨブへの答え』（林道義訳、みすず書房）
ユンゲル、エバーハルト『パウロとイエス』（高橋敬基訳、新教出版社）
山形孝夫『聖書の起源』（講談社現代新書）
ヨナス、ハンス『グノーシスの宗教――異邦の神の福音とキリスト教の端緒』（秋山さと子・入江良平訳、人文書院）

●カトリック教会・中世

赤間剛『バチカンの秘密――見えざる世界帝国の真実』（三一書房）
阿部謹也『西洋中世の男と女――聖性の呪縛の下で』（筑摩書房）
石井美樹子『聖母マリアの謎』（白水社）
稲垣良典『トマス・アクィナス』（講談社学術文庫）
植田重雄『ヨーロッパの神と祭――光と闇の習俗』（早稲田大学出版部）
上山安敏『魔女とキリスト教――ヨーロッパ学再考』（講談社学術文庫）
落合仁司『トマス・アクィナスの言語ゲーム』（勁草書房）
カサス、ラス『インディアスの破壊についての簡潔な報告』（染田秀藤訳、岩波文庫）
グリーン、ジュリアン『聖アシジのフランチェスコ』（原田武訳、人文書院）
今野國雄『修道院――祈り・禁欲・労働の源流』（岩波新書）
ダニエルー、J／オノレ、J／プーパール、P『カトリック――過去と未来』（朝倉剛・倉田清訳、ヨルダン社）
ドーソン、C『アウグスティヌス――その時代と思想』（服部英次郎訳、筑摩書房）
トマス・ア・ケンピス『キリストにならいて』（大沢章・呉茂一訳、岩波文庫）
新田一郎『キリスト教とローマ皇帝』（教育社歴史新書）
橋口倫介『十字軍――その非神話化』（岩波新書）

原田武『異端カタリ派と転生』（人文書院）
フンケ、ジクリト『アラビア文化の遺産』（高尾利数訳、みすず書房）
ボーア、H・R『初代教会史』（塩野靖男訳、教文館）
マアルーフ、アミン『アラブが見た十字軍』（牟田口義郎・新川雅子訳、ちくま学芸文庫）
森島恒雄『魔女狩り』（岩波新書）
山田晶『アウグスティヌス講話』（講談社学術文庫）
弓削達『ローマ帝国とキリスト教』（世界の歴史5、河出文庫）

●宗教改革とその余波
金子晴勇『ルターの宗教思想』（日本基督教団出版局）
同『宗教改革の精神——ルターとエラスムスとの対決』（中公新書）
菊盛英夫『ルターのドイツ精神史——そのヤーヌスの顔をめぐって』（岩波新書）
倉塚平『異端と殉教』（筑摩書房）
倉塚平ほか編訳『宗教改革急進派——ラディカル・リフォメーションの思想と行動』（ヨルダン社）
小山スーザン『アメリカ・インディアン死闘の歴史』（三一書房）
出村彰『ツヴィングリ』（日本基督教団出版局）
ベイントン、R・H『宗教改革史』（出村彰訳、新教出版社）
ペリカン、J『ルターからキルケゴールまで』（高尾利数訳、聖文舎）
リヴェ、ジョルジュ『宗教戦争』（二宮宏之・関根素子訳、白水社文庫クセジュ）
ブロッホ、エルンスト『トーマス・ミュンツァー——革命の神学者』（樋口大介・今泉文子訳、国文社）

●近代キリスト教
大林浩『トレルチと現代神学——歴史主義的神学とその現代的意義』（日本基督教団出版局）
オールストローム、S・E『アメリカ神学思想史入門』（児玉佳與子訳、教文館）
グロール、W『トレルチとバルト』（西谷幸介訳、教文館）
シュライエルマッハー『宗教論』（佐野勝也・石井次郎訳、岩波文庫）
同『宗教論——宗教を軽んずる教養人への講話』（高橋英夫訳、筑摩書房）
同「キリスト教信仰」（『現代キリスト教思想叢書1：シュライエルマッハー、リッチュル』、今井晋訳、白水社）
竹本秀彦『エルンスト・トレルチと歴史的世界』（行路社）
ハルナック『基督教の本質』（山谷省吾訳、岩波文庫）

●東方教会
ゴルジェンコ、N・S『現代ロシア正教』（宮本延治訳、恒文社）
ニコルスキー、N・M『ロシア正教会史』（宮本延治訳、恒文社）
森安達也『東方キリスト教の世界』（山川出版社）

●現代キリスト教
雨宮栄一『ドイツ教会闘争の挫折』（日本基督教団出版局）
同『ドイツ教会闘争の展開』（日本基督教団出版局）
同『ユダヤ人虐殺とドイツの教会』（教文館）笠井恵二『二十世紀神学の形成者たち』（新教出版社）
荒井献『三福音書による　イエス・キリスト』（上下）（講談社学術文庫）
稲垣良典『現代カトリシズムの思想』（岩波新書）
ガイガー、M『ドイツ教会闘争』（佐々木悟史・魚住昌良訳、新教出版社）
クピッシュ『ドイツ教会闘争への道——近代ドイツ教会史1815-1945年』（雨宮栄一訳、新教出版社）
ゲルト・タイセン『批判的信仰の論拠——宗教批判に耐え得るものは何か』（荒井献・渡辺康麿訳、岩波書店）
ゴーガルテン、フリードリヒ『我は三一の神を信ず——信仰と歴史に関する一つの研究』（坂田徳男訳、佐藤
　　優解説、新教出版社）ティリッヒ、パウル『組織神学1、2、3』（谷口美智雄・土居真俊訳、新教出版社）
コックス、ハーヴィー『世俗都市——神学的展望における世俗化と都市化』（塩月賢太郎訳、新教出版社）
同『世俗化時代の人間』（船本弘毅訳、新教出版社）
同『東洋へ——現代アメリカ・精神の旅』（上野圭一訳、平河出版社）
シェロング、D『バルトと近代市民社会』（尾形隆文訳、教文館）
日本基督教団『聖書学方法論』（日本基督教団出版局）
バーガー、ピーター・L『異端の時代——現代における宗教の可能性』（薗田稔訳、新曜社）
バルト、カール『カール・バルト著作集』（新教出版社）

ヒック、ジョン『神は多くの名前を持つ──新しい宗教的多元論』（間瀬啓允訳、岩波書店）
同『キリスト教の絶対性を越えて──宗教的多元主義の神学』（八木誠一・樋口恵訳、春秋社）
同『宗教多元主義──宗教理解のパラダイム変換』（間瀬啓允訳、法蔵館）
ブルトマン、ルドルフ『新約聖書と神話論』（山岡喜久男訳註、新教出版社）
同「新約聖書神学Ⅰ、Ⅱ、Ⅲ」（『ブルトマン著作集』１～５、新教出版社）
ボンヘッファー「抵抗と信従」（『ボンヘッファー選集５』（倉松功・森平太訳、新教出版社）
マルセル、ガブリエル『存在と所有』（渡辺秀・広瀬京一郎訳、理想社）
モルトマン、ユルゲン『希望の神学──キリスト教的終末論の基礎づけと帰結の研究』（高尾利数訳、新教出
　版社）
ヨアヒム・カール『キリスト教の悲惨』（高尾利数訳、法政大学出版局）

●日本のキリスト教
秋山繁雄『明治人物拾遺物語──キリスト教の一系譜』（新教出版社）
箭本増夫『島原の乱』（教育社歴史新書）
海老沢有道・大内三郎『日本キリスト教史』（日本基督教団出版局）
工藤英一『明治期のキリスト教──日本プロテスタント史話』（教文館）
五野井隆史『日本キリスト教史』（吉川弘文館）
塚田理『天皇制下のキリスト教──日本聖公会の戦いと苦難』（新教出版社）
土肥昭夫『日本プロテスタント・キリスト教史』（新教出版社）
森岡巌・笠原芳光『キリスト教の戦争責任──日本の戦前・戦中・戦後』（教文館）
山口光朔『近代日本キリスト教の光と影』（教文館）

●著者の作品
『イエスとは誰か』（ＮＨＫブックス）
『イエスの根源志向』（新教出版社）
『キリスト教主義大学の死と再生』（新教出版社）
『自伝的聖書論』（柏書房）
『〈宗教経験〉のトポロジー』（社会評論社）
『宗教幻論──［現代］への批判的接近』（社会評論社）
『神学の苦悶──キリスト教批判の根底』（伝統と現代社）
『聖書を読み直すⅠ──旧約からイエスへ』（春秋社）
『聖書を読み直すⅡ──イエスからキリスト教へ』（春秋社）
『ソシュールで読む聖書物語』（情況出版）
『テキストとしての聖書』（社会評論社）
『批判的幸福論──人間的生き方への出発』（伝統と現代社）

写真出典

（※）をのぞき全てパブリックドメイン

第1章

12頁　photo by Mark A. Wilson（Department of Geology, The College of Wooster）, https://commons.wikimedia.org/w/index.php?curid=3809117／14頁上　Hermitage Museum, https://commons.wikimedia.org/w/index.php?curid=15883479／14頁下　Kizhi monastery, Karelia, Russia, https://commons.wikimedia.org/w/ index.php?curid=3233087／15頁　Jewish Museum, New York, https://commons.wikimedia.org/w/index.php?curid=8860276／16頁　Bibliothèque nationale de France, https://thejewishmuseum.org/collection/26577-the-flight-of-the-prisoners Jacques Joseph Tissot, https://commons.wikimedia.org/w/index.php?curid=8860276／18頁　"Sacred Books and Literature of the East" by Underwood, Library of Congress, https://commons.wikimedia.org/w/index.php?curid=3048161／20頁　photo by Adrian Pingstone, Malmesbury Abbey, Wiltshire, England, https://commons.wikimedia.org/w/index.php?curid=68748／22頁 Chester Beatty Library, University of Michigan, https://commons.wikimedia. org/w/index.php?curid=612499／23頁　http://www.coptic-cairo.com/museum/selection/manuscript/manuscript/files/page50-1000-full.html.／29頁上　Upper Basilica of San Francesco d'Assisi, https://commons.wikimedia. org/w/index.php?curid=1032456／29頁下　Chiesa di Santa Maria delle Grazie, https://commons. wikimedia.org/w/index.php?curid=24759／30頁　Musée du Louvre, https://commons.wikimedia.org/w/index.php?curid=154503

第2章

37頁　Muzeum Narodowe w Krakowie, https://commons.wikimedia.org/w/index.php?curid=292894／39頁 Oxford, Bodleian Library, Codex Laudianus 35, https://commons.wikimedia.org/w/index.php?curid=41502／40頁　http://www.1st-art-gallery.com/giacomo-cavedone/st.-stephen.html／42頁　http://st-timothys-anglican-church.com/why_church.

第3章

（※）47頁　Photolibrary／50頁　British Museum, https://commons.wikimedia.org/w/index.php?curid=2649434／52頁　http://days.pravoslavie.ru/Images/ii897&3011.htm／53頁　https://en.wikipedia.org/wiki/File:Herodium_from_above.jpg.／56頁　Saint Justin dans André Thevet, Les Vrais Pourtraits et Vies Hommes Illustres, 1584, https://commons.wikimedia.org/w/index.php?curid=499764／57頁　The State Tretyakov Gallery, https://commons.wikimedia.org/w/index.php?curid=54421／59頁　Von File:Hagia_Sophia_Southwestern_entrance_mosaics.jpg: Photograph: Myrabelladerivative work: Myrabella - Diese Datei wurde von diesem Werk abgeleitet: Hagia Sophia Southwestern entrance mosaics.jpg:, Gemeinfrei, https://commons.wikimedia.org/w/index.php?curid=23819897／61頁　https://commons.wikimedia.org/w/index.php?curid=117976

第4章

67頁　The Yorck Project（2002年）10.000 Meisterwerke der Malerei（DVD-ROM）、distributed by DIRECTMEDIA Publishing GmbH. ISBN: 3936122202. https://commons.wikimedia.org/w/index.php?curid=148163／72頁　British Museum, https://commons.wikimedia.org/w/index.php?curid=441428／（※）73頁　Reliques de plusieurs saints, dont Saint Benigne de Dijon. Musée d'art sacré de Dijon, Dijon, Côte-d'Or, Bourgogne, FRANCE, photography taken by Christophe.Finot, CC BY-SA 3.0 https://creativecommons.org/licenses/by-sa/3.0／74頁　https://commons.wikimedia.org/w/index.php?curid=3710441／75頁　https://commons.wikimedia.org/w/index.php?curid=64543／（※）76頁 Photolibrary／78頁上　Palacio del Senado: https://commons.wikimedia.org/w/index.php?curid=17424140／78頁下　https://commons.wikimedia.org/w/index.php?curid=6297116／79頁　https://commons.wikimedia.org/w/index.php?curid=86025／80頁　Musée du Louvre：Yorck Project（2002年）10.000 Meisterwerke der Malerei（DVD-ROM）、distributed by DIRECTMEDIA Publishing GmbH. ISBN: 3936122202, https://commons.wikimedia. org/w/index.php?curid=150159／83頁　https://commons.wikimedia.org/w/index.php?curid=54630／（※）86頁　編集部提供／88頁　National Gallery, https://commons.wikimedia.org/w/index.php?curid=528367

第5章

101頁　Uffizi Gallery, Scan by Carol Gerten-Jackson, https://commons.wikimedia.org/ w/index.php?curid=27274／107頁　Winterthur Kunstmuseum, https://commons.wikimedia.org/w/index.

php?curid=553075／109頁　Front cover Cottret, Bernard (2000), Calvin: A Biography, Grand Rapids, Michigan: Wm. B. Eerdmans, Bibliothèque de Genève, https://commons.wikimedia.org/w/index. php?curid=7432116／114頁　Christoph van Sichem - Das Wissen des 20. Jahrhunderts, Verlag für Wissenschaft und Bildung, 1961, Rheda, Bd.1 S.395, https://commons.wikimedia.org/w/index. php?curid=262532／115頁　個人蔵、Christian Fritzsch, https://commons.wikimedia.org/w/index. php?curid=167250／118頁　bwFsEOEPkei3Lw — Google Art Project, https://commons.wikimedia.org/w/ index.php?curid=13359000／119頁　National Portrait Gallery, https://commons.wikimedia.org/w/index. php?curid=6363194／124頁　This illustration is from The Lives and Times of the Popes by Chevalier Artaud de Montor, New York: The Catholic Publication Society of America, 1911. It was originally published in 1842. Artaud de Montor (1772–1849), https://archive.org/details /thelivesandtimes00montuoft, https:// commons.wikimedia.org/w/index.php?curid=52369578

第6章
129頁　Unitätsarchiv der Evangelischen Brüder-Unität Herrnhut, Scanned from "Die großen Deutschen im Bilde" (1936) by Michael Schönitzer, https://commons.wikimedia.org/w/index. php?curid=5167580／133頁　Anna Rosina de Gasc Gleimhaus, Anna Rosina de Gasc, http://museum-digital. de/nat/index.php?t=objekt&oges=777, https://commons.wikimedia.org/w/index.php?curid=17510229／ 134頁　Schiller-Nationalmuseum, Marbach am Neckar, Germany, Johann Gottlieb Becker (1720-1782) http:// www.philosovieth.de/kant-bilder/bilddaten.html, https://commons.wikimedia.org/w/index. php?curid=32860677／135頁　Franz Kugler - Das Wissen des 20.Jahrhunderts, Bildungslexikon, Rheda, 1931, https://commons.wikimedia.org/w/index. php?curid=2150780／139頁　http://corjesusacratissimum. org/2014/02/life-pope-pius-ix-ultramontanism-first-vatican-council/, https://commons.wikimedia.org/w/ index.php?curid=48134704／142頁　Brooklyn Museum, PwHe6-AEvwmbIw at Google Cultural Institute maximum zoom level, https://commons. wikimedia.org/w/ index.php?curid=21913652

第7章
148頁　Deutsches Taschenbuch auf das Jahr 1838. Hg. von Karl Büchner. Berlin: Duncker u. Humblot 1838. https://commons.wikimedia.org/w/index.php?curid=29091／150頁　Contemporary photograph, http://kcm. kr/dic_image/7ef202a1c44960f970eeb3517587020f.jpg, https://commons.wikimedia.org/w/index. php?curid=4255773／152頁　Contemporary photograph, http://kcm.kr/dic_view.php?nid=37849, https:// commons.wikimedia.org/w/index.php?curid=4255864／156頁　Royal Library of Denmark - Kierkegaard Manuscripts, http://www2.kb.dk/kultur/expo/sk-mss/index-en.htmhttp://www2. kb.dk/kultur/expo/sk-mss//engkat4.htm, https://commons.wikimedia.org/w/index.php?curid=425723／158頁　Russian Life, Nov/ Dec 2006, https://commons.wikimedia.org/w/index.php?curid=331784

第9章
（※）188頁　Photolibrary／193頁　http://my-shop.ru/shop/books/1330847.html?partner=240&ymcl id=8069896273702969883000001, https://commons.wikimedia.org/w/index.php?curid=8773613／（※）197頁 Photolibrary

第12章
240頁　Uffizi Gallery, Info about artwork, https://commons.wikimedia.org/w/index.php?curid=10114004／ 243頁　https://digital.lib.buffalo.edu/items/show/1007, https://commons.wikimedia.org/ w/index. php?curid=678042／262頁　Martin Le France (1410-1461), W. Schild. "Die Maleficia der Hexenleut", 1997, S. 97, https://commons.wikimedia.org/w/index.php?curid=359610／279頁　https://commons.wikimedia.org/w/ index.php?curid=81967

第13章
288頁　Von Jan Kameníček, Eigenes Werk, Gemeinfrei, https://commons.wikimedia.org/w/index. php?curid=732984／291頁　Santa Maria del Carmine, Florence, Web Gallery of Art: Info about artwork, https://commons.wikimedia.org/w/index.php?curid=9409362

第14章
（※）305頁上　Photolibrary／同下　Immanuel Giel, https://commons.wikimedia.org/w/index. php?curid=1104214

人名索引

事項索引

事
項
索
引

高尾 利数（たかお・としかず）

1930年山梨県生まれ。1951〜53年コロンビア大学ユニオン神学校ほかで学ぶ。1959年東京神学大学大学院修了。法政大学名誉教授。
主な著書に『聖書を読み直す Ⅰ・Ⅱ』（春秋社）、『宗教幻論――［現代］への批判的接近』『テキストとしての聖書』（以上、社会評論社）、『ソシュールで読む聖書物語』（情況出版）、『イエスとは誰か』『共生への道をさぐる――異文化の融和は可能か　上下巻』（以上、ＮＨＫ出版）ほか多数。
訳書に『ユダヤ主義の本質』（Ｇ・ショーレム、河出書房新社）、『キリスト教の悲惨』（ヨアヒム・カール、法政大学出版局）、『アラビア文化の遺産（新装版）』（ジクリト・フンケ、みすず書房）、『神の歴史――ユダヤ・キリスト・イスラーム教全史』『キリスト教とセックス戦争――西洋における女性観念の構造』『楽園を遠く離れて――創世記を読みなおす』（以上カレン・アームストロング、柏書房）などがある。2018年死去。

高校生からのキリスト教入門事典（こうこうせい　きょうにゅうもん　じてん）

2024年5月30日　　初版印刷
2024年6月10日　　初版発行

著　　　者	高尾利数	
解　　　説	佐藤　優	
発 行 者	金田　功	
発 行 所	株式会社 東京堂出版	
	〒101-0051　東京都千代田区神田神保町1-17	
	電　話　（03）3233-3741	
	https://www.tokyodoshuppan.com/	
Ｄ Ｔ Ｐ	株式会社オノ・エーワン	
装　　　丁	鳴田小夜子（KOGUMA OFFICE）	
イ ラ ス ト	山内庸資	
印刷・製本	中央精版印刷株式会社	

東京堂出版●好評発売中
http://www.tokyodoshuppan.com/

渥美堅持著

イスラーム基礎講座

佐藤優氏推薦!
「イスラームについて知るにはこの本を超えるものはない」

圧倒的な情報量とわかりやすい解説で、イスラームについて
幅広く紹介。過激派組織ISをはじめ国際情勢の分析も。
世界情勢・歴史を理解するための必読書!

■ イスラーム教の成り立ちについて知りたい
■ ムハンマドはどんな人なのか？
■ アッラーとはどのような存在なのか？
■ 沙漠など風土がもたらした影響とは？
■ どんな伝統やしきたりがあるのか？
■ 現代世界におけるイスラームについて学ぶ

四六判　408頁　ISBN978-4-490-20912-9　本体2,200円

（定価は本体＋税となります）